Meiner Frau

Andrea Zeugner

gewidmet

Stefan Schmitz

Spirituelle Initiation und immanente Transzendenz

Die Lehre von Karlfried Graf Dürckheim

© tao.de in J. Kamphausen Mediengruppe GmbH, Bielefeld

1. Auflage 2015

Autor: Stefan Schmitz
Umschlaggestaltung: tao.de
Umschlagabbildung: Stefan Schmitz

Printed in Germany

Verlag: tao.de in J. Kamphausen Mediengruppe GmbH, Bielefeld,
www.tao.de, eMail: info@tao.de

Bibliografische Information der Deutschen Nationalbibliothek: Die Deutsche Nationalbibliothek verzeichnet diese Publikation in der Deutschen Nationalbibliografie; detaillierte bibliografische Daten sind im Internet über http://dnb.d-nb.de abrufbar.

ISBN: 978-3-95802-771-8

Das Werk, einschließlich seiner Teile, ist urheberrechtlich geschützt. Jede Verwertung ist ohne Zustimmung des Verlages unzulässig. Dies gilt insbesondere für die elektronische oder sonstige Vervielfältigung, Übersetzung, Verbreitung und sonstige Veröffentlichungen.

Inhaltsverzeichnis

Einleitung	9
Karlfried Graf Dürckheim – Leben und Werk	10
Mensch und Welt und Transzendenz	17
Himmel und Erde	17
Der zweifache Ursprung des Menschen	21
Spirituelle Wechselwirkungen	25
Die Erfahrung des überweltlichen Seins	29
Die Qualität von Seinserfahrungen	30
Kleine Seinsfühlungen und die Großen Erfahrungen	32
Seinserfahrungen und Grundnöte	33
Seinserfahrungen in Glücksmomenten	35
Jenseits des Verstandes und aller Begriffe	37
Fünf Kriterien echter Seinserfahrung	38
Das transzendente Wesen des Menschen	41
Exkurs: Das Wesen in der Mystik der Weltreligionen	44
Die Architektur der Seele	49
Das Welt-Ich	49
Das gegenständlich-fixierende Bewusstsein	52
Das Selbstbewusstsein des Welt-Ichs	54
Die Fassade des Welt-Ichs	55
Der Schatten und die Anima oder der Animus	56
Die Archetypen	58
Das Wesen als metapsychischer Kern der Seele	59
Die Bedürfnisse des Menschen	63
Exkurs: Das Persönlichkeitsmodell von C.G. Jung	65

Entwicklungsstufen und Lebensphasen 71
Die drei großen Entwicklungsstufen 71
    Vom zuständlichen zum inständlichen Bewusstsein 75
    Die drei Stufen des Selbstbewusstseins 78
    Das gewöhnliche und das absolute Gewissen 81
    Die transzendentale Bedeutung des Welt-Ichs 82
Verschiedene kleinere Zwischenstufen 84
    Drei Entwicklungsstufen des Welt-Ichs 86
    Die spirituellen Entwicklungsstufen 88
Die postmentale Stufe – detailliert betrachtet 91
    Das geglückte Welt-Ich 91
    Transparenz 94
    Permanente Seinsfühlung 96
    Mitmenschlichkeit und Liebe 98
    Mächtigkeit und Rang auf der postmentalen Stufe 99
Die verschiedenen Lebensphasen aus initiatischer Sicht 102
    Die Kindheit 103
    Die Jugend 105
    Das Erwachsensein 106
    Das Alter 108
    Das Sterben 110

Der Leib 113
Hara – die Erdmitte des Menschen 114
Die Körperhaltung 119
Der Muskeltonus 121
Die Atembewegung 124
Der Leib des Menschen in verschiedenen Relationen 126
Die Gebärden 130
Das Spürbewusstsein 131

Fehlentwicklungen und seelische Erkrankungen 135
Fehlformen des Welt-Ichs 135
Gesellschaftlich verursachte Fehlentwicklungen 138

Neurosen 142
Initiatisch affizierte Psychosen 146

Der innere Weg 149

Die Ausgangssituation 150
Die fünf Stufen des inneren Weges 155
Hindernisse auf dem inneren Weg 159
Gefahren für den inneren Weg 163
Der Individuationsprozess 165
Die Verwandlung im Leib 168
Der innere Meister 170
Der innere Weg und das uns eingeborene Inbild 173
Die Bedeutung des Leidens 175
Die Erweiterung des Bewusstseins 177
Wandlungen und Widerstände 179
Initiatische Umkehr und mystischer Ich-Tod 183
Der initiatische Mensch und sein soziales Umfeld 188
Das Ziel des inneren Weges 190
In der eigenen Mitte ankommen 192
Weitergehen auf dem inneren Weg 195

Das Exerzitium und die einzelnen Übungen 197

Das *exercitium ad integrum* 198
  Erfahrung, Erkenntnis und Übung 198
  Voraussetzungen für alles Üben auf dem Weg 201
  Die ewige Wiederholung als Grundprinzip des Exerzitiums 203
  Das Rad der Verwandlung 204
Einige kleinere Übungen zum Einstieg 208
Die Übungen der Sinne 210
  Spezielle Übungen zu den einzelnen Sinnesqualitäten 211
  Das Üben der Sinne im Alltag 213
Die Hara-Übungen 214
  Die Hara-Übung im Stehen 215
  Die Hara-Übung im Sitzen 217

Das Üben von Hara im Alltag	218
Meditationsübungen	218
Za-Zen – die Meditation im Stile des Zen	221
Kin-hin – das meditative Gehen	224
Meditieren mit der Verwandlungsformel	225
Zum Umgang mit Störungen während der Meditation	227
Christliche Meditationsübungen	229
Der Alltag als Übung	230
Übungen aus verschiedenen spirituellen Traditionen	233

Die Initiatische Therapie 235

Methoden und Vorgehensweisen der Initiatischen Therapie	236
Die Hinführung zu Seinserfahrungen	236
Die Personale Leibtherapie	237
Das Geführte Zeichnen	241
Andere kreative Therapiemethoden	243
Die tiefenpsychologische Schattenbereinigung	244
Das notwendige Exerzitium	245
Behandlungsdynamik und Beziehungsgestaltung	246
Die Dynamik der Behandlung	247
Die Beziehung zwischen Therapeut und Klient	249
Das Überpersönliche in der Übertragung	251
Das Überpersönliche in der Gegenübertragung	252
Initiatische Wegbegleitung	254
Der initiatische Meister	255
Der Schüler auf dem inneren Weg	256
Wirkungsweisen des initiatischen Meisters	257

Literaturverzeichnis 261

Einleitung

Die immanente Transzendenz ist, wie es im Zen heißt, die Buddha-Natur des Menschen oder, christlich formuliert, das Göttliche im eigenen Inneren. Wie können wir uns zu diesem uns innewohnenden Überweltlichen hin öffnen – und wie können wir ihm gerecht werden in unserem eigenen Leben? Niemand in der westlichen Psychologie hat auf diese Fragen derart umfassende und detaillierte Antworten gegeben wie Karlfried Graf Dürckheim. So kann gerade die Lehre von Karlfried Graf Dürckheim sehr hilfreich sein für jeden Menschen, der sich mit diesen Fragen befasst oder der sogar existenziell vor diese Fragen gestellt ist.

Das hier vorliegende Buch gibt eine umfassende und zugleich verständliche, gut strukturierte und möglichst originalgetreue Einführung in die Lehre von Karlfried Graf Dürckheim, so wie dieser sie in seinen eigenen Büchern veröffentlicht hat. In den einzelnen Kapiteln werden sowohl die Grundlagen seiner Lehre wie auch die Praxisanweisungen von Dürckheim wiedergegeben.

Der Text des vorliegenden Buches enthält viele Zitate aus Büchern von Dürckheim, die ich alle in die neue Rechtschreibung übertragen habe und bei denen ich die verschiedenen Arten von Hervorhebungen einheitlich durch eine Hervorhebung in Kursivschrift wiedergegeben habe. Die Seitenangaben zu den Zitaten in den Fußnoten beziehen sich bei den Büchern von Dürckheim jeweils auf die im Literaturverzeichnis angegebene Ausgabe. In anderen Ausgaben des gleichen Buches können sich die entsprechenden Äußerungen einige Seiten weiter hinten oder auch einige Seiten weiter vorne befinden. Die Grafiken in dem vorliegenden Buch stammen, soweit nicht anders angegeben, von mir. Zu danken habe ich vor allem meiner Frau Andrea Zeugner für ihre liebevolle und engagierte Unterstützung.

Karlfried Graf Dürckheim – Leben und Werk

Das Werk von Karlfried Graf Dürckheim beinhaltet folgende Lebensleistungen: Er hat, neben Hugo M. Enomiya-Lassalle, die Zen-Meditation aus Japan nach Deutschland gebracht. Außerdem hat er die japanische Lehre und Praxis vom Hara, dem energetischen Vitalzentrum des Menschen, bei uns eingeführt. Gemeinsam mit Maria Hippius hat er eine spirituell ausgerichtete Form der Psychotherapie, die Initiatische Therapie, entwickelt. Außerdem hat er zahlreiche Bücher veröffentlicht, in denen er eine metaphysische Anthropologie, also eine spirituelle Menschenkunde, ausgearbeitet und durch die er sie auch bekannt gemacht hat. Damit gehört er, neben Roberto Assagioli in Italien, dem Begründer der Psychosynthese, zu den Pionieren der Transpersonalen Psychologie in Europa. In der von ihm und Maria Hippius begründeten ›Existential-psychologischen Bildungs- und Begegnungsstätte Todtmoos-Rütte‹ im Südschwarzwald hat Dürckheim als spiritueller Meister gewirkt und dort viele Menschen in ihrer spirituellen Entwicklung auf dem inneren Weg begleitet und angeleitet. Doch sein eigener Lebensweg dorthin war alles andere als gradlinig.

Geboren wurde Karlfried Graf Dürckheim am 24. Oktober 1896 in München als Kind adliger Eltern. Zu deren Besitz gehörte nicht nur ein stattliches Haus in München, sondern vor allem auch ein großes Landgut in Steingaden, einem Dorf in Oberbayern, und außerdem das Schloss Bassenheim bei Koblenz. Seine Schulzeit beendete Dürckheim im August 1914 mit dem Notabitur. Der Erste Weltkrieg brach aus. Dürckheim meldete sich freiwillig als Soldat und stand an verschiedenen Fronten.

Im Jahr 1919 begann Dürckheim in München zunächst damit, Nationalökonomie zu studieren, sattelte dort dann aber alsbald um auf ein Studium der Philosophie und der Psychologie. Außerdem lernte er in dieser Zeit Enja von Hattingberg kennen, seine spätere erste Ehefrau. Im Jahr 1920 hatte er in ihrem Beisein eine entscheidende mystische Erfahrung. Beide waren zu Besuch bei dem Maler

Willi Geiger. Hattingberg saß auf einem Tisch und neben ihr lag ein kleines Buch, das Tao-Te-King von Laotse in der deutschsprachigen Übertragung von Alexander Ular. Sie nahm es in die Hand und begann mit lauter Stimme den elften Vers vorzulesen: „Dreißig Speichen treffen die Nabe, aber das Leere zwischen ihnen erwirkt das Wesen des Rades; aus Ton entstehen Töpfe, aber das Leere in ihnen wirkt das Wesen des Topfes."[1]

Während Dürckheim zuhörte, durchfuhr es ihn plötzlich wie ein Blitz. Es wurde ihm eine mystische Erfahrung zuteil, die er Jahrzehnte später folgendermaßen in Worte fasste: „Ich hatte das ›Es‹ erfahren. Alles war und war nicht, die Welt und durch sie hindurch der Einbruch einer anderen Wirklichkeit. Ich selbst war und war nicht. Ich war ergriffen, verzaubert, anderswo und doch ganz gegenwärtig, glücklich und wie ohne alles Gefühl, sehr fern und zugleich tief in den Dingen drin. Die Wirklichkeit, die mich umgab, bestand plötzlich aus zwei Polen: der eine, der unmittelbar sichtbar war, und der andere, unsichtbar, der doch das Wesen dessen war, was ich sah."[2]

Jene andere Wirklichkeit, die Dürckheim hier einfach das ›Es‹ nannte, bezeichnete er in seinen Büchern zumeist als das überweltliche Sein – und für die unmittelbare Erfahrung dieses ›Es‹ prägte er den Begriff der ›Großen Erfahrung‹ und denjenigen der ›Seinserfahrung‹.

Um das Jahr 1920 befreundeten sich Dürckheim und Hattingberg auch mit einem weiteren Paar mit ähnlichen Interessen. Alle vier, sie nannten sich das ›Quadrat‹, interessierten sich für Mystik, für fernöstliche, aber vor allem auch für christliche. Sie befassten sich intensiv mit den Predigten und Traktaten von Meister Eckhart, dem großen deutschen Mystiker, der im 13. und 14. Jahrhundert lebte, und sie praktizierten meditative Stilleübungen gemäß den Anleitun-

---

[1] Lao-Tse: *Weg* (1917), Abschnitt 11.
[2] Dürckheim, *Weg* (1991), S. 12.

gen von Ignatius von Loyola, einem aus dem Baskenland stammenden Mystiker, der im 16. Jahrhundert lebte und der vor allem als Stifter des Jesuiten-Ordens bekannt wurde.

Im Jahr 1921 zogen die vier Mitglieder des ›Quadrats‹ gemeinsam von München nach Kiel. Dort promovierte Dürckheim im Jahr 1923 zum Dr. phil. und einige Monate später heiratete er dort auch Enja von Hattingberg. Im Herbst 1927 wurde Dürckheim planmäßiger Assistent am Psychologischen Institut der Universität Leipzig. Zwei Jahre später tauchte dort eine Studentin namens Maria Winterer in seinen Lehrveranstaltungen auf, jene Maria, mit der er in den fünfziger Jahren die Existential-psychologische Bildungs- und Begegnungsstätte Todtmoos-Rütte begründete. Zunächst jedoch heiratete sie im Jahr 1932 Rudolf Hippius, einen Kollegen von Dürckheim. Es wuchs aber zugleich auch eine freundschaftliche Beziehung zwischen Herrn Dürckheim und Frau Hippius. Dürckheim selbst hatte sich währenddessen habilitiert und wirkte nun als Professor an verschiedenen Ausbildungsstätten.

Nach der Machtergreifung durch die Nationalsozialisten entdeckte Dürckheim manche Ähnlichkeiten zwischen seinen damaligen Ansichten und deren Ideologie. Daraufhin verstrickte er sich mit seinen Ansichten immer mehr in die Ideologie des Nationalsozialismus. Bald schon wurde er sogar Kulturdiplomat im nationalsozialistischen Staatsdienst. Als solcher wirkte er dann hauptsächlich in Japan.

Insgesamt befand sich Dürckheim ungefähr acht Jahre lang in Japan, vom Juli 1938 bis Anfang 1939 und vom Februar 1940 bis zum Frühjahr 1947. Dort hatte er intensiven Kontakt mit dem Zen. Er nahm mehrmals an zen-buddhistischen Teezeremonien teil, lernte das Meditieren im Stile des Zen und übte sich vor allem auch in der Zen-Kunst des Bogenschießens. In der Zeit zwischen seinen Japanaufenthalten, im November 1939, während er in Deutschland war, starb seine Frau Enja an Krebs. Nach dem Ende des Zweiten Weltkrieges wurde er von den amerikanischen Besatzern in Japan inhaftiert. Im Gefängnis fasste er den Entschluss, später einmal als Psychotherapeut tätig sein zu wollen.

Im Mai 1947 kehrte Dürckheim nach Deutschland zurück. Seine Familie hatte derweil nahezu ihren gesamten Besitz verloren. Er selbst begegnete im November 1947 der inzwischen ebenfalls verwitweten Maria Hippius wieder. In den folgenden Jahren wurde sie zu seiner zweiten Lebensgefährtin. In Todtmoos-Rütte im Südschwarzwald begannen beide im Jahr 1951 damit, gemeinsam ihre existential-psychologische Bildungs- und Begegnungsstätte aufzubauen und eine neue Schule der Psychotherapie zu begründen.

Psychotherapie hieß damals in Deutschland automatisch tiefenpsychologisch orientierte Psychotherapie und für spirituell orientierte Menschen wie Dürckheim und Hippius kam hier als Ausgangspunkt für eine neue Psychotherapie-Schule vor allem die Analytische Psychologie von Carl Gustav Jung in Frage. Die Initiatische Therapie wurde dabei von ihren Begründern aus zwei verschiedenen bereits vorhandenen sowie auch aus zwei neu entwickelten Elementen geschaffen: Sehr viel mehr als Dürckheim selbst brachte vor allem Maria Hippius die tiefenpsychologischen Erkenntnisse und Vorgehensweisen der Analytischen Psychologie von C.G. Jung und auch von Erich Neumann in die Initiatische Therapie ein, während Dürckheim vor allem die Lehre und die Methoden des Zen beisteuerte. Außerdem entwickelte Hippius aus der Grafologie heraus für die Initiatische Therapie ihre therapeutische Methode des Geführten Zeichnens und Dürckheim entwickelte aus der Lehre und Praxis des Hara heraus seine Methode der Personalen Leibtherapie.

So begann also Dürckheim während der fünfziger Jahre in Rütte gemeinsam mit seiner zweiten Lebensgefährtin langsam aber sicher damit, eine neue Schule der Psychotherapie aufzubauen. Ähnlich langsam aber sicher überwand er währenddessen in seinem Inneren auch seine persönliche Verstrickung in die Ideologie des Nationalsozialismus. Vor allem aber schrieb und veröffentlichte er in jenen Jahren sowie in den folgenden Jahrzehnten zahlreiche Bücher – über seine metaphysische Anthropologie, über Hara und über Zen, über den Alltag als Übung, über den doppelten Ursprung des Menschen, über das Wozu und das Wie des Meditierens und über die Erfahrung der Transzendenz.

Außerdem hielt Dürckheim von den fünfziger Jahren an bis in die achtziger Jahre hinein unzählige Vorträge – in Deutschland, in Europa und auch weltweit. Während einer Tagung auf Schloss Elmau im Jahre 1967 in Oberbayern kamen Dürckheim und der deutsch-japanische Jesuiten-Pater und Zen-Meister Hugo M. Enomiya-Lassalle darin überein, ihre Vorträge durch Zen-Übungen zu ergänzen. So wurde auf dieser Tagung das Zazen, die Meditation im Stile des Zen, erstmals in Deutschland öffentlich vorgestellt.

In Rütte hatte Dürckheim die Meditation im Stile des Zen bereits ein Jahr zuvor eingeführt. Einige Jahre später, im Jahre 1972, wurde dort das erste Zendo der Bildungs- und Begegnungsstätte fertig gestellt und damit dort ein der Zen-Meditation angemessener Übungsraum eröffnet. Das Zazen, eine Übungsweise aus dem Buddhismus, wurde dergestalt zu einem wichtigen Bestandteil der Initiatischen Therapie. Doch Dürckheim war keineswegs zum Buddhismus übergetreten. So bekannte er viele Jahre später in einem Gespräch mit Alphonse Goettmann: „Nicht Buddha steht in der Mitte meines Lebens, sondern Christus."[3] Die Initiatische Therapie verstand Dürckheim aber zeitlebens auch als unabhängig vom Christentum. Sie ist für alle Menschen offen, ganz gleich, welcher Religion sie angehören und ob sie überhaupt einer Religion angehören. Auch beinhaltet sie keinerlei Bekehrungsversuch zu irgendeiner Religion.

Durch die Vorträge und die Bücher von Dürckheim wurde die existential-psychologische Bildungs- und Begegnungsstätte in Rütte zunehmend bekannter. Es kamen immer mehr Menschen dorthin, als Suchende, als Klienten oder als Schüler. Sie blieben für mehrere Tage oder für einige Wochen, für einige Monate oder für mehrere Jahre. Manche von ihnen wurden von Dürckheim und vor allem von Hippius in Initiatischer Therapie ausgebildet und wurden dann selbst

---

[3] Dürckheim, *Weg* (1991), S. 92.

zu Mitarbeitern in Rütte oder zogen schließlich fort und gründeten an einem anderen Ort ihre eigene Praxis für Initiatische Therapie oder sogar ein eigenes Meditationszentrum.

Am 4. Juni 1985 heirateten Karlfried Graf Dürckheim und Maria Hippius in Todtmoos. Einige Jahre später, am 28. Dezember 1988, verstarb Dürckheim in Rütte, 92 Jahre alt. Drei Tage darauf wurde er in der Gruft der Familie in Steingaden beigesetzt. Die von ihm und Maria Hippius Gräfin Dürckheim begründete Bildungs- und Begegnungsstätte existiert immer noch in Todtmoos-Rütte und wird dort nun von einigen ihrer ehemaligen Mitarbeiter weitergeführt.

Mensch und Welt und Transzendenz

Die Lehre von Karlfried Graf Dürckheim führt weit über jene Wirklichkeit hinaus, die wir mit unserem Denken begreifen und in einem System aus sprachlichen Begriffen verständlich abbilden können. Dürckheim selbst verwendet hier einerseits ganz altmodische religiöse Begriffe, wie denjenigen des ›Himmels‹, und andererseits auch modernere philosophische wie denjenigen des ›Seinsgrundes‹, um das Nichtbegreifbare und Nirgendeinzuordnende zumindest zu benennen. „Aber jede verständliche Darstellung – auch die, die wir hier versuchen – bringt alles in Gefahr; denn damit wird das Nirgendeinzuordnende wiederum eingeordnet oder zumindest angeschlossen in ein, wenn auch erweitertes System des Denkens."[4] Wirklich verstanden werden kann dieses Nirgendeinzuordnende aber nur durch eigene Erfahrungen, die über jedes Denken hinausgehen.

Himmel und Erde

Die Wirklichkeit insgesamt stellt sich für Dürckheim dar als ›Erde‹ und ›Himmel‹, wobei diese Begriffe für ihn jeweils zweierlei Bedeutungen haben: Zum einen versteht er unter ›Erde‹ das irdische Dasein und unter ›Himmel‹ demgegenüber das überweltliche Sein. Zum anderen steht bei ihm der Begriff der ›Erde‹ aber auch für die kosmische Lebenskraft und derjenige des ›Himmels‹ demgegenüber für die himmlischen Urideen. Die Abbildung 1 auf der nächsten Seite veranschaulicht diese Begriffe und ihre Beziehungen untereinander.

---

[4] Dürckheim, *Zen* (1984), S. 71.

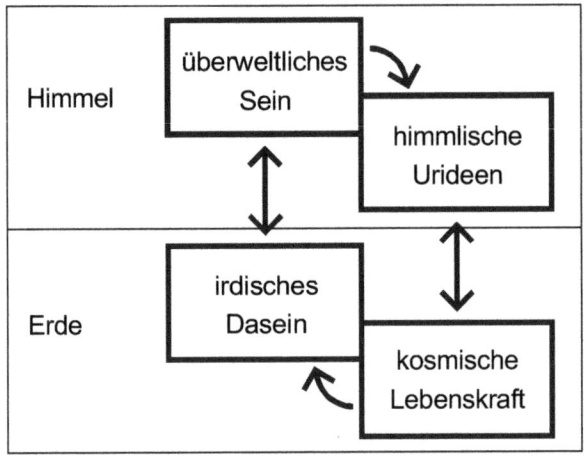

Abbildung 1: Himmel und Erde bei Dürckheim

In den himmlischen Urideen wirken die Logoskräfte des transzendenten oder ›geistlichen‹ Geistes. Die Lebenskraft hingegen entspringt den kosmischen Mächten der ›großen Natur‹. Der geistliche Geist wird traditionell als väterlich charakterisiert und die große Natur als mütterlich. Entsprechend gebraucht auch Dürckheim hier die Begriffe ›Himmel‹ und ›Erde‹: „›Erde‹ meint einmal die mütterlich-kosmischen Mächte der großen Natur gegenüber dem ›Himmel‹ als ›Stätte der väterlichen Logoskräfte des Geistes‹".[5]

Zum anderen meint ›Erde‹ aber auch das irdische Leben des Menschen in seiner raumzeitlichen Bedingtheit und individuellen Einmaligkeit – gegenüber dem ›Himmel‹ als dem überraumzeitlichen Sein in seiner allumfassenden Transzendenz. So geht es bei der ›Erde‹ um unser Dasein als Menschen. Dies ist das raumzeitlich bestimmte Ganze unserer Welt und des Lebens. Hier existieren wir

---

[5] Dürckheim, *Erlebnis* (1982), S. 250.

in unserer Geschichtlichkeit. Das Dasein umfasst dabei die Natur genauso wie Kultur und Technik, alle Materie ebenso wie die Psyche jedes Menschen und alle Gemeinschaften.

Der ›Himmel‹ hingegen als allumfassende Transzendenz ist für Dürckheim einerseits, christlich verstanden, der göttliche Seinsgrund – und zugleich andererseits, buddhistisch verstanden, die überweltliche Leere. Die metaphysische Leere wiederum ist hier für Dürckheim zugleich eine transzendente Fülle und der divine Seinsgrund ein personaler Gott.

Als überweltliches Sein kann die Transzendenz nach Dürckheim vor allem durch drei Qualitäten charakterisiert werden. Dies sind „die schöpferische Fülle, die sinngebende Ordnung und die allverbindende Einheit"[6]. Die sinngebende Ordnung wird von Dürckheim oft auch als ›inbildliche Ordnung‹ bezeichnet. Sie zeigt sich in den himmlischen Urbildern, die den platonischen Urideen entsprechen.

Die inbildliche Ordnung des überweltlichen Seins ist jedoch kein statisches Gebilde, sondern eine lebendige Gesetzlichkeit. Sie stellt sich im weltlichen Dasein sowohl als unerschöpfliche Mannigfaltigkeit dar, wie auch als fortlaufender Wandel. So ist das überweltliche Sein selbst das transzendente *Leben*, welches den Tod mit beinhaltet und das sich durch ein ewiges Wachsen und wieder Vergehen verwirklicht, durch einen nie endenden Prozess des ›Stirb und Werde‹.

Die Bewegung des *Lebens* verläuft dementsprechend andauernd hin und her zwischen zwei Polen: Yang und Yin. Der eine Pol, Yang, ist hier derjenige der Form und der andere, Yin, ist hier derjenige der Auflösung: Gestalten bilden sich und verschwinden wieder. Damit ist die Bewegung des *Lebens* stets eine Bewegung in die Form und wieder in die Auflösung, daraufhin in eine neue Form und erneut in die Auflösung.

---

[6] Dürckheim, *Weg* (1991), S. 121.

Trotzdem hat diese Bewegung des *Lebens* nach Dürckheim eine eindeutige Ausrichtung: Sie strebt nach einer zunehmenden Offenbarung des überweltlichen Seins im weltlichen Dasein. Die Urbilder oder Urideen sind hier transzendentale Potenziale, die danach drängen, sich im weltlichen Dasein zu verwirklichen.

Jeder Mensch wächst während seiner Kindheit und Jugend körperlich zu einer bestimmten Gestalt heran und bildet zugleich auch psychisch jeweils einen individuellen Charakter aus, sozusagen als seelische Gestalt seiner selbst. Das Lebendige insgesamt umfasst außerdem in unserer Welt auch noch unzählige Tiere und Pflanzen in mannigfachen Gestalten. Das überweltliche Sein will sich überall darin zeigen, „offenbaren als die alles Lebendige tragende und speisende *Fülle*, als die alle Gestaltwerdung bestimmende *Gesetzlichkeit* und als die das Einssein des Lebendigen mit sich und allem anderen ermöglichende und immer neu Ganzheit stiftende *Einheit*."[7]

Es lassen sich damit bei Dürckheim drei Wirklichkeiten voneinander unterscheiden, welche miteinander die gesamte Wirklichkeit ausmachen: Die erste dieser drei Wirklichkeiten ist die weltliche. Dabei handelt es sich um jene Wirklichkeit, die in den modernen Industrienationen allgemein anerkannt ist und die hier auch von den Wissenschaften erforscht wird, wie etwa von der Physik und der Biologie, der Psychologie und der Soziologie, der Geschichtswissenschaft und der Astronomie.

Die weltliche Wirklichkeit entspricht dem Dasein des Menschen auf der Erde. Die beiden anderen Wirklichkeiten sind gleichsam höhere Dimensionen zu dieser weltlichen Wirklichkeit. Als Zweites kommt hier eine ›esoterische‹ Wirklichkeit. Zu dieser gehören für Dürckheim vor allem die platonischen Urideen des ›Himmels‹ sowie die kosmische Lebenskraft der ›Erde‹ und außerdem der Ätherleib des Menschen, welcher ebenfalls der ›Erde‹ zugeordnet werden kann. Drittens gibt es noch die höchste Wirklichkeit des Himmels.

---

[7] Dürckheim, *Meister* (1983), S. 41.

Diese ist zugleich auch die tiefste sowie die allumfassende Wirklichkeit. Dabei handelt es sich um das überweltliche oder göttliche Sein. Dem gewöhnlichen Menschen unserer Zeit erscheint es jedoch als natürlich und selbstverständlich, von diesen drei Wirklichkeiten lediglich die weltliche als wirklich anzuerkennen. Von dieser schließt er dann oft auch noch sein inneres Erleben als ›nur subjektiv‹ aus. So bleibt ihm in seinem Ich als Wirklichkeit kaum mehr als die äußerlich wahrnehmbare und rational fassbare Wirklichkeit der Lebewesen und der Gegenstände. Diese raumzeitliche Wirklichkeit erscheint ihm als die einzig objektive.

Der zweifache Ursprung des Menschen

Himmel und Erde stellen nicht nur für sich genommen zwei verschiedene Wirklichkeiten dar, von denen die irdische die engere ist und die himmlische die umfassendere. Sondern entscheidend ist hier für Dürckheim, dass auch der Mensch selbst letztendlich in beiden Wirklichkeiten, der irdischen und der himmlischen, seine Heimat hat. „Der Mensch ist zweifachen Ursprungs, er ist himmlischen und irdischen, natürlichen und übernatürlichen Ursprungs."[8] Er ist nicht nur biologisch aus der Evolution hervorgegangen, sondern auch existenziell aus der Transzendenz.

Die irdische Herkunft des Menschen zeigt sich ganz unmittelbar in seiner Körperlichkeit, doch auch die himmlische Herkunft ist in jedem Menschen enthalten als ihm immanente Transzendenz. Diese dem Menschen immanente Transzendenz macht für Dürckheim sogar sein eigentliches Wesen aus. Sie wird deshalb von ihm zumeist auch genau so bezeichnet, nämlich als Wesen. Das Wesen ist damit ein Fünklein der Transzendenz oder des überweltlichen Seins im Innersten eines jeden Menschen.

---

[8] Dürckheim, *Ursprung* (1978), S. 11.

In der individuellen Entwicklung des Menschen während seiner Kindheit und Jugend sowie auch in seinem Erwachsenenleben wird vor allem sein irdischer Ursprung wirksam. So entwickelt der Mensch während seiner Kindheit und Jugend ein weltverwobenes Ich, welches er in seinem Erwachsenenleben oft noch weiter festigt und ausbaut. Zugleich entfremdet er sich damit immer mehr von seinem eigentlichen Wesen. Durch diese Entwicklung beheimatet er sich zunächst ausschließlich in der raumzeitlichen Welt. In ihr lebt der Mensch im Gefüge jener Wirklichkeit, die er vermittels seiner Sinne und seine Ratio kennt und zu meistern versucht. Diese Wirklichkeit ist aber nach Dürckheim nicht die ganze Wirklichkeit – und ein Mensch, der ausschließlich in ihr lebt, wird mit einem solchen Leben auch seiner eigenen Ganzheit nicht gerecht, denn die Ganzheit des Menschen beinhaltet zwei Pole, nicht nur den Pol des weltverwobenen Ichs, sondern auch denjenigen des seinsverbundenen Wesens.

Woher aber weiß Dürckheim überhaupt und woher können wir wissen, dass dieses Wesen in uns tatsächlich existiert – und mit ihm das überweltliche Sein? Weil es Erlebnisse gibt, in denen Menschen dieses Wesen unmittelbar erfahren! Und weil in manchen von diesen Erlebnissen das überweltliche Sein mit einer solchen Intensität durchbricht, dass sie für die betroffenen Menschen absolut überzeugend sind! Dürckheim bezeichnet solche Erlebnisse als ›Seinserfahrungen‹ oder auch als ›Große Erfahrungen‹.

Allerdings können solche Erlebnisse nicht gezielt hervorgerufen werden. Sie entziehen sich der Machbarkeit. Wenn einem Menschen eine Seinserfahrung zuteil wird, dann ist sie immer ein Geschenk der Gnade. Durch eine gezielte Arbeit an sich selbst kann sich der Mensch aber immerhin schrittweise in eine Verfassung bringen, in der er für dieses Geschenk der Gnade empfänglicher wird, sodass ihm eine Seinserfahrung leichter zuteil werden kann. Diese Arbeit beinhaltet vor allem eine Bearbeitung der eigenen Schattenseiten. Je mehr ein Mensch das eigene Dunkle in sich selbst bereits bearbeitet hat, desto empfänglicher wird er innerlich für das Licht des überweltlichen Seins.

Für denjenigen Menschen, der ausschließlich in der raumzeitlichen Wirklichkeit lebt, kann sich sein innerstes Wesen jedoch ebenfalls bemerkbar machen, wenn auch nur indirekt, nämlich durch ein unspezifisches Leiden daran, dass er sich von ihm immer mehr entfremdet hat. So unterscheidet Dürckheim zweierlei Leiden – und zweierlei Glück: „Es gibt zweierlei Leiden und zweierlei Glück. Darin erscheint die zweifache Herkunft des Menschen."[9]

Das eine Leiden ist das Leiden unter den Bedrohungen, Ungerechtigkeiten und Grausamkeiten dieser Welt. Ihm gegenüber steht das Glück im Erfahren von Sicherheit, Gerechtigkeit und Liebe in dieser Welt. Dieses Glück und jenes Leiden entsprechen dem irdischen Ursprung des Menschen. Das andere Leiden ist ein Leiden unter der Getrenntheit vom eigenen Wesen. Ihm gegenüber steht das Glück im Erfahren von Kraft, Sinn und Geborgenheit aus dem überweltlichen Sein heraus. In diesem anderen Glück offenbart sich der himmlische Ursprung des Menschen. Allerdings führt dieser himmlische Ursprung mitunter auch zu jenem anderen Leiden, solange der Mensch von seinem eigenen Wesen entfremdet ist. Dieses andere Leiden kann dann etwa als allgemeine Unzufriedenheit erlebt werden oder als diffuse Angst, als qualvolle Leere oder als neurotische Depression.

Jedoch bedeuten sogar Seinserfahrungen nicht einfach nur Glück, sondern sie beinhalten früher oder später auch einen Auftrag an den jeweiligen Menschen. Dieser Auftrag besteht darin, sich selbst durch eine innere Entwicklung in eine solche Person zu verwandeln, die das überweltliche Sein dann auch seinerseits in der Welt zu offenbaren vermag. Es geht hier also für den jeweiligen Menschen darum, auf einem inneren Entwicklungsweg dahingehend zu reifen, dass er schließlich dem überweltlichen Sein in und mit seinem eigenen Leben gerecht werden kann. „In diesem Auftrag ist nichts festgelegt und doch ein Weg angelegt, dessen Sinn, wohin er

---

[9] Dürckheim, *Ursprung* (1978), S. 21.

auch immer in der Welt führen mag, die Manifestation des Seins im Dasein ist."[10] Diesen Auftrag zu erfüllen, darin liegt nach Dürckheim der eigentliche oder tiefere Sinn im Leben des Menschen.

Viele Menschen finden einen Sinn für ihr Leben beispielsweise im Beruf oder in ihrer Familie, in einer künstlerischen Tätigkeit oder in einem sozialen Engagement. Jenseits von einem solchen gewöhnlichen Lebenssinn gibt es für Dürckheim noch jene höhere Bestimmung, die in der Erfüllung des überweltlichen Auftrages liegt. So steht der Mensch, entsprechend seinem zweifachen Ursprung, auch in einem doppelten Auftrag. Dieser besteht einerseits darin, die Welt zu gestalten im *Werk*, und er besteht andererseits darin, als Person zu reifen auf dem inneren *Weg*.

Das sinnvolle Tätigsein in der äußeren Welt ergibt früher oder später ein Lebenswerk, mit dem der jeweilige Mensch seine irdische Herkunft erfüllt. Seiner himmlischen Herkunft hingegen wird der Mensch zunächst einmal gerecht, indem er sich durch Arbeit an sich selbst nach und nach in eine Verfassung bringt, in der er innerlich zunehmend durchlässiger wird für das überweltliche Sein, sodass dieses sich zunehmend leichter und häufiger in seinem eigenen Bewusstsein manifestieren kann. Letztendlich aber geht es bei einem solchen Reifen auf dem inneren Weg auch darum, dass der jeweilige Mensch das überweltliche Sein durch ein entsprechendes Tätigsein in der äußeren Welt bezeugt.

Die höhere Bestimmung des Menschen macht nach Dürckheim das Besondere des Menschen aus. Das überweltliche Sein, also das große *Leben*, drängt in der gesamten Natur, in allen Lebewesen danach, seine inbildliche Ordnung zu verwirklichen. Die Besonderheit des Menschen liegt darin, dass das überweltliche *Leben* sich in ihm und durch ihn seiner selbst *bewusst* werden will. „So ist der rechte Mensch also der, der das in seinem Wesen verkörperte divine Sein im *Glanz* seines Erlebens, in der *Strahlung* seiner Gestalt und

---

[10] Dürckheim, *Erlebnis* (1982), S. 108.

im *Segen* seines Wirkens in Freiheit und lichter Bewusstheit offenbar macht im weltlichen Dasein."[11]

Wenn wir als Menschen unserer höheren Bestimmung gerecht werden, helfen wir damit Gott oder dem überweltlichen Sein bei dessen Schöpfung: „Die Schöpfung ist die Weise, in der das Göttliche sich in der Welt offenbart, und wir sind gerufen, diese Schöpfung gleichsam immer weiter zu führen, sie wahrzunehmen, ernst zu nehmen und sie zu bewirken als die Weise des Offenbarwerdens des Göttlichen in der Welt."[12]

Spirituelle Wechselwirkungen

Die Immanenz der Transzendenz, ihre Anwesenheit in Mensch und Welt, offenbart sich durch spirituelle Wechselwirkungen: Das überweltliche Sein wirkt hinein in das weltliche Dasein des Menschen und manche Menschen wiederum wirken in ihrem weltlichen Dasein zugunsten des überweltlichen Seins.

Spirituelle Wechselwirkungen sind dementsprechend Wechselwirkungen zwischen dem überweltlichen Sein und dem weltlichen Dasein und hier zunächst einmal zwischen dem überweltlichen Sein und dem irdischen Menschen. ›Immanente Transzendenz‹ bedeutet, dass das überweltliche Sein, das *Leben* und damit letztendlich Gott, keineswegs absolut getrennt ist vom weltlichen Dasein und ihm unendlich fern, sondern stattdessen sogar mitten drin ist in diesem Dasein und ihm damit unendlich nahe. Das *Leben* ist das eigentliche Wesen des Menschen.

Aus seinem eigenen Wesen heraus wirkt das *Leben* von innen her auf den Menschen ein, es sucht ihn und sucht sich in ihm zu verwirklichen, indem es den Menschen entsprechend zu verwandeln

---

[11] Dürckheim, *Alltag* (1980), S. 13.
[12] Dürckheim, *Geschenk 2* (1992), S. 111.

versucht. Wenn ein Mensch sich auf diese Wirkung vonseiten des überweltlichen Seins einzulassen vermag, hier entsprechend mitarbeitet und schließlich tatsächlich dem *Leben* gemäß verwandelt wird, dann kann er daraufhin als ein solcher Verwandelter nun seinerseits wiederum für das überweltliche Sein wirken. Er kann nun seinerseits Wirkungen entfalten, die der Transzendenz dabei helfen, ihre Potenziale in seiner Welt, also in der Menschenwelt, zu verwirklichen. „Wie weit es dem *Leben* gelingt, sich in seinen transzendentalen Potenzialen in der Menschenwelt durchzusetzen, hängt vom Menschen ab, sodass man sagen darf: Nicht nur bedarf der Mensch Gottes, sondern Gott auch des Menschen. Der Mensch muss für ihn bereit sein. Nicht nur sucht der Mensch Gott, sondern Gott sucht auch den Menschen, und der Mensch muss sich finden lassen."[13]

Während der ersten Seinserfahrungen eines Menschen ist es jedoch zunächst einmal vor allem dessen eigene Grundstimmung, die durch jene Erfahrungen jeweils für eine Weile deutlich verändert wird. Zum weltlichen Dasein des Menschen gehört immer auch die Stimmung, in der er sich in seinem Ich befindet und die dort seinem Erleben jeweils zugrunde liegt. Die Wirkung der ersten Seinserfahrungen besteht nun darin, dass diese Grundstimmung des Menschen in seinem Ich durch jene Erfahrungen für eine Weile erfüllt wird von einer Kraft, einem Sinn und einer Liebe, die sich aus der Fülle, der Ordnung und der Einheit des überweltlichen Seins ergeben und die völlig unabhängig sind von der aktuellen Situation des jeweiligen Menschen in der Welt. Sie werden ihm hier gleichsam als Gnade vom überweltlichen Sein her zuteil. „Wo das Sein uns ergreift, verwandelt die Grundstimmung sich. Eine Kraft, eine Fröhlichkeit und eine Liebe ziehen ein, die von der Sicht des begreifenden Ichs her ganz unverständlich und unmotiviert sind."[14]

---

[13] Dürckheim, *Meister* (1983), S. 78.
[14] Dürckheim, *Alltag* (1980), S. 61.

Außerdem kann sich bereits während der ersten Seinserfahrungen eines Menschen in seinem Ich ein Auftrag aus dem überweltlichen Sein festsetzen, in dem er sich gerufen und berufen fühlt, sich als Mensch dahingehend zu verwandeln, dass er auch selbst in seinem weltlichen Dasein jener überweltlichen Wirklichkeit gerecht zu werden vermag, die ihm in jenen Seinserfahrungen offenbart wurde. Die Implementierung dieses Auftrages in sein Ich wäre dann eine weitere Wirkung vom überweltlichen Sein her in das weltliche Dasein des jeweiligen Menschen hinein.

Die Verwandlung des Menschen in einen solchen, der dem überweltlichen Auftrag zunehmend gerecht werden kann, besteht in einer Weiterentwicklung seiner selbst auf einem inneren Entwicklungsweg. Sie betrifft nun nicht mehr nur seine Grundstimmung, sondern hier geht es um ihn als ganzen Menschen – um eine Verwandlung seiner selbst als Ich insgesamt und auch in seinem Leib. Außerdem soll diese Verwandlung nicht nur für eine Weile anhalten, sondern von Dauer sein. Eine solche Verwandlung ist fast immer nur möglich durch eigene Arbeit an sich selbst mithilfe von Übungen wie beispielsweise solchen der Meditation.

Wenn aber ein Mensch sich tatsächlich auf dem inneren Weg entsprechend dem überweltlichen Auftrag weiterentwickelt und verwandelt, dann wird er dadurch in seinem Ich zunehmend durchlässiger für das überweltliche Sein. So kann auch das überweltliche Sein zunehmend kontinuierlicher auf sein derart verwandeltes weltliches Ich einwirken. Die Wirkung vom überweltlichen Sein her auf das weltliche Dasein des jeweiligen Menschen besteht hier darin, dass er in seinem derart verwandelten Ich nun nicht mehr vollständig abhängig ist von der Kraft, dem Sinn und der Liebe, die ihm aus der äußeren Welt oder aus seiner eigenen Psyche zuteil werden. Stattdessen wird sein Ich jetzt zusätzlich noch gespeist mit Kraft, Sinn und Liebe aus dem überweltlichen Sein.

Dem Auftrag aus dem überweltlichen Sein gerecht zu werden, bedeutet aber nicht nur, innerlich zunehmend durchlässiger zu werden für ein Wirken das überweltlichen Seins im eigenen weltlichen

Ich. Sondern es geht hier letztendlich auch darum, dass der jeweilige Mensch sich in eine Form bringt, als Person und in seinem Ich, die ihn befähigt, nun mit seinem eigenen Wirken seinerseits wiederum das überweltliche Sein dabei zu unterstützen, sich in der Welt zu offenbaren. Entscheidend sind nicht allein die spirituellen Wirkungen, die dem Menschen als Gnade zuteil werden mögen, sondern vor allem die spirituellen Wechselwirkungen, in deren Dienst sich der Mensch schließlich stellt.

Die Erfahrung des überweltlichen Seins

Jeder Mensch macht unzählige Erfahrungen in seinem Leben – und eigentlich sogar jeden Tag. Aus all diesen gewöhnlichen Erfahrungen ragt eine Seinserfahrung, wenn sie einem Menschen zuteil wird, als absolut ungewöhnliche Erfahrung heraus. Alle gewöhnlichen Erfahrungen sind, genau genommen, Welt-Erfahrungen – und in einer Seinserfahrung erfährt der betroffene Mensch ganz plötzlich und ganz unmittelbar etwas Überweltliches, nämlich das überweltliche Sein. „Von Seinserfahrungen als Erfahrungen des divinen Seins, der Transzendenz, des überweltlichen Lebens kann man nur sprechen, weil sie sich in ihrer Erlebnisqualität und ihren Auswirkungen so radikal von allen Welt-Erfahrungen unterscheiden, dass man sie als überweltlich von den anderen absetzen muss."[15]

So wie alle gewöhnlichen Erfahrungen einfach Welt-Erfahrungen sind, ist für Dürckheim das Ich des Menschen ebenfalls lediglich ein Welt-Ich – es ist vollständig von der Welt her bedingt. In einer Seinserfahrung transzendiert der jeweilige Mensch vorübergehend dieses Ich. Er erfährt das überweltliche Sein außerhalb seines Ichs.

Dementsprechend können Seinserfahrungen auch nicht vom Ich her arrangiert werden. Sie sind der Machbarkeit entzogen. Wenn uns eine Erfahrung des überweltlichen Seins zuteil wird, dann als Geschenk eben dieses Seins. In einem solchen Augenblick fühlen wir uns durchwirkt von etwas Wundersamen. „Wir sind wie abwesend und doch ganz da, ganz leer und voller Leben. Wir ruhen ganz in uns selbst und sind doch zugleich allem zuinnerst verwandt. Wir sind allem enthoben und zugleich in allem darin, sind allem verbunden und haften an nichts."[16]

---

[15] Dürckheim, *Ursprung* (1978), S. 86.
[16] Dürckheim, *Ursprung* (1978), S. 84.

Die Qualität von Seinserfahrungen

Man könnte nach der Beschaffenheit von Seinserfahrungen fragen, aber es geht hier ja gerade um die Erfahrung des ungeschaffenen und formlosen überweltlichen Seins. Trotzdem geht es in einem Kapitel über Seinserfahrungen natürlich auch darum, welches denn nun der Inhalt von solchen Erfahrungen ist. Aber ihr Inhalt ist gleichfalls nicht entscheidend: Echte Seinserfahrungen hängen nie von dem Inhalt ab, auf den das Bewusstsein sich richtet. Eine Auslöschung aller Inhalte, allen Denkens und Fühlens und aller Wahrnehmungen findet jedoch ebenso nicht statt. „Gemeint ist auch nicht die Erfahrung einer übersinnlichen Welt, in der irgendwelche Wesenheiten, Engel oder Dämonen, Geistwesen höherer oder niederer Welten, auftauchen. Das alles gibt es – ist aber keine Seinserfahrung im eigentlichen Sinn."[17] Entscheidend für eine echte Seinserfahrung im eigentlichen Sinn ist ihre spezielle Qualität. Diese ergibt sich durch einen Bewusstseinssprung, bei dem sich das Bewusstsein des jeweiligen Menschen vorübergehend in das überweltliche Sein hinein erweitert und er selbst in diesem erweiterten Bewusstsein zugleich eins wird mit jenem Sein.

Jede Seinserfahrung ist also eine innere Einswerdung des jeweiligen Menschen mit dem überweltlichen Sein. Der Mensch wird hier während der Seinserfahrung und durch die Seinserfahrung vorübergehend herausgehoben aus seinem Ich und seinem Verstand und eins mit dem Sein. Dadurch ist jede Seinserfahrung immer auch ein Bewusstseinssprung. Das Bewusstsein des jeweiligen Menschen erweitert sich, wenn er das überweltliche Sein erfährt, in die Dimension dieses Seins hinein. Seine gewöhnlichen Sinnesempfindungen, mit denen er normalerweise die Welt um sich herum wahrnimmt, bleiben dem Menschen während dieser Erfahrung erhalten. Er erfährt das überweltliche Sein gleichsam durch diese Sinneswahr-

---

[17] Dürckheim, *Erlebnis* (1982), S. 84.

nehmungen hindurch. Die Welt um ihn herum wird während der Seinserfahrung vorübergehend transparent für das überweltliche Sein. Sie wird auf dieses Sein hin durchsichtig.

Während die äußere Welt durchsichtig wird für das überweltliche Sein, gewinnt auch das eigene innere Erleben des jeweiligen Menschen deutlich an Klarheit. Die Bewusstseinserweiterung der Seinserfahrung führt vorübergehend zu einer außergewöhnlichen Klarwerdung des eigenen Bewusstseins. „Das aber ist nicht eine ›Klarheit über etwas‹, so wie es sie im natürlichen Verstand gibt, sondern *Klarheit als Zustand*. Wir stehen dann ›*in der Klarheit*‹."[18]

Das überweltliche Sein selbst erfährt der Mensch während einer Seinserfahrung in einer dreifachen Qualität. So hat dieses Sein gleichsam einen ›trinitarischen Charakter‹. Es ist eine heilige Dreieinheit. Als solches ist es nicht nur die überweltliche Einheit, sondern auch die inbildliche Ordnung und die überweltliche Fülle. Dürckheim charakterisiert diese dreifache Qualität folgendermaßen: „Schöpferische Fülle, Licht des universalen Gesetzes, das alle Dinge ordnet, ihnen Form und Sinn gibt, Einheit, die alles wieder in Harmonie bringt."[19]

In einer Seinserfahrung erfüllt das überweltliche Sein das Bewusstsein des jeweiligen Menschen mit dieser dreifachen Qualität. So wird die schöpferische Fülle des Seins hier erfahren als eine überweltliche Kraft, seine universale Gesetzlichkeit als ein übergegensätzlicher Sinn und die Einheit des Seins als überweltliche Geborgenheit in Liebe.

Durch die dreifache Qualität des Seins bekommt die Erfahrung dieses Seins ihrerseits die Qualität des Numinosen und damit eine sakrale Qualität. Allerdings umfasst das überweltliche Sein nicht nur das weltliche Licht, sondern auch das weltliche Dunkel. Es ist das überweltliche *Licht* jenseits von weltlichem Licht und weltlichem

---

[18] Dürckheim, *Erlebnis* (1982), S. 102.
[19] Dürckheim, *Weg* (1991), S. 67.

Dunkel. So beinhaltet die Qualität des Numinosen nicht nur ein wundersames Heiliges, sondern auch etwas erschreckend Unheimliches. Trotzdem überwiegt in einer Seinserfahrung zumeist das Wundersame – und oft ist es gerade dieses Wundersame selbst, welches uns in einer Seinserfahrung zugleich auch als ein Unheimliches anmutet. So fühlen wir uns etwa, wenn uns eine Erfahrung des Seins zuteil wird, plötzlich aus einer Sorge befreit, die uns eben noch beschäftigt hat, oder sind sogar einer Angst entledigt, die uns bis dahin gelähmt hat. Stattdessen hat nun alles einen Sinn. Es stimmt auf einmal irgendwie alles, in allen Unstimmigkeiten in dieser Welt. Wir fühlen uns mit und trotz unserer Unsicherheit oder Verlassenheit plötzlich geborgen und aufgehoben.

Kleine Seinsfühlungen und die Großen Erfahrungen

Es lassen sich bezüglich der Seinserfahrungen zwei Arten voneinander unterscheiden, und zwar einerseits die kleinen Seinsfühlungen und andererseits die großen, erschütternden und zugleich befreienden Erfahrungen des Überweltlichen. Insbesondere die großen Seinserfahrungen ragen zumeist wie Gipfel aus allen gewöhnlichen Erfahrungen des jeweiligen Menschen heraus und offenbaren ihm in aller Deutlichkeit das überweltliche Sein. Deshalb bezeichnet Dürckheim sie oft auch einfach als ›Große Erfahrungen‹.

Seinsfühlungen haben heutzutage viele Menschen irgendwann einmal. Es sind jene Erfahrungen, in denen wir uns über unsere alltägliche und bekannte Wirklichkeit hinausgehoben fühlen und von etwas Wundersamem erfüllt sind, das nicht von dieser Welt ist. „Mit einem Mal ist das Ganze unseres Erlebens durchwirkt von einer besonderen Qualität. Man ist wie verzaubert, wie entrückt und doch zugleich in etwas Urvertrautes gestellt, ganz bei sich selbst."[20]

---

[20] Dürckheim, *Meditieren* (1976), S. 22.

Die Großen Erfahrungen sind viel seltener – aber auch viel intensiver und viel nachhaltiger. Durch eine solche Erfahrung wird der jeweilige Mensch zumeist regelrecht verwandelt. Die Große Erfahrung ist dabei Erleuchtung und Verwirrung zugleich. Sie erweitert die bisherige Sicht des Menschen auf sein Dasein um eine neue Dimension. So fühlt er sich nach einer solchen Erfahrung zwar weiterhin seinem alten Dasein verbunden, aber vieles in diesem Dasein ist nun für ihn anders geworden. Die Nöte des gewöhnlichen Lebens rühren nicht mehr bis an das Innerste seiner Existenz. Sein Alltag ist jetzt von einem tieferen Sinn durchleuchtet. Alle Gegensätze, unter denen er bisher in seinem Dasein litt, sind ihres Stachels beraubt.

Den Großen Erfahrungen gegenüber stehen die Seinsahnungen. Bei den Seinsfühlungen und erst recht bei den Großen Erfahrungen handelt es sich um überaus bewusste direkte Erfahrungen des überweltlichen Seins, in denen der jeweilige Mensch sein gewöhnliches Ich-Bewusstsein in ein transzendentes Bewusstsein hinein überschreitet. Die Seinsahnungen hingegen dringen eher unterschwellig in das gewöhnliche Ich-Bewusstsein des jeweils betroffenen Menschen ein. Eine Seinsahnung bewirkt keine Erfahrung des Seins, aber sie motiviert den jeweiligen Menschen doch zur Suche danach – ohne dass er weiß, worum es sich dabei eigentlich handelt: Irgendetwas treibt ihn aus der Banalität des gewöhnlichen Lebens heraus, versetzt ihn in Unruhe und lässt ihn fahnden nach dem Wunder des Seins. Die Triebkraft des Suchens ist hier das Gesuchte selbst.

Seinserfahrungen und Grundnöte

Dem trinitarischen Charakter des überweltlichen Seins stehen im weltlichen Dasein des Menschen drei Grundnöte gegenüber: „Die erste Grundnot ist die Angst vor der Vernichtung; die zweite Grundnot ist die Verzweiflung am Sinnlosen; die dritte Grundnot ist die Trostlosigkeit in der Verlassenheit."[21] Aus diesen Grundnöten heraus strebt der Mensch, ob er es weiß oder nicht, ständig nach Selbsterhaltung, Sinn und Geborgenheit. Die entsprechenden Bestrebungen machen nach Dürckheim die drei Grundanliegen des Menschen aus. So errichtet, festigt und erweitert jeder Mensch immerfort um sein Ich herum und in seinem Leben gleichsam ein Gehäuse aus Sicherheiten, Ordnungen und Beziehungen, das ihm die Befriedigung der drei Grundanliegen fortwährend gewährleisten soll. Aber die drei Grundnöte bedrohen ihn trotzdem weiterhin unentwegt – und wenn er doch einmal in eine dieser Nöte gerät, dann kann gerade jene Not für ihn mitunter sogar zu einem Tor werden, welches ihm den Zugang zum überweltlichen Sein eröffnet. „Gerade die Stunden, in denen das Gehäuse zerbricht, das dem Ich Sicherheit, Sinn und Geborgenheit in der Welt geben sollte, enthalten die Chance, dass der Mensch, wenn er hier das ihm vom Ich her Unannehmbare annimmt, sich unvermutet von jenem Sein getragen, mit Sinn erfüllt und geborgen erfährt, das sich der Fassungskraft seines gewöhnlichen Bewusstseins entzieht."[22]

Die erste Grundnot des Menschen, die Angst vor der Vernichtung, folgt aus der Gefährlichkeit und der Vergänglichkeit seines Daseins. In diese Grundnot kann der Mensch beispielsweise durch eine schwere Krankheit geraten oder auch an einer aktuellen Kriegsfront. Und hier *kann* es nun geschehen, dass gerade in der Sekunde, in der seine Angst ihren Höhepunkt erreicht und seine natürliche Abwehr gegen die drohende Vernichtung zusammenbricht – wenn es ihm dann gegeben ist, sich seinem Schicksal zu fügen, dass er dann plötzlich befreit ist von seiner Angst und ein Sein in sich erfährt, an das keine Vernichtung mehr herankommt. So steht er

---

[21] Dürckheim, *Geschenk 1* (1988), S. 303.
[22] Dürckheim, *Alltag* (1980), S. 30.

nun, wenn auch vielleicht nur für einen Augenblick, in einer überweltlichen Kraft, die ihn heraushebt aus aller weltlichen Not.

Die zweite Grundnot des Menschen, die Verzweiflung am Sinnlosen, ergibt sich aus den Absurditäten und den Ungerechtigkeiten des Lebens. In diese Grundnot kann der Mensch beispielsweise geraten, wenn er einer unerträglich schlimmen Willkür ausgesetzt wird oder in schlichtweg widersinnigen Lebensumständen gefangen ist. Auch hier *kann* es dann einem Menschen mitunter zuteil werden, dass er das Unbegreifbare für einen Augenblick zu akzeptieren vermag – und in diesem Augenblick mag ihm dann plötzlich ein Sinn aufgehen, der nichts mehr zu tun hat mit Sinn und Unsinn dieser Welt, sondern der dem überweltlichen Sein entspringt.

Die dritte Grundnot des Menschen, die Trostlosigkeit in der Verlassenheit, beinhaltet eine schier unerträgliche Einsamkeit und Ungeborgenheit in der Welt. In diese Grundnot kann der Mensch beispielsweise durch den Verlust des nächsten Lebensgefährten geraten oder durch eine Ausstoßung aus seiner Gemeinschaft. Wenn es ihm nun geschenkt wird, dass er das Unvollziehbare zu vollziehen vermag und er sich also diesem neuen Lebensumstand einfach unterwerfen kann, dann *mag* er sich plötzlich aufgefangen fühlen und von einer Geborgenheit erfüllt, von der er nicht weiß, woher sie eigentlich stammt. So erfährt er hier das überweltliche Sein vor allem in dessen Qualität der Liebe.

Seinserfahrungen in Glücksmomenten

Jede der drei Grundnöte kann einen Menschen an alle Grenzen seines Ichs bringen – und manchmal sogar darüber hinaus, direkt hinein in eine Erfahrung des überweltlichen Seins. Seinserfahrungen können aber nicht nur in schrecklichen Situationen auftreten, die durch eine der drei Grundnöte geprägt sind, sondern auch in beglückenden Situationen: „Sind immer leidvolle Grenzsituationen notwendig, um Sein zu erfahren? Gewiss nicht. Nur sind sie es, in denen wir unversehens am gewaltigsten angerührt und ergriffen werden können vom Sein. Es gibt auch die Sternstunden des Glücks."[23]

Dürckheim nennt vor allem vier Bereiche des menschlichen Lebens, in denen sich solche Sternstunden des Glücks mitunter bevorzugt ereignen. Hierbei handelt es sich um die freie Natur, die große Kunst, die liebevolle Erotik und den religiösen Kult.

Die freie Natur zeigt sich immer wieder in einer Weise, die einem Menschen, der sich davon ergreifen lässt, eine Erfahrung des überweltlichen Seins eröffnen kann. Beispiele hierfür sind das Schweigen im Wald, ein Nachthimmel voller Sterne, das Rauschen des Meeres, der Duft einer Frühlingswiese, das Wogen eines Kornfeldes, das Brausen eines Sturms, ein Glitzern im Morgentau.

In der Kunst sind es vor allem die großen Werke mancher berühmter Künstler, Gemälde oder Kompositionen, die einen Menschen mitunter in eine Seinsfühlung bringen oder in ihm sogar eine Seinserfahrung auslösen können. Wenn ein Mensch sich von einem solchen Kunstwerk zuinnerst berühren lässt, dann kann es für ihn transparent werden zum überweltlichen Sein hin.

Ein weiterer Bereich, in dem beglückende Seinserfahrungen auftreten können, ist die körperliche Zärtlichkeit: Auch die Erotik oder Sexualität beinhaltet eine Qualität von transzendenter Valenz, welche die Wände des gewöhnlichen Ich-Weltbewusstseins zum Überweltlichen hin zu schmelzen oder gar zu sprengen vermag. Diese Valenz kann vor allem mitunter freigesetzt werden in der zärtlichen Begegnung zweier Menschen, die in Liebe miteinander verbunden sind.

Schließlich ist auch der religiöse Kult ein Bereich von transzendenter Valenz. Die lebendige Teilnahme an einer religiösen Kulthandlung kann ebenfalls zu einer Seinsfühlung führen. Im Christentum gehört hierzu beispielsweise die Teilnahme am Abendmahl.

---

[23] Dürckheim, *Leben* (1972), S. 22.

Ausgelöst werden kann eine Seinsfühlung oder gar Seinserfahrung aber manchmal auch unabhängig von jedem Gottesdienst allein schon durch den andächtigen Aufenthalt in einer Kirche. Viele religiöse Kulträume, Tempel oder Moscheen etwa, sind bereits für sich genommen mit einer numinosen Qualität geladen.

Jenseits des Verstandes und aller Begriffe

Es geht bei der Seinserfahrung und hier insbesondere bei der Großen Erfahrung nicht nur um eine Erfahrung des überweltlichen Seins, sondern auch um eine entsprechende Erkenntnis. Die Erkenntnis des überweltlichen Seins, zumal im eigenen Inneren, ist hier sogar ganz entscheidend für den weiteren Lebensweg des jeweiligen Menschen. „Das Entscheidende der Großen Erfahrung ist die Geburt des Wissens um die *immanente Transzendenz*."[24]

Doch das Erkennen der immanenten Transzendenz verläuft in der Seinserfahrung nicht über den Verstand. Es ist kein gegenständliches Erkennen, bei dem das überweltliche Sein wie ein gegenüberstehendes Objekt erkannt würde, sondern es ist sozusagen ein inständliches Erkennen, welches daraus erwächst, dass der jeweilige Mensch des überweltlichen Seins durch Einswerdung innewird.

So ist die Seinserfahrung eine mystische Erfahrung. Sie ereignet sich jenseits des Verstandes und lässt sich dementsprechend auch nicht durch Begriffe erfassen. „Was immer über diese Erfahrung in Worte gefasst wird, ist zu viel und zu wenig zugleich."[25] Es ist zu wenig, weil es dem Eigentlichen und Wundersamen dieser Erfahrung nicht gerecht wird, und es ist zu viel, weil jenes Eigentliche und Wundersame stets unweigerlich dahinter verschwindet.

---

[24] Dürckheim, *Leben* (1972), S. 74.
[25] Dürckheim, *Zeichen* (1983), S. 59.

Ein Mensch, der noch nie eine Seinserfahrung hatte, kann sie mit seinem Verstand und durch Worte niemals begreifen. Es ist schon möglich, über Seinserfahrungen zu reden und zu schreiben. Aber tatsächlich begriffen werden können alle Worte, die sich auf die Seinserfahrung beziehen, stets nur von solchen Menschen, welche jene Erfahrung selbst bereits kennen.

Gleichwohl sollte auch derjenige Mensch, dem gerade eine Seinserfahrung zuteil wird, sehr vorsichtig damit sein, sie sogleich in Begriffe zu fassen und mit dem Verstand begreifen zu wollen. Zu schnell vergeht gerade dadurch das Eigentliche und Wundersame dieser Erfahrung. Hierfür genügt es bereits, dass der jeweilige Mensch sich fragt: Was ist das? Und plötzlich ist es verschwunden.

Doch wenn man eine eigene Erfahrung des überweltlichen Seins, gerade auch die erste, möglichst nicht sogleich in Worte fassen sollte, wie kann man dann darüber mit jemandem sprechen? Aber auch das sollte man zunächst besser nicht! Es ist eine wichtige Regel, nicht darüber zu sprechen, wenn einem eine solche Erfahrung zuteil wurde – nicht einmal mit dem besten Freund. Zu leicht kann gerade die erste eigene Seinserfahrung zerredet werden, sogar in einem Gespräch mit dem besten Freund, wenn jener solche Erfahrungen nicht kennt.

Fünf Kriterien echter Seinserfahrung

Die vielleicht wichtigste Frage bezüglich der Seinserfahrung lautet, ob sich in solchen Erfahrungen tatsächlich eine höhere Dimension der Wirklichkeit offenbart, nämlich das überweltliche und damit zugleich göttliche Sein. Wie lässt sich ausschließen, dass der jeweilige Mensch hier nicht einfach auf eine psychische Projektion seiner eigenen Wünsche und Hoffnungen hereinfällt? „Welches sind die

Kriterien dafür, dass solche Erfahrungen wirklich Erfahrungen einer anderen Dimension, also gültige Seinserfahrungen sind?"[26] Dürckheim nennt als Antwort auf diese Frage fünf Kriterien echter Seinserfahrung, nämlich erstens die ihr eigene Qualität des Numinosen, zweitens die mit ihr einhergehende spirituelle Strahlung, drittens die von ihr bewirkte innere Verwandlung, viertens das mit ihr aufkeimende neue Gewissen und fünftens das auf sie folgende Auftauchen des Widersachers.

Das erste Kriterium echter Seinserfahrung ist also die ihr eigene Qualität des Numinosen. Gerade diese Qualität zeigt untrüglich und unverwechselbar die Präsenz einer anderen Wirklichkeit im menschlichen Bewusstsein an. Wenn diese andere Wirklichkeit sich im Bewusstsein eines Menschen manifestiert, dann erschüttert sie ihn in seinem weltbezogenen Ich und erhebt ihn zugleich über dieses hinaus. So hat das Numinose immer zwei Seiten. Es ist auf der einen Seite ein Tremendum, das den jeweiligen Menschen erschreckt, und auf der anderen Seite ein Faszinosum, das ihn anzieht.

Das zweite Kriterium echter Seinserfahrung ist die mit ihr einhergehende spirituelle Strahlung. Wenn sich in einem Menschen das überweltliche Sein manifestiert, dann äußert es sich zugleich auch als ein überweltliches Licht, das nun von ihm ausgeht. Jeder Mensch, der gerade in einer Seinserfahrung steht, aber auch jeder, der nachwirkend von ihr getragen wird, hat eine besondere Strahlung.

Das dritte Kriterium echter Seinserfahrung ist die von ihr bewirkte innere Verwandlung. Bei einem Menschen, der innerlich vom Sein getroffen wird, wird dadurch das ganze Konzept seines Lebens umgeworfen. Bislang war sein Konzept des Lebens vollständig von seinem weltlichen Dasein her bestimmt und auf dieses hin ausgerichtet. Nun ist er mit einer anderen Wirklichkeit konfrontiert, mit der

---

[26] Dürckheim, *Ursprung* (1978), S. 99.

Wirklichkeit des überweltlichen Seins. Diese Wirklichkeit verwandelt ihn in zweifacher Hinsicht: Sie erhebt ihn aus seiner vollständigen Weltbedingtheit und sie verpflichtet ihn zu einer spirituellen Umorientierung.

Das vierte Kriterium echter Seinserfahrung ist das mit ihr aufkeimende neue Gewissen. Das Gewissen, welches hier erwacht, ist das absolute Gewissen. Es entspringt direkt dem überweltlichen Sein. Vor allem durch dieses Gewissen wird der jeweilige Mensch zu einer spirituellen Umorientierung verpflichtet. Er vernimmt hier von jenem Gewissen den Auftrag, sich auf einen spirituellen Entwicklungsweg einzulassen, durch den er als ganzer Mensch zunehmend jener anderen Wirklichkeit gerecht wird, die sich während seiner Seinserfahrung vorübergehend in ihm manifestiert hat. Dieser Entwicklungsweg ist ein innerer Prozess, der aus unzähligen weiteren Verwandlungen besteht, die derjenigen Verwandlung folgen, welche durch die Seinserfahrung in ihm bewirkt wurde und die sein Konzept vom Leben umgeworfen hat.

Das fünfte Kriterium echter Seinserfahrung ist das auf sie folgende Auftauchen des Widersachers. Dem überweltlichen Licht tritt, wenn es aufleuchtet, alsbald ein archetypisches Dunkel entgegen. Hierbei handelt es sich um den Widersacher. Normalerweise vergehen, so Dürckheim, keine vierundzwanzig Stunden, bis er zuschlägt. Sein Schlag trifft den jeweiligen Menschen von außen. Er zielt darauf ab, ihn die erhebende Seinserfahrung schnell wieder vergessen zu machen und ihn sofort wieder von dem inneren Weg abzubringen, auf den hin ihn das absolute Gewissen gerade erst verpflichtet hat. Konkret mag der Schlag des Widersachers beispielsweise aus einer massiven Kränkung bestehen, die dem jeweiligen Menschen gerade jetzt von einer anderen Person zugefügt wird, oder aus einer schmerzlichen Nachricht, die ihn plötzlich erreicht, oder aus einem Unfall, in den er nun unverschuldet hineingerät.

Eine Seinserfahrung, die alle fünf Kriterien erfüllt, ist für Dürckheim ganz sicher eine echte Seinserfahrung. Aber es gibt auch viele echte Seinserfahrungen, auf die nur einige der genannten Kriterien zutreffen. Für jede Seinserfahrung gilt, dass in ihr das Erhebende des Numinosen stattfindet und dass mit ihr eine spirituelle Strahlung einhergeht. Diese Strahlung kann aber nur von solchen Menschen überhaupt wahrgenommen werden, die sich auf ihrem inneren Entwicklungsweg dem überweltlichen Sein gegenüber schon deutlich geöffnet haben. Die innere Verwandlung, die durch eine Seinserfahrung bewirkt wird, kann unterschiedlich stark sein. Außerdem kann ein Mensch sich dieser Verwandlung auch verweigern. Das absolute Gewissen erwacht vor allem in der ersten intensiven Seinserfahrung, die einem Menschen zuteil wird. Diesem Gewissen jedoch kann sich ein Mensch ebenfalls wiederum verschließen. Je mehr ein Mensch auf dem inneren Weg, zu dem ihn das absolute Gewissen verpflichtet, sein eigenes Dunkles in sich bereits bearbeitet hat, desto besser ist er zumeist auch demjenigen Dunkel gewachsen, das ihm eventuell nach späteren Seinserfahrungen von außen entgegenkommt.

Das transzendente Wesen des Menschen

Das überweltliche Sein kann vom Menschen erfahren werden, weil es in seinem Inneren vorhanden ist. Ja, es macht sogar sein Innerstes aus! Die immanente Transzendenz, die Anwesenheit des überweltlichen Seins im Inneren des Menschen ist dessen eigentliches Wesen und sein innerster Kern. Dementsprechend wird diese Transzendenz von Dürkheim auch genau so bezeichnet, nämlich als Wesen oder manchmal auch als Kern des Menschen: „Das Wort ›Wesen‹ meint nichts Vages, sondern etwas sehr Bestimmtes, nämlich den *innersten Kern unserer Existenz*, in dem wir teilhaben an der Wirklichkeit jenes größeren göttlichen Lebens, das unser kleines, zwischen Geburt und Tod ablaufendes Leben von Grund auf bestimmt und übergreift."[27]

---

[27] Dürckheim, *Durchbruch* (1984), S. 53.

Obwohl das Wesen etwas sehr Bestimmtes ist, kann es dennoch nicht dingfest gemacht werden: Es entzieht sich allen Begriffen. In einer alten japanischen Zen-Geschichte, von der Dürckheim begeistert war, wird das Wesen vor allem als leer und formlos charakterisiert: „Das Wesen als solches hat keine Eigennatur. Es ist an und für sich jenseits von allen Formen."[28]

Das Wesen ist das überweltliche Sein im Inneren des Menschen. Dadurch ist es einerseits, wie das überweltliche Sein selbst, transzendent und metaphysisch, also jenseits unseres raumzeitlichen Daseins. Außerdem ist es, ebenfalls wie das überweltliche Sein selbst, unzerstörbar. Andererseits ist es dem Menschen aber auch immanent. Somit handelt es sich bei dem Wesen um die im raumzeitlichen Menschen anwesende Transzendenz.

Diese Transzendenz bleibt dem Menschen, solange er sie nicht direkt in sich erfahren hat, ein Geheimnis. Nur durch eine eigene Seinserfahrung kann er in jenes Geheimnis initiiert und damit eingeweiht werden: „Initiare bedeutet: das Tor zum Geheimen öffnen. Was ist das Geheime? Das uns innewohnende und zunächst vom natürlichen Welt-Ich verborgene ›Wesen‹ als die Weise, in der das überweltliche Sein uns innewohnt."[29]

Jede Seinserfahrung ist immer zugleich eine Manifestation des eigenen Wesens: Das eigene Wesen zu erfahren und das überweltliche Sein zu erfahren ist dasselbe. Das Wesen ist dabei allerdings in der Seinserfahrung niemals der Inhalt oder der Gegenstand der jeweiligen Erfahrung, sondern immer ihr Subjekt! Der jeweilige Mensch selbst wird in einer solchen Erfahrung vorübergehend bewusstseinsmäßig eins mit seinem Wesen, welches er in seinem Innersten sowieso immer schon ist – und erfährt dann als dieses Wesen und von dort her die Welt, und zwar sowohl die innere Welt

---

[28] Dürckheim, *Zen* (1984), S. 129.
[29] Dürckheim, *Zen* (1984), S. 26.

seiner Gedanken und Emotionen, als auch die äußere Welt der Dinge und der Mitmenschen.

Das Bewusstsein, welches der Manifestation des Wesens entspricht, ist das inständliche Bewusstsein. Jede Manifestation des Wesens beinhaltet stets auch eine Bewusstseinserweiterung. Das gewöhnliche Bewusstsein des jeweiligen Menschen erweitert sich dabei vorübergehend eben zu jenem inständlichen Bewusstsein. In diesem Bewusstsein wird sich der Mensch jedes Mal unmittelbar dessen inne, dass er existenziell unabdingbar im überweltlichen Sein steht.

Dieses Innewerden ist zugleich auch das Einswerden in der Seinserfahrung. Das überweltliche Sein kann nicht wie ein Baum, ein Ding oder ein anderer Mensch erfahren werden, also als etwas Anderes, uns Gegenüberstehendes und von uns Unterschiedenes. Man kann dieses Sein und damit zugleich das eigene Wesen nur als Innesein verspüren.

Weil das Wesen das überweltliche Sein im Innersten des Menschen ist, bildet es dort gleichsam den tiefsten inneren Schatz des Menschen. Dieser Schatz besteht aus der Dreieinheit des überweltlichen Seins, nämlich aus dessen Kraft, Sinn und Geborgenheit. So ist das transzendente Wesen des Menschen für ihn zugleich Kraftbrunnen, Sinnzentrum und Geborgenheitsquelle. Wenn es sich während einer Seinserfahrung manifestiert, kann es in dem jeweiligen Menschen entsprechend wirksam werden, nämlich tragend, sinngebend und bergend. Es beinhaltet zugleich auch die Erlösung des Menschen. In seinem Wesen ist der Mensch immer schon erlöst und er war dort niemals nicht erlöst.

Beschreiben lässt sich eine Manifestation des Wesens, wenn sie sich in uns ereignet, etwa folgendermaßen: „Wenn das Wesen ins Innesein tritt, fühlen wir uns anders. Wir sind gelöst und befreit, geladen mit Kraft, hell und erfüllt von zeugendem Leben."[30] Durch

---

[30] Dürckheim, *Ursprung* (1978), S. 253.

eine Manifestation des Wesens werden wir herausgehoben aus aller Belastung und jeder Angst und aller Verzweiflung. Was in unserem Leben verstellt war, erscheint uns nun offen. „Wo wir eben noch arm waren, fühlen wir uns reich, und mitten im Lärm wird es in uns seltsam friedvoll und still. Wir fühlen uns wie getaucht in ein unsichtbares Licht, das uns hell macht und warm, und befinden uns in einem alles durchschimmernden Glanz."[31]

Exkurs: Das Wesen in der Mystik der Weltreligionen

Wie Dürckheim öfters betont, ist das Konzept des Wesens keine Neuentdeckung von ihm, sondern es kann unter anderen Bezeichnungen auch in den verschiedenen Weltreligionen gefunden werden. Er selbst bezieht sich dabei hauptsächlich auf den Zen-Buddhismus und das Christentum. Im Zen-Buddhismus gibt es für das überweltliche Wesen des Menschen den Begriff der Buddha-Natur. Seine wichtigsten Zeugen aus dem Christentum für die immer auch mögliche oder gar stets vorhandene Immanenz der Transzendenz sind einerseits Paulus mit seinem Statement: „Nicht ich lebe, sondern Christus in mir"[32] und andererseits der Mystiker Meister Eckhart, wenn er beispielsweise über das „Unerschaffene in der Seele"[33] spricht.

Paulus lebte im ersten Jahrhundert unserer Zeitrechnung und war der bedeutendste Missionar des frühen Christentums. Nach einem dramatischen spirituellen Erlebnis machte er eine innere Verwandlung durch, deren Ergebnis er in folgende Worte fasste: „Nicht mehr ich lebe, sondern Christus lebt in mir."[34] Von diesem Statement aus-

---

[31] Dürckheim, *Ursprung* (1978), S. 254.
[32] Zitiert aus Dürckheim, *Meditieren* (1976), S. 84.
[33] Zitiert aus Dürckheim, *Meister* (1983), S. 189.
[34] Galaterbrief 2, 20 – zitiert nach *Das Neue Testament* (1985), S. 430.

gehend wurde später in der christlichen Mystik der Ausdruck des ›inneren Christus‹ geprägt. Dürckheim übernimmt jenen Ausdruck als christliche Bezeichnung für das transzendente Wesen des Menschen.

Meister Eckhart gilt als der bedeutendste deutschsprachige Mystiker des Christentums. Er lebte im 13. und 14. Jahrhundert und hat in seinen Predigten „zuweilen von einem Lichte gesprochen, das in der Seele ist, das ist ungeschaffen und unerschaffbar"[35]. Seine Bezeichnung für dieses ungeschaffene Licht in der Seele des Menschen lautet ›Seelenfünklein‹. Dürckheim übernimmt jene Bezeichnung zwar nicht direkt, aber er bezeichnet das transzendente Wesen des Menschen durchaus mitunter als ›Fünklein des Seins‹ oder als ›Unendlichkeitsfunken‹.

Der Begriff der Buddha-Natur bezeichnet das transzendente Wesen des Menschen im Mahayana, jener großen Schulrichtung des Buddhismus, zu der auch das Zen gehört. So heißt es im Nirvana-Sutra, einem der wichtigsten Werke des Mahayana: „Alle fühlenden Wesen haben voll und ganz die Buddha-Natur."[36] Kanadeva, einer der großen Meister aus der Frühzeit des Mahayana, charakterisiert diese folgendermaßen: „Das Wesen der Buddha-Natur ist offen und weit, leer und leuchtend."[37] Dogen Zenji, der wohl bedeutendste Zen-Meister Japans, welcher im 13. Jahrhundert lebte, bestätigt ausdrücklich die Gültigkeit und Bedeutung der Lehre von der Buddha-Natur für das Zen.

Der wahrscheinlich älteste Begriff für das transzendente Wesen des Menschen stammt aus Indien und lautet ›Atman‹. Mit diesem Begriff wird jenes unzerstörbare Selbst bereits in den Veden bezeichnet, den klassischen heiligen Texten des Hinduismus, die allesamt mehr als dreitausend Jahre alt sind. So verkündet etwa der

---

[35] Meister Eckehart, *Predigten* (1979), S. 315.
[36] Zitiert nach Waskönig, *Shobogenzo* (2010), S. 164.
[37] Kanadeva, zitiert nach Waskönig, *Shobogenzo* (2010), S. 183.

Atharva-Veda, der jüngste Teil der Veden: „Kennst du dieses weise, alterslose, jugendliche Selbst (Atman), so fürchtest du nimmer den Tod."[38]

Der wichtigste Mystiker des Taoismus ist zweifellos Lao-Tse, welcher ungefähr im 6. Jahrhundert vor unserer Zeitrechnung in China lebte. In seinem Werk, dem Tao-Te-King, weist er folgendermaßen hin auf die immer auch gegebene Immanenz der Transzendenz: „Ohne aus dem Fenster zu sehen, erschaut man das Tao des Himmels."[39]

Einen ähnlichen Hinweis auf die immanente Transzendenz gibt es auch im Sufismus, der Mystik des Islam, nämlich bei Rabia al-Adawiya, der großen Sufi-Mystikerin, die im 8. Jahrhundert in Vorderasien lebte. An einem schönen Tag im Frühling ging sie in ihr Haus und senkte den Kopf. Daraufhin meinte ihre Dienerin, sie solle doch wieder herauszukommen und die Schöpfung betrachten. Rabia aber sagte: „Komm du lieber herein, damit du den Schöpfer siehst."[40]

Das transzendente Wesen des Menschen wird im Sufismus als ›Sirr‹ bezeichnet. Wörtlich übersetzt bedeutet dieses Wort ›Geheimnis‹. Wie Idries Schah, ein bekannter Sufi-Meister des 20. Jahrhunderts erläutert, steht es „in der Sufi-Terminologie für ›innerstes Bewusstsein‹. Wenn das innerste Bewusstsein seinem Besitzer verborgen bleibt, ist es für ihn ein ›Geheimnis‹"[41]. Sobald sich dieses innerste Bewusstsein in seinem Besitzer manifestiert, erlangt er selbst dadurch, wie Dürckheim es nennt, das inständliche Bewusstsein. In diesem ist er mit der immanenten Transzendenz unmittelbar eins. Allerdings bleibt das Wesen dabei nach Dürckheim trotzdem weiterhin das große Geheimnis: „Einswerdung mit dem Wesen ist die Einswerdung mit dem Geheimnis."[42]

---

[38] Zitiert aus Feuerstein, *Yoga* (2008), S. 220.
[39] Lao-Tse, *Tao-Te-King* (1988), Abschnitt 47.
[40] Rabia, zitiert nach Schimmel, *Gärten* (1982), S. 20.
[41] Shah, *Lernen* (1985), S. 70.
[42] Dürckheim, *Meditieren* (1976), S. 17.

In der Kabbala, der Mystik des Judentums, wird das transzendente Wesen des Menschen als ›Neschamah‹ bezeichnet. Der Sohar, das Schlüsselwerk der Kabbala, unterscheidet drei Arten und Stufen der Seele, nämlich Nefesch, Ruach und Neschamah. Bei der Nefesch handelt es sich um die Triebseele und bei Ruach um die Geistseele. Neschamah hingegen ist „heiliger Seelenodem"[43]. Die Geistseele steht über der Triebseele. „Neschamah aber ist höher als alle und die allerverborgenste."[44]

---

[43] *Der Sohar* (2011), S. 128.
[44] *Der Sohar* (2011), S. 132.

Die Architektur der Seele

Wie ist die menschliche Seele oder die innere Persönlichkeit des Menschen aufgebaut? Dürckheim befasst sich diesbezüglich in seiner Lehre hauptsächlich mit dem weltbezogenen Ich des Menschen und mit seinem transzendenten Wesen. Erkenntnisse zu anderen Komponenten des menschlichen Seelenlebens übernimmt er, nach eingehender Prüfung, die maßgeblich von M. Hippius durchgeführt wurde, aus dem Persönlichkeitsmodell von C.G. Jung. Hierbei geht es vor allem um die Persona und den Schatten sowie um die Anima oder den Animus und um die Archetypen.

Das Welt-Ich

Das Welt-Ich ist das Ich des Menschen, also jene Instanz unserer Seele, mit der wir Menschen uns normalerweise identifizieren. Zugleich ist es auch das Zentrum des eigenen natürlichen Bewusstseins. Im Ich und als Ich treffen wir unsere Entscheidungen, denken unsere Gedanken, steuern unser Handeln, verarbeiten unsere Wahrnehmungen und handhaben wir unsere Gefühle und Bedürfnisse. So macht das Ich den Menschen zum Träger geistiger Bezüge, zum Überwinder seiner Triebhaftigkeit und zum Gestalter der äußeren Welt. Allerdings ist dem Ich für gewöhnlich trotzdem eine deutlich ausgeprägte Schmerzscheu und eine ähnlich starke Lustbedürftigkeit zu eigen. Nach Dürckheim sind für das Welt-Ich zwei Prinzipien grundlegend, nämlich dasjenige der Identität und dasjenige des Fixierens.

Die Prinzipien der Identität und des Fixierens wirken eng zusammen in der Bildung und in der Festigung des Ichs. Zentral für die Ichwirklichkeit ist zunächst das Prinzip der Identität. Indem der

Mensch seine Identität mit sich selbst erkennt, kreiert er sein Selbstbewusstsein und zugleich sein Ich. Wenn der Mensch zu seinem natürlichen Selbstbewusstsein gelangt, dann erlebt und erkennt er nicht nur: ›Ich bin‹, sondern: ›Ich bin ich‹. Das zweite ›ich‹ aus diesem ›Ich bin ich‹ ist die Basis des Welt-Ichs.

Der Mensch nimmt sich also in seinem Ich als ein mit sich selbst Identisches – und er fixiert sich auch als ein solches. Indem er ›Ich bin ich‹ denkt, stellt und hält er seine Identität mit sich selbst fest. Das zweite Prinzip des Ichs ist damit das Fixieren. Mit dem Fixieren der eigenen Identität als ›Ich bin ich‹ wird nach Dürckheim dreierlei gesetzt, nämlich erstens das Feststehen des Ichs in allem Wandel, zweitens die Besonderheit des Ichs im Unterschied zu allen anderen und zu allem anderen, und drittens die Abgesetztheit des Ichs im Gegensatz zu allen anderen und zu allem anderen. Das Ich gewinnt auf diese Weise einen festen Stand in sich selbst und in der Welt, der von Dürckheim regelrecht als Ich-Stand bezeichnet wird. „Vom *Ich-Stand* her und auf diesen bezogen wird alles Erlebte zum *Gegen*-Stand."[45] Dies gilt sowohl für die äußere Welt wie auch für die eigenen Gefühle.

Die Welt wird aber für das Ich nicht nur zum Gegenstand, sondern außerdem ebenfalls zu etwas Fixiertem. Das Ich fixiert nicht nur sich selbst, sondern ebenso alles, was es in der Welt vorfindet. Was es dort feststellt, fügt es zu einem feststehenden inneren Bild. So ist ›Welt‹ für das Ich nach Dürckheim ein Gefüge von Festgestelltem. Sich selbst als Ich und die äußere Welt innerlich zu fixieren, einen festen Stand im Ich zu finden und eine objektiv feststehende Welt außerhalb davon ist für den Menschen notwendig. Er schafft sich damit feste Verhaltensmuster und feste Ansichten, eine feste Weltanschauung und ein festes Wertesystem.

Außerdem schafft sich der Mensch durch das fixierende Prinzip eine feste Form beziehungsweise ein festes Gehäuse für sein Ich.

---

[45] Dürckheim, *Zen* (1984), S. 24.

Ein solches Gehäuse verleiht dem Ich eine feste Stabilität gegenüber der äußeren Welt, aber auch gegenüber inneren Impulsen. Aufgebaut wird das Ich-Gehäuse hierfür aus entsprechenden Gewohnheiten und Kompetenzen, Überzeugungen und Schutzmechanismen.

Das fixierende Prinzip ist auch notwendig für jedes erfolgreiche Handeln. Wir halten in Gedanken vor und während jeder Handlung fest, was wir zu tun beabsichtigen, bis wir die jeweilige Handlung vollbracht haben. So hält das Ich hier die Absicht des jeweiligen Handelns fest, die Sache, um die es dabei geht – und es hält zugleich auch sich selbst fest in dieser Absicht. Nur durch eine solche Konzentration, durch dieses gegenständliche Fixieren, entsteht die für das jeweilige Handeln erforderliche Gradlinigkeit und Stetigkeit der Willenskraft, mit der die entsprechende Handlung daraufhin erfolgreich durchgeführt werden kann. Wenn eine Verhaltensweise automatisiert ist, wie das bei vielen alltäglichen Handlungen früher oder später passiert, dann kann sich das fixierende Ich aus der jeweiligen Handlung zurückziehen.

Das Feststellende und Feststehende ist das Prinzip, dem entsprechend und mit dem das Ich sich selbst und sein Gehäuse formt und sein Handeln festigt. Zum Feststehenden gehört aber auch jeder Besitz, an dem wir festhalten, sowie außerdem die fixierte Verfassung unserer Gemeinschaft mit ihren festen Werten und Normen. Stets geht es auch hier dem Ich vor allem darum, seine eigene Position zu fixieren, zu wahren, festzuhalten, zu sichern und auszubauen. Dies gilt im Privatleben genauso wie im Berufsleben. Und immer wieder entwickelt das Ich auch feste Vorstellungen davon, wie sein zukünftiges Leben eigentlich zu verlaufen hat. Die äußere Welt wird also vom Ich nicht nur innerlich fixiert, in einem Gefüge von Festgestelltem und einer festen Weltanschauung, sondern möglichst auch äußerlich, also in der äußeren Realität des eigenen Umfeldes – etwa durch das Bewahren von persönlichem Eigentum und die Pflege von zwischenmenschlichen Beziehungen.

Der Mensch mag in seinem Ich ausgerichtet sein auf Leistung und Wohlverhalten. Primär aber geht es ihm hier um Selbsterhaltung und Bedürfnisbefriedigung. Er sucht als ein Ich, das in der Welt existiert, vor allem Sicherheit und Genuss, und er strebt dort, um beides gewährleisten zu können, nach Besitz und Geltung oder gar Macht. Die große Bedrohung für das Ich ist der ewige Wandel, das ständige Wechseln der Umstände, die der Welt innewohnende Vergänglichkeit. So ist das Ich andauernd in Sorge. Um dieser Sorge und jener Bedrohung entgegenzuwirken, entwickelt jeder Mensch natürlicherweise in seinem Ich ein ganzes System aus Sicherungsbestrebungen und um sich herum ein ganzes System aus Absicherungen. Dabei geht es nicht nur um materielle und zwischenmenschliche Absicherungen, sondern ebenso um moralische und weltanschauliche. Aber auch bei jedem sonstigen Handeln ist das Ich ständig in Sorge, nämlich in Angst vor dem Versagen – denn das eigene Leistungsvermögen ist ebenfalls keineswegs von sicherer Beständigkeit.

Das gegenständlich-fixierende Bewusstsein

Die beiden grundlegenden Prinzipien des Ichs sind das Prinzip der Identität, durch welches das Ich sich in den Ich-Stand versetzt und alles andere damit zum Gegen-Stand macht, und das Prinzip des Fixierens, mit dem das Ich sich selbst und alles andere feststellt und damit zugleich festlegt oder festhält. Das Bewusstsein des Ichs ist dementsprechend ein gegenständliches und ein fixierendes. Dieses gegenständliche und fixierende Bewusstsein ist für den Menschen sozusagen das natürliche Licht der Erkenntnis von Wirklichkeit. Umgekehrt ist damit für das Ich des Menschen aber auch nur das Wirklichkeit, was sich gegenständlich fixieren lässt.

Das gegenständlich-fixierende Bewusstsein des Menschen ist zugleich ein rationales Bewusstsein, fähig sowohl zum konkreten wie zum abstrakten Denken. Es funktioniert dabei hauptsächlich mithilfe von sprachlichen Begriffen, in die es die Wirklichkeit fasst und mit denen es diese auch festhält und einordnet. Das rationale Bewusstsein überträgt die Wirklichkeit dabei letztendlich in gedankliche Ordnungen.

Ein solches Bewusstsein ist für den modernen Menschen unserer Zeit notwendig, um in der Welt bestehen zu können. So besteht der Mensch in der Welt kraft eines Bewusstseins, welches die Wirklichkeit und damit auch das Leben in festen Begriffen und Ordnungen einfängt. Mit diesem begrifflich-fixierenden Bewusstsein nimmt der Mensch die Welt rational wahr, meistert sie zielbewusst und formt sie gemäß seinen feststehenden Werten.

Das gegenständliche Bewusstsein ist allerdings zugleich ein gegensätzliches, welches die Wirklichkeit automatisch in Gegensätze unterscheidet und damit letztendlich auch in solche aufspaltet. Im Bewusstsein des feststehenden Ichs, das sich mit sich selbst identisch fühlt, bricht das ganzheitlich flutende Leben auseinander. Es spaltet sich in diesem Ichbewusstsein auf. So entstehen hier aus dem ganzheitlich flutenden Leben heraus solche Gegensätze wie Ich und Welt, Subjekt und Objekt, hier und dort, vorher und nachher, oben und unten, gut und böse, relativ und absolut, Himmel und Erde, Geist und Natur. Mithilfe dieser Gegensätze wiederum ordnet und verarbeitet das Ichbewusstsein dann seine Erkenntnisse der Wirklichkeit. Grundlegend ist dabei der Gegensatz zwischen dem Ich selbst als dem Erkennenden einerseits und andererseits dem Gegenstand oder Objekt der jeweiligen Erkenntnis.

Dadurch, dass es alles sogleich in Begriffe fasst, ist das gegenständlich-fixierende Bewusstsein auch begrenzt. Es ist ein begrifflich-fixierendes Bewusstsein und begreift nur, was es begrifflich fassen kann. Die unmittelbare Qualität der sinnlichen Wahrnehmungen und der eigenen Gefühle ist ihm fast genauso wenig zugänglich wie die direkte Erfahrung des überweltlichen Seins. Wirklichkeit hat für das gegenständlich-fixierende Bewusstsein lediglich das, was es in Begriffe übertragen und widerspruchslos in ein Gefüge von bereits Begriffenem einordnen kann.

Das Selbstbewusstsein des Welt-Ichs

Indem der Mensch ›Ich bin ich‹ denkt, schafft er sich ein Selbstbewusstsein im Sinne eines reflektierten Bewusstseins seiner selbst. Außerdem gibt es im Ich aber auch ein Selbstbewusstsein im Sinne einer grundlegenden Überzeugung vom Wert der eigenen Person. Für Dürckheim umfasst dieses Selbstbewusstsein zusätzlich noch die Zuversicht, alle Probleme mit eigener Kraft bewältigen zu können, und das Gefühl, im Wir eines sozialen Umfeldes geborgen zu sein. „Selbstbewusstsein gibt es als Selbst-*Kraft*bewusstsein, als Selbst-*Wert*bewusstsein und als Selbst-*Wir*bewusstsein."[46]

Das Selbst-Kraftbewusstsein des Welt-Ichs beruht auf den eigenen Kräften und auf zuverlässigen Verbindungen in das soziale Umfeld hinein. Der Mensch hat hier ein positives Selbstbewusstsein, wenn sein Leben gesichert ist, wenn also seine Fähigkeiten den Anforderungen seines Alltags entsprechen, wenn sein Besitz nicht gefährdet und seine Macht gefestigt ist. Solches mag sich auf die Überlegenheit des eigenen Wissens und Könnens beziehen oder auch auf die eigene Gesundheit, auf den finanziellen Hintergrund, auf die Position in der Gemeinschaft oder auf die Zuverlässigkeit von Freunden und Verwandten.

Das Selbst-Wertbewusstsein des Welt-Ichs ergibt sich für Dürckheim aus einer sinnvollen Existenz, die der eigenen Person ihren Wert verleiht. Der Mensch hat hier ein positives Selbstbewusstsein, wenn er seine Lebensumstände als sinnvoll und gerecht begreifen kann. Sie sollten ihm irgendwie ›stimmig‹ erscheinen oder jedenfalls nicht völlig absurd.

Das Selbst-Wirbewusstsein des Welt-Ichs hängt ab von dem Vorhandensein eines zugewandten Lebenspartners oder einer bergenden Gemeinschaft. Der Mensch hat hier ein positives Selbstbewusstsein, wenn er bei seinen Mitmenschen akzeptiert ist und von

---

[46] Dürckheim, *Erlebnis* (1982), S. 227.

ihnen geschätzt wird. Eine solche Akzeptanz und Wertschätzung findet sich etwa in Familien, in denen echte Geborgenheit herrscht, in Ehen, die in Harmonie geführt werden, und in Gemeinschaften, in denen die Zugehörigkeit auf wechselseitigem Vertrauen beruht.

Die Fassade des Welt-Ichs

Das Welt-Ich hat ein Gehäuse und dieses wiederum hat auch eine Fassade. Jeder Mensch hat in seinem Welt-Ich eine Fassade mit vielen verschiedenen Facetten, die den Rollen entsprechen, die er als Ich in der Welt spielt – in seinem Berufsleben und in seinem Privatleben, etwa als Vorgesetzter oder als Untergebener, als Ehepartner oder als Elternteil, als Gastgeber oder als Vereinsmitglied. Alle Facetten der Fassade eines Menschen zusammengenommen machen die sogenannte Persona des jeweiligen Menschen aus.

Die Persona ist die soziale Außenseite unseres Welt-Ichs. Sie beinhaltet die Verhaltensweisen, die wir in den verschiedenen sozialen Umfeldern unseres alltäglichen Lebens zeigen, um den Erwartungen gerecht zu werden, die wir selbst und unser jeweiliges Umfeld an die Rolle haben, die wir dort spielen. Hinter diesen Verhaltensweisen verbergen wir für gewöhnlich manche Emotionen und Impulse sowie Bedenken und Sorgen, die im Widerspruch stehen zu den jeweiligen Rollenerwartungen. So werden wir den Rollenerwartungen besser gerecht und schützen zugleich unser Innenleben.

Durch unsere Fassade geben wir uns in den verschieden sozialen Umfeldern manchmal oder auch häufig anders, als wir uns zuinnerst fühlen. Entscheidend ist hier jedoch für Dürckheim die innere Wahrhaftigkeit, in der wir uns selbst treu bleiben. Wir sollten die Bedenken und die Sorgen sowie vor allem die Emotionen und die Impulse, die wir hinter unserer Fassade verbergen, trotzdem in unserem Bewusstsein behalten und nicht in unser Unbewusstes verdrängen, weil sie ansonsten dort dem sogenannten Schatten anheim fallen. „Es geht also nicht darum, immer genau das zu zeigen, was man zuinnerst fühlt, aber sich jeweils dessen bewusst zu sein, wo man sich anders gibt, als man wirklich ist."[47]

Der Schatten und die Anima oder der Animus

Mittels seiner Persona zeigt sich der Mensch der Welt auf eine akzeptable Weise und erfüllt seine Rollen erwartungsgemäß. Das Gegenstück zur Persona ist der Schatten. Hierbei handelt es sich um einen unbewussten seelischen Komplex, der dem Prinzip des Bösen entspricht. Dort hinein verdrängt der Mensch alle diejenigen seelischen Kräfte, die in einem dermaßen starken Widerspruch zu seiner Persona und seinen Rollen stehen, dass er sie als unerträglich erlebt. Gerade durch die Verdrängung in den Schatten werden jene Kräfte jedoch erst richtig giftig und böse. Um so mehr fürchtet der Mensch schließlich in seinem Schatten das Hervorbrechen des ungelebten Lebens, das er selbst dorthin verdrängt hat.

Der Schatten ist also das Dunkle des Menschen. „Unter dem Schatten verstehen wir das Insgesamt der zum Ganzsein des Menschen gehörenden, aber nicht zugelassenen Lebensimpulse."[48] Hierbei handelt es sich einerseits um ursprüngliche Lebensimpulse des Menschen, die von ihm verdrängt werden mussten, etwa solche danach, Initiative zu ergreifen, Kreativität zu entfalten, Freude zu erleben, Liebe zu bekommen. Andererseits handelt es sich bei den Schattenkräften auch um reaktive Lebensimpulse, um nicht zugelassene Vergeltungsreaktionen auf Zumutungen, Verletzungen, Kränkungen, Angriffe vonseiten der Umwelt. So gehören zu den Schattenkräften insgesamt beispielsweise verdrängte Aggressionen und ungelebte Sexualität, abgespaltene Emotionen und verleugnete

---

[47] Dürckheim, *Transzendenz* (1984), S. 220.
[48] Dürckheim, *Ursprung* (1978), S. 145.

Wünsche, aber auch uneingestandene Schuld oder unbewusstes Machtstreben.

Die Ursachen des Schattens liegen nach Dürckheim einerseits in einem falschen Erziehungsverhalten der Eltern und in daraus resultierenden schmerzlichen Kindheitserfahrungen. So liegen wichtige Wurzeln der Schattenkräfte fast immer in der frühen Kindheit. Hier erfolgen Verdrängungen von natürlichen Lebensimpulsen aufgrund von Entmutigung, Verständnislosigkeit und Liebesmangel. Diese Verdrängungen der Lebensimpulse beeinträchtigen den betroffenen Menschen von da an in seinen natürlichen Ausdrucksbewegungen und Entfaltungsmöglichkeiten.

Andererseits ist Dürckheim aber auch davon überzeugt, dass jede Gemeinschaft, die von ihren Mitgliedern eine gewisse Einklammerung der Individualität verlangt, dadurch ebenfalls Schattenkräfte erzeugt. Dementsprechend können auch im Erwachsenenalter noch weitere Schattenkräfte entstehen. So hat jeder Mensch hinter seiner Fassade und unterhalb seines Ichs einen dunklen Begleiter, von dem er selbst nichts weiß – einen dunklen Bruder oder eine dunkle Schwester, einen Wolf oder eine Hexe. Diese dunkle Gestalt ist der Schatten des Menschen.

Unterhalb des Schattens wiederum befindet sich die Anima oder der Animus. Als unbewusster Komplex entspricht die Anima dem weiblichen Prinzip und der Animus dem männlichen. „Es gibt den Mann und es gibt die Frau. Es gibt aber auch das ›Weibliche‹ (das weibliche Prinzip) im Mann und das ›Männliche‹ (das männliche Prinzip) in der Frau."[49] So gibt es also im Mann einen unbewussten Anima-Komplex, die Anima, welche sein verdrängtes Weibliches verkörpert, und in der Frau einen unbewussten Animus-Komplex, den Animus, der ihr verdrängtes Männliches verkörpert. Welche weiblichen oder männlichen Kräfte diese Komplexe jeweils beinhalten, hängt von der Lebensgeschichte ab. So mag sich im Anima-

---

[49] Dürckheim, *Leben*, (1972), S. 84.

Komplex eines Mannes etwa dessen verdrängtes Einfühlungsvermögen befinden oder im Animus-Komplex einer Frau deren verdrängtes Durchsetzungsvermögen.

Die Archetypen

Die Archetypen sind angeborene Grundschemata des Verhaltens sowie auch des Erlebens und des Verstehens. Sie wirken unbewusst und sind allgemein menschlich, also allen Menschen gemeinsam und bei allen Menschen die gleichen. Jeder Archetyp verkörpert ein bestimmtes Lebensthema des Menschen, und zwar jeweils durchaus in vielfältigen Facetten. Außerdem ist jeder Archetyp mit seelischer Energie geladen. Insgesamt handeln die Archetypen von sämtlichen Urformen und Urgestalten des menschlichen Lebens, wie etwa von Einsamkeit und Geborgenheit oder vom alten Weisen sowie der großen Mutter und vom unschuldigen Kind – und sie beinhalten zu diesen Urformen und Urgestalten jeweils ein entsprechendes Urwissen. Damit helfen sie uns, in entsprechenden Situationen äußerlich angemessen zu reagieren und die entsprechenden Erfahrungen innerlich angemessen zu verarbeiten. Als energiegeladene Schemata verfügen die Archetypen zudem über entsprechende Kräfte, die meistens schöpferisch sind, aber manchmal auch zerstörerisch wirken können. Seelisch erlebbar werden die Archetypen insbesondere über entsprechende Symbole und Motive, in denen sie sich mitunter abbilden. Solche archetypischen Symbole oder Motive erscheinen dann beispielsweise in unseren Träumen oder auch in Tagtraumfantasien.

Die archetypischen Urformen des menschlichen Lebens, von denen die Archetypen handeln, finden sich überall, wo menschliches Leben existiert. Immer ist es eingespannt zwischen Geburt und Tod, Einsamkeit und Geborgenheit, Kindheit und Erwachsensein, Jugend und Alter, Individuum und Gemeinschaft, Sinn und Unsinn. So erscheint das menschliche Leben stets aufs Neue in den altvertrauten Gegensätzen: „Überall, wo menschliches Leben ist, gibt es Zeugen und Empfangen, Verheißung und Not, Freud und Leid, Sicherheit und Angst, Schutz und Gefahr, Sattheit und Hunger, Wachen und Schlaf, Krankheit und Heilung."[50]

Auch dem Menschen selbst begegnen wir immer wieder in den gleichen archetypischen Urgestalten. Wir finden ihn als Mutter und als Vater, als Kind und als Alten, als Mann und als Frau, als Bauer und als Handwerker, als Lehrer und als Soldat, als Arzt und als Priester. Der Meister und der Schüler des spirituellen Weges sind ebenfalls archetypischen Urgestalten – und der spirituelle Weg selbst ist diejenige archetypische Urform, die beide miteinander verbindet. Weitere archetypische Urgestalten sind der Heilige und der Weise, die Hexe und der Verführer, der Erlöser und der Widersacher.

Spezielle Archetypen sind der Schatten und die Anima sowie der Animus. Diese gibt es nämlich nicht nur als seelische Komplexe, die aus verdrängten Kräften des jeweiligen Menschen zusammengesetzt sind, sondern auch als angeborene Grundschemata, welche die entsprechenden Prinzipien verkörpern. So verkörpert der Schatten-Archetyp das Prinzip des Bösen, der Anima-Archetyp das Prinzip des Weiblichen im Mann und der Animus-Archetyp das Prinzip des Männlichen in der Frau. Um diese angeborenen Archetypen herum bilden sich dann in der Kindheit die entsprechenden Komplexe.

Das Wesen als metapsychischer Kern der Seele

Das transzendente Wesen verkörpert im Menschen das überweltliche Sein und damit das große *Leben*. Es ist einerseits der innerste Kern der menschlichen Persönlichkeit und befindet sich andererseits zugleich, als das Überpersönliche, jenseits von ihr. So ist dieses

---

[50] Dürckheim, *Meister* (1983), S. 12.

Wesen metaphysisch und metapsychisch. Es existiert auch jenseits des Leibes, nicht nur jenseits der Seele – und bezüglich der Seele nicht nur jenseits des Ichs, sondern auch jenseits der Archetypen.

Das Leben des Menschen als psychophysisches Selbst, sein Fühlen und Denken in Leib und Seele sowie sein Handeln aus diesem Selbst, ist bedingt durch seine angeborene Konstitution und seine eigene Biografie. Das Wesen des Menschen hingegen ist weder konstitutionell noch biografisch. Es ist überhaupt nicht raumzeitlich bedingt, sondern überraumzeitlicher Natur.

Das Wesen ist aber nicht nur der innerste und zugleich transzendente Kern der menschlichen Persönlichkeit, sondern es drängt als solcher auch danach, in der Seele des jeweiligen Menschen bewusst zu werden und sich durch sein Leben in der Welt zu offenbaren. So wirkt in der Tiefe unserer Persönlichkeit mit dem Wesen zugleich eine Kraft, die alles, was wir sind und tun oder lassen, insgeheim übergreift und sowohl formt, wie auch richtet: Hierbei handelt es sich um den Drang unseres Wesens, das in ihm verkörperte überweltliche Sein in uns und durch uns mitten in diesem Dasein zu manifestieren.

Den wenigsten Menschen jedoch wird es jemals in ihrem Leben zuteil, dass sie ihr eigenes transzendentes Wesen tatsächlich einmal bewusst erfahren und auch als solches erkennen. Dementsprechend befindet sich dieses Wesen bei den allermeisten Menschen gleichsam in dessen Unbewussten. Dafür gibt es nach Dürckheim dreierlei Ursachen: Erstens bewirken die gleichen schmerzlichen Kindheitserfahrungen, die zur Entstehung des Schattens führen, auch, dass das Wesen quasi immer tiefer in das Unbewusste gedrängt wird. Zweitens ist in der individuellen Entwicklung des Menschen erst einmal die Etablierung des Ichs mit seinem begrifflich-fixierenden Bewusstsein notwendig, bevor dann das Wesen in genau dieses Bewusstsein hinein und zugleich über dieses hinausreichend zur Bewusstwerdung gelangen kann. Drittens jedoch steht das Ich, wenn es sich in einem Menschen erst einmal etabliert hat, mit seinem Drang zur Sicherung im Widerspruch zum Wesen. Es bildet deshalb meistens eine Form aus, mit der es sich gegen das Wesen abschottet.

Aufgrund der genannten Ursachen kann sich das Wesen für gewöhnlich nicht im Bewusstsein des Menschen manifestieren. Es wird dort nicht zugelassen. Dieses Nichtzugelassensein des Wesens im Bewusstsein ergibt den tiefsten Schatten des Menschen. Jenen tiefsten Schatten bezeichnet Dürckheim auch als Kernschatten. Damit ist für Dürckheim, „so paradox das auch klingen mag, der Kernschatten des Menschen immer das zur Manifestation drängende eigene *Wesen*, das von der jeweils gewordenen, vom Welt-Ich festgehaltenen Form verdrängt wird"[51].

Das Leben an sich befindet sich im ewigen Wandel und so will auch unser transzendentes Wesen uns immer wieder zur Wandlungsbereitschaft ermutigen. Vor allem damit steht das Wesen im Widerspruch zum Welt-Ich mit seinem Streben nach Sicherheit: Die Welt zwingt uns ständig dazu, an Sicherungen zu denken. Das Wesen hingegen ermuntert uns immer wieder dahingehend, uns aufs Neue zu wagen.

Insgesamt gesehen geht von dem Wesen nach Dürckheim eine vielfältige Dynamik aus: Es will sich unserem Ich offenbaren, es will, dass unser Ich sich einlässt auf den ewigen Wandel, und es will sich durch das Tun und Lassen unseres Ichs in der äußeren Welt offenbaren. Dabei sind mit dem Wesen zwei spezielle Komponenten verbunden, die diese Dynamik befördern, nämlich das absolute Gewissen und das transzendente Inbild. Das absolute Gewissen ist Ausdruck der transzendenten Ordnung des überweltlichen Seins und drängt den Menschen vom Wesen her dahin, sich bei seinem Tun und Lassen in der Welt an dieser Ordnung zu orientieren. Das Inbild ist eine aus dem überweltlichen Sein stammende transzendente Idee vom individuellen spirituellen Werdegang des jeweiligen Menschen.

---

[51] Dürckheim, *Ursprung* (1978), S. 145.

Diese transzendente Idee drängt den Menschen dahin, sich auf einen entsprechenden Entwicklungsprozess einzulassen.

Wenn ein Mensch der Dynamik seines Wesens gerecht werden will, dann muss er sich in seinem Ich verändern: Er muss von seinem Ich her durchlässig werden für sein Wesen, er muss in seinem Ich wandlungsfähig werden und er muss als Ich ausreichend stark werden. Ein solcherart verändertes Ich wird von Dürckheim als geglücktes Welt-Ich bezeichnet. Es hat eine durchlässige Form und zugleich eine geformte Durchlässigkeit. Das geglückte Welt-Ich ist offen genug für das Wesen und den von ihm immer wieder geforderten Wandel und es ist stabil genug für ein dem Wesen gemäßes Wirken in der Welt. Es stellt eine Integration dar zwischen sich selbst als Welt-Ich und dem Wesen. Ein solches geglücktes Welt-Ich ist für Dürckheim zugleich das höhere oder wahre, Ich und Wesen integrierende Selbst.

Vom eigenen Ich her durchlässig zu werden für das Wesen und ihm entsprechend in der Welt zu wirken, dies ist gleichsam der Auftrag des Wesens an den Menschen. Aber es gibt für den Menschen auch eine Verheißung des Wesens. Jene besteht darin, dass ihm in seinem Welt-Ich die Kraft, der Sinn und die Geborgenheit des überweltlichen Seins umso mehr zuteil werden, je mehr er in jenem Ich dafür durchlässig wird.

Durch das Innewerden des eigenen Wesens erweitert sich für den betreffenden Menschen der Horizont seiner Wirklichkeit und seines Bewusstseins in die Dimension des überweltlichen Seins hinein. Diese Horizonterweiterung ist zunächst einmal eine beglückende Erfahrung und bald darauf auch ein enormer Erkenntnisgewinn. Nach und nach kann sie zudem das gesamte Seelenleben des jeweiligen Menschen in seinen Grundfesten verwandeln: Wenn er in seinem Welt-Ich zu seinem Wesen hin durchlässig wird, dann erwächst dem jeweiligen Menschen aus seinem Wesen heraus eine neue Freiheit und eine neue Würde, nämlich eine Freiheit und eine Würde, die beide nicht von der Welt her bedingt sind und die deshalb auch niemals durch etwas Weltliches zunichte gemacht werden können.

Die Bedürfnisse des Menschen

Dürckheim benennt und unterscheidet vielfältige Bedürfnisse des Menschen: Da sind zunächst einmal die drei Grundanliegen, nämlich die Bedürfnisse nach Überleben, Sinn und Geborgenheit. Außerdem gibt es hier spezielle Bestrebungen des Ichs. Und schließlich hat der Mensch noch spirituelle Bedürfnisse, die seinem transzendenten Wesen erwachsen.

Das erste Grundanliegen des Menschen ist es, zu leben und zu überleben. Bei diesem Anliegen geht es um die eigene Selbsterhaltung. So gehören zu diesem Anliegen auch alle körperlichen Bedürfnisse des Menschen, die der Selbsterhaltung dienen. Das zweite Grundanliegen des Menschen besteht darin, sinnvoll zu leben. Bei diesem Anliegen geht es um vorhersehbare Ordnung und nachvollziehbare Gerechtigkeit. Sinnvoll erscheint einem Menschen sein Leben vor allem dann, wenn es seinen eigenen Vorstellungen von Ordnung und Gerechtigkeit entspricht und wenn er darin seine eigene Individualität verwirklichen kann, also seine eigenen Anlagen und Fähigkeiten. Das dritte Grundanliegen des Menschen ist es, sozial aufgehoben zu leben. Bei diesem Anliegen geht es um Geborgenheit in einer Partnerschaft, in der Familie oder in einer Gemeinschaft. Der Mensch ist von Natur aus dialogisch ausgerichtet: Er braucht das ›Du‹.

Neben dem Bedürfnis zur Selbsterhaltung gibt es natürlich auch das Bedürfnis nach Sexualität. Außerdem ist mit diesen beiden Triebbedürfnissen ein Streben nach Lust eng verbunden und eine entsprechende Tendenz zur Schmerzvermeidung. Das Bedürfnis nach Sexualität dient biologisch vor allem der Fortpflanzung – doch insgesamt reicht es weit darüber hinaus, nach Dürckheim sogar bis in die spirituelle Dimension: Sexuelle Erlebnisse können mitunter eine spirituelle Initiation auslösen, also eine unmittelbare Erfahrung des überweltlichen Seins.

In seinem Welt-Ich identifiziert sich der Mensch einerseits mehr oder weniger weitgehend mit seinen Grundanliegen und seinen Triebbedürfnissen. Andererseits hat das Welt-Ich des Menschen aber auch noch eigene Anliegen. Diese können ihrerseits sehr unterschiedlich sein, je nachdem ob jenes Ich einfach nur egoistisch ist oder bereits reif geworden.

Das egoistische Ich wird von Dürckheim auch als ›kleines Ich‹ bezeichnet. Aus diesem kleinen Ich heraus strebt der Mensch vor allem nach Sicherheit und Besitz sowie oft zudem nach Geltung und Macht. Aus seiner Identifikation mit den Triebbedürfnissen heraus ist gerade das kleine Ich für gewöhnlich ziemlich lustorientiert und noch viel mehr schmerzscheu. Insbesondere die Bedürfnisse nach Sicherheit und nach Lust sowie nach Vermeidung von Schmerz und die entsprechenden Bestrebungen des Ichs machen für Dürckheim den Eigenwillen des Welt-Ichs aus.

Ein reifes Ich hingegen befähigt den betreffenden Menschen zum Dienst an der Gemeinschaft oder an einem Werk sowie zu einem mitmenschlichen Verhalten. Ein solches Verhalten besteht nach Dürckheim vor allem darin, anderen Menschen dabei zu helfen, ihre eigenen Grundanliegen nach Überleben, Sinn und Geborgenheit zu befriedigen.

Schließlich gibt es noch das überweltliche Sein und dessen Anwesenheit im Menschen. Daraus erwachsen ebenfalls Bedürfnisse, die gleichsam dem transzendenten Wesen des Menschen entspringen. Diese können als spirituelle Bedürfnisse des Menschen bezeichnet werden. In ihnen geht es nach Dürckheim um die wahre Selbstverwirklichung des Menschen. Für gewöhnlich sind sie dem Menschen jedoch, genauso wie sein Wesen selbst, unbewusst. Es handelt sich hierbei um die Bedürfnisse des Menschen, sich zu dem überweltlichen Sein hin zu öffnen, die Manifestation des Wesens im eigenen Seelenleben anzustreben und zuzulassen, eine Integration von Welt-Ich und Wesen zu verwirklichen und das überweltliche Sein durch das eigene Tun und Lassen in der äußeren Welt zu offenbaren.

Exkurs: Das Persönlichkeitsmodell von C.G. Jung

Dürckheim hat sich, was die Architektur der Seele angeht, hauptsächlich mit dem Welt-Ich und dem Wesen befasst. Ansonsten hat er sich hierfür an dem Persönlichkeitsmodell von C.G. Jung orientiert. Deshalb soll dieses nun in einem kleinen Exkurs zusammengefasst werden. Es gibt zu jenem Modell auch eine grafische Darstellung, die Jolande Jacobi, eine enge Schülerin von Jung, angefertigt hat. Ich habe diese Darstellung für das hier vorliegende Buch etwas umgestaltet übernommen und darin das Welt-Ich und das Wesen von Dürckheim eingefügt. Das Ergebnis zeigt die Abbildung 2.[52]

In der Psychologie wird die Ganzheit des individuellen Menschen und hier vor allem das Gesamte seiner Seele auch als die menschliche Persönlichkeit bezeichnet. Jung verwendet für diese Ganzheit oder Gesamtheit außerdem den Begriff des Selbst. So umfasst das Selbst nach Jung sowohl das Bewusste wie das Unbewusste und zugleich sowohl das Allgemeinste wie das Individuellste der menschlichen Persönlichkeit. Der große Kreis in der Abbildung 2 stellt dieses Selbst in seiner Gesamtheit dar.

Innerhalb der menschlichen Persönlichkeit oder innerhalb des Selbst unterscheidet Jung zunächst einmal zwischen dem Bewusstsein und dem Unbewussten. Das Bewusstsein ist das gewöhnliche Bewusstsein des Menschen, welches ihn zum Erkennen und zum Wählen befähigt. Das Unbewusste besteht nach Jung aus dem persönlichen und dem kollektiven Unbewussten. Das persönliche Unbewusste entsteht aus dem individuellen Leben des jeweiligen

---

[52] Vergleiche hierzu das Diagramm XIX in: Jacobi, *Psychologie* (1978), S. 131 bzw. das Schema 19 in: Jacobi, *Psychologie* (2012), S. 141.

Menschen, insbesondere während seiner Kindheit; das kollektive Unbewusste ist ein allgemeines Erbe aller Menschen, welches sich während der Evolution des Menschen gebildet hat.

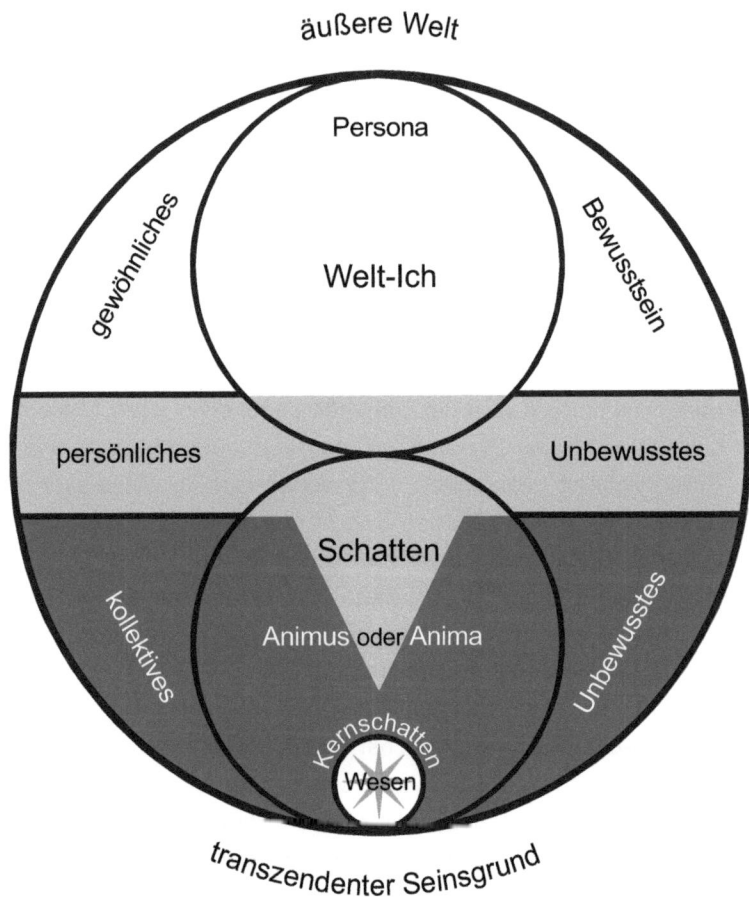

Abbildung 2: Eine grafische Darstellung
der menschlichen Persönlichkeit

Im Zentrum des Bewusstseins befindet sich das Ich, von Dürckheim zumeist als Welt-Ich bezeichnet. Zu diesem Ich gehört auch die Persona. Wichtige Komponenten der unbewussten Sphäre des Selbst sind der Schatten und bei der Frau der Animus sowie beim Mann die Anima. Ähnlich wie für Dürckheim ist bereits für Jung das eigentliche Wesen des Selbst ein transzendentes Fünklein des Göttlichen. Solange sich dieses Wesen in einem Menschen noch nicht manifestiert hat, befindet es sich nach Dürckheim im Kernschatten. Doch auch nach Jung bildet das göttliche Fünklein sozusagen den tiefsten Punkt des Selbst – sowie zugleich dessen höchsten Punkt und dessen eigentlichen Mittelpunkt. Mit der Persona zeigt sich der Mensch in der äußeren Welt und mit dem Wesen ist der transzendente Seinsgrund anwesend in seinem Inneren.

Das Ich ist gemäß der Analytischen Psychologie von Jung ein seelischer Komplex, der hauptsächlich aus Vorstellungen besteht. Dieser Komplex zeichnet sich durch eine hohe Kontinuität aus, sowie durch eine ausgeprägte Identität mit sich selbst. Dementsprechend erleben wir unser Ich als beständig und wir erleben uns in ihm als identisch mit uns selbst. Als Zentrum des Bewusstseins beinhaltet das Ich unser bewusstes Denken und Fühlen sowie unser bewusstes Wollen und Handeln.

Die Persona ist ein Teil des Ichs, nämlich jener Teil, der der äußeren Welt, also dem sozialen Umfeld, zugewandt ist. Sie enthält unsere sozialen Umgangsformen, mit denen wir uns anderen Menschen gegenüber verhalten. Außerdem bildet die Persona zugleich auch einen Schutzwall, hinter dem wir private und verletzliche Aspekte unseres Ichs vor anderen Menschen verbergen können.

Der Schatten und der Animus oder die Anima befinden sich im Unbewussten des Menschen. Es gibt sie dort sowohl als unbewusste Komplexe wie auch als ererbte Archetypen. Als unbewusste Komplexe gehören sie zum persönlichen Unbewussten und als ererbte Archetypen gehören sie zum kollektiven Unbewussten.

Komplexe sind in der Analytischen Psychologie von Jung ganz allgemein die Strukturelemente der Seele oder der menschlichen

Persönlichkeit. Es handelt sich bei ihnen um komplexe seelische Gebilde, um Gruppierungen von seelischen Inhalten. Sie bestehen zumeist aus Gefühlen und Erinnerungen, Gedanken und Fantasien, Bedürfnissen und Fähigkeiten. Der wichtigste Komplex innerhalb des Bewusstseins ist, wie bereits gesagt, das Ich. Zu den wichtigsten Komplexen im persönlichen Unbewussten gehören vor allem der Schatten und der Animus oder die Anima. Diese unbewussten Komplexe entstehen in der Kindheit hauptsächlich durch Verdrängung.

Der Schatten-Komplex beinhaltet alle diejenigen Gefühle, Erinnerungen, Fantasien und Bedürfnisse des jeweiligen Menschen, die von ihm in seiner Kindheit sozusagen aus moralischen Gründen in sein Unbewusstes hinein verdrängt wurden oder werden mussten, also weil sie mit den Moralvorstellungen seines eigenen Ichs oder seines sozialen Umfeldes nicht vereinbar waren. Der Animus-Komplex oder der Anima-Komplex beinhaltet alle diejenigen Gefühle, Erinnerungen, Bedürfnisse und Fähigkeiten des jeweiligen Menschen, die von ihm in seiner Kindheit sozusagen aus geschlechtsspezifischen Gründen in sein Unbewusstes hinein verdrängt wurden oder werden mussten, also weil sie für ihn selbst oder für sein soziales Umfeld als unvereinbar erschienen mit seinem eigenen Geschlecht.

Die seelischen Inhalte des Animus-Komplexes oder des Anima-Komplexes sind meistens tiefer verdrängt, als diejenigen des Schatten-Komplexes, sodass sich der Animus-Komplex oder der Anima-Komplex im Unbewussten für gewöhnlich unterhalb des Schatten-Komplexes befindet. Noch tiefer im Unbewussten befinden sich oftmals viele verdrängte Aspekte des eigenen Selbst, welche die ursprüngliche Individualität und das schöpferische Potenzial des jeweiligen Menschen ausmachen.

Kristallisationskerne der Komplexe sind die Archetypen. Alle Archetypen zusammengenommen machen das kollektive Unbewusste aus. Um die einzelnen Archetypen herum kristallisieren sich im persönlichen Unbewussten während der Kindheit die entsprechenden Komplexe. So bildet sich hier beispielsweise der Schatten-

Komplex um den Schatten-Archetyp herum. In der Mitte des kollektiven Unbewussten befindet sich der Archetyp des Selbst, welcher die menschliche Persönlichkeit in ihrer Gesamtheit repräsentiert. Nahe verwandt mit diesem Archetyp des Selbst ist bei der Frau der Archetyp der großen Mutter oder beim Mann entsprechend derjenige des alten Weisen. Um diesen Archetyp der großen Mutter oder des alten Weisen herum kristallisieren sich bei dem jeweiligen Menschen alle diejenigen verdrängten Aspekte seines Selbst, welche seine ursprüngliche Individualität und sein schöpferisches Potenzial ausmachen.

Nach Jung sind die Archetypen aber nicht nur angeborene Kristallisationskerne der Komplexe, sondern auch unbewusste Steuerungszentren der Seele. Durch sie reguliert sich die Seele innerlich selbst. Bei dieser Selbstregulation geht es sowohl um die Aufrechterhaltung oder Wiedergewinnung des seelischen Gleichgewichts, als auch um die Entwicklung und Weiterentwicklung der eigenen Persönlichkeit.

Insbesondere für die Wiedergewinnung des inneren Gleichgewichts werden von der Seele oder eigens vom Ich oft auch spezielle Abwehrmechanismen eingesetzt. Die wichtigsten solcher Mechanismen sind gemäß der Analytischen Psychologie die Verdrängung und die Projektion. Die Verdrängung ist jener seelische Mechanismus, der bewirkt, dass seelische Inhalte wie Gefühle oder Erinnerungen unbewusst gemacht und auch unbewusst gehalten werden. Durch die Verdrängung werden die jeweiligen Inhalte also gleichsam in das persönliche Unbewusste hineingedrückt und dann daran gehindert, dass sie von dort her wieder in das Bewusstsein aufsteigen, also dem jeweiligen Menschen in seinem Ich wieder bewusst werden. Die Projektion ist ein Mechanismus, mit dem der Mensch solche seelischen Inhalte, die trotzdem wieder aus seinem Unbewussten aufzusteigen drohen, nun unbewusst einem anderen Menschen zuschreiben kann, sodass sie ihm dann doch nicht als seine eigenen Inhalte in seinem eigenen Ich bewusst zu werden brauchen. Andere Menschen, von denen wir uns genervt fühlen, sind oft zugleich auch Menschen, auf die wir unbewusst manche Inhalte aus unserem eigenen Schatten projizieren; andere Menschen, in die wir uns verlieben, sind oft zugleich auch solche Menschen, auf die wir unbewusst manche Inhalte aus unserem eigenen Anima-Komplex oder Animus-Komplex projizieren.

Entwicklungsstufen und Lebensphasen

Der Mensch hat nach Dürckheim seinen Ursprung sowohl im Himmel wie auch auf der Erde. Das höchste und eigentliche Ziel seiner Entwicklung besteht deshalb für ihn darin, dem einen Ursprung wie dem anderen gleichermaßen gerecht zu werden, sozusagen in einer Integration von Himmel und Erde. Auf der höchsten Entwicklungsstufe steht die Erkenntnis und Gestaltung der irdischen Welt im Dienst jenes himmlischen Seins, das im Menschen ans Licht drängt. Das himmlische Sein wird hierbei zum sinngebenden und gestaltungsmächtigen Faktor aller Verwandlung in der irdischen Welt.

Die drei großen Entwicklungsstufen

Der gewöhnliche Erwachsene unserer Zeit hat ein weltbezogenes Ich, mit dem er sich identifiziert, von Dürckheim als Welt-Ich bezeichnet, und damit hat er zugleich auch ein gegenständlich-fixierendes Bewusstsein. Er wird aber weder mit dem einen noch mit dem anderen geboren, sondern muss beides erst während seiner Kindheit und Jugend ausbilden. So gibt es im Leben eines jeden Menschen während seiner Kindheit mehrere Jahre, in denen er noch kein Welt-Ich und noch kein gegenständlich-fixierendes Bewusstsein hat. Als Erwachsener wiederum, wenn er beides bereits hat, *kann* er danach streben, die Identifikation mit seinem Welt-Ich zu lockern, in seinem gegenständlich-fixierenden Bewusstsein durchlässig zu werden für sein transzendentes Wesen, und schließlich eine Integration von Welt-Ich und Wesen zu erreichen. Daraus ergeben sich insgesamt drei große Entwicklungsstufen des Menschen. „In der ersten wächst er *unbewusst* in sein leibhaftiges Dasein hinein. In der zweiten etabliert er sich in den Ordnungen seines *gegenständlichen*

Bewusstseins. In die dritte gelangt er, indem er diese wieder durchbricht durch eine Umkehr und Wandlung, in der er in Einfühlung mit seinem Wesen ein *Überbewusstsein* entwickelt."[53]

Die erste große Entwicklungsstufe des Menschen ist diejenige der frühen Kindheit. Auf dieser Stufe hat der Mensch noch kein Welt-Ich und noch kein gegenständlich-fixierendes Bewusstsein. Bei der zweiten Stufe handelt es sich dann um diejenige des Welt-Ichs und des gegenständlich-fixierenden Bewusstseins. Hier ist der Mensch eine weltbezogene und auch mehr oder weniger weltkräftige Ich-Persönlichkeit. Die dritte Stufe schließlich beinhaltet die Integration von Welt-Ich und Wesen. Auf dieser Stufe wird der Mensch recht eigentlich zur Person, nämlich durchlässig für das überweltliche Sein.

Die erste Stufe bezeichnet Dürckheim auch als prämentale Stufe, die zweite als mentale und die dritte als postmentale. Zwischen diesen drei großen Stufen oder auch innerhalb von ihnen gibt es noch einige kleinere Stufen, die von ihm in seinen Büchern unterschiedlich differenziert dargestellt werden. In dem hier vorliegenden Abschnitt geht es zunächst einmal um die drei großen Entwicklungsstufen.

Die prämentale Stufe umfasst jene ersten Lebensjahre des Menschen, in denen er noch keinen Verstand besitzt, mit dem er die Wirklichkeit in Gegensätze unterteilen könnte. So existiert er zunächst in einer undifferenzierten Ureinheit. Er beginnt sein Leben in einer Weise des Daseins, in der innen und außen, das innere Erleben und die äußere Welt noch eins sind, in einer lebendigen Ganzheit miteinander verwoben.

Die anfängliche Ureinheit der prämentalen Stufe kann veranschaulicht werden durch das Symbol des Uroboros. Dieses Symbol besteht aus einer Schlange, die sich in den eigenen Schwanz beißt. Die Uroboros-Schlange bildet dadurch einen geschlossenen Kreis

---

[53] Dürckheim, *Zeichen* (1983), S. 147.

und symbolisiert damit die undifferenzierte Ganzheit des frühkindlichen Erlebens.

Nach Dürckheim ergibt sich die uroborische Einheit des frühkindlichen Erlebens allerdings nicht nur daraus, dass auf dieser Entwicklungsstufe das Differenzierungsvermögen noch gering ist, sondern auch daraus, dass auf dieser Stufe noch eine Verbundenheit mit dem eigenen transzendenten Wesen besteht. Durch jene Verbundenheit schimmert das überweltliche Sein während der ersten Lebensjahre des Menschen noch in dessen Erleben hinein und färbt dieses auch mit der ihm eigenen Qualität einer transzendenten Einheit.

Mit der Entwicklung des Verstandes und des eigenen Ichs beginnt aber bereits während der Kindheit auch der Übergang auf die mentale Stufe. Diese Entwicklung treibt den Menschen nach und nach in einen zweifachen Gegensatz hinein, nämlich in einen Gegensatz zwischen Ich und Welt und in einen Gegensatz zwischen Ich und Wesen. Der Gegensatz zwischen Ich und Welt prägt alsbald das mit dem Ich und dem Verstand einhergehende begrifflich-fixierende Bewusstsein, welches dadurch zugleich auch zu einem gegenständlichen und gegensätzlichen Bewusstsein wird. Der Gegensatz zwischen Ich und Wesen hingegen führt auf der mentalen Stufe zu einer Entfremdung des Ichs vom Wesen.

So entwickelt der Mensch auf der mentalen Stufe hauptsächlich sein Ich und dieses fast nur bezüglich der Welt. Die Aufgabe besteht hier ganz allgemein darin, ein stabiles und festes weltkräftiges Ich auszubilden. Diese Aufgabe beschäftigt den Menschen nun in seiner späteren Kindheit und während seiner Jugend. Er lernt jetzt mehr oder weniger gut, sich durchzusetzen in der Welt, in ihr aber auch einen sinnvollen Platz zu finden, zwischenmenschliche Beziehung aufzubauen, Liebe zu geben und zu empfangen.

Während seines Erwachsenenlebens entwickelt der Mensch sich ebenfalls noch auf der mentalen Stufe weiter. Dabei geht es in dieser Entwicklung zugleich auch um die Gestaltung des eigenen Lebens – um das Streben nach Sicherheit, Lust, Geborgenheit und Erfolg, sowie um das Vermeiden von Niederlagen, Verzweiflung, Einsamkeit und Vernichtung.

Nur selten jedoch entwickelt sich ein Mensch irgendwann über die mentale Stufe hinaus zur postmentalen Stufe weiter. Gerade diese Stufe aber ist Dürckheim besonders wichtig. Der Weg der Entwicklung des Menschen von der mentalen zur postmentalen Stufe ist der innere oder initiatische Weg. Er muss von demjenigen Menschen, der ihn verwirklichen will, selbst aktiv erarbeitet werden. Allerdings resultiert er zugleich auch aus unverfügbarer Gnade.

So erfordert die initiatische Entwicklung zur postmentalen Stufe einen spontanen Durchbruch in einer intensiven Seinserfahrung. „Der entscheidende Entwicklungssprung erfolgt mit der ›initiatischen‹ Erfahrung der immanenten Transzendenz, also mit dem Durchbruch zum ›Wesen‹."[54] Nur derjenige Mensch, dem ein solcher Durchbruch zuteil wurde, kann sich von dort her zur postmentalen Stufe weiterentwickeln. Er jedoch vernimmt in einem solchen Durchbruch oft sogar aus seinem Wesen heraus regelrecht einen Ruf zu einer solchen Entwicklung.

Mit der postmentalen Stufe transzendiert der Mensch seinen Verstand und sein Ich. Beide werden auf dieser Stufe jedoch keineswegs vernichtet, sondern in ein höheres und umfassenderes Selbst eingefügt, zu dem sich der jeweilige Mensch nun weiterentwickelt – und sie werden dadurch zugleich auch dem transzendenten Wesen untergeordnet.

Das Selbst des Menschen auf der postmentalen Stufe ist ein transparentes Selbst. Als ein solches Selbst vermag der Mensch auf dieser Stufe seine höhere und eigentliche Bestimmung zu erfüllen. „Das transparente Selbst, dem entgegen zu reifen die Bestimmung ist, meint jene Integration von Welt-Ich und Wesen, in der das überweltliche Leben auch im Erleben, Tun und Lassen des an der Welt

---

[54] Dürckheim, *Transzendenz* (1984), S. 35.

orientierten Welt-Ichs präsent ist."[55] Der jeweilige Mensch kann dadurch das überweltliche Sein auch in seinem weltlichen Leben bezeugen.

Vom zuständlichen zum inständlichen Bewusstsein

Jede der drei großen Entwicklungsstufen hat ihre eigene Art von Bewusstsein. Das gegenständliche oder gegenständlich-fixierende Bewusstsein ist sozusagen das natürliche Bewusstsein des gewöhnlichen Erwachsenen unserer Zeit. Geboren wird der Mensch jedoch mit einem anderen Bewusstsein, welches Dürckheim als zuständliches Bewusstsein bezeichnet. Und der Mensch auf dem inneren Weg strebt gemäß Dürckheim wiederum einem anderen Bewusstsein entgegen, nämlich dem inständlichen Bewusstsein. Das zuständliche Bewusstsein entspricht der prämentalen Entwicklungsstufe, das gegenständliche der mentalen und das inständliche der postmentalen. Auf jeder dieser Entwicklungsstufen wird dabei das bereits vorhandene Bewusstsein zu dem neu erworbenen gleichsam hinzuaddiert. Die Entwicklung des Bewusstseins ist somit eine Entwicklung aus dem vorpersönlichen über das persönliche zum überpersönlichen Bewusstsein, wobei hier einerseits jede Stufe ihren eigenen Wert hat und andererseits jede nachfolgende die vorherige jeweils voraussetzt und mit einschließt.

Unser sinnliches Wahrnehmen der äußeren Welt und unser triebhaftes und gefühlsmäßiges inneres Erleben haben als solche zunächst einmal eine zuständliche Qualität. Sie bestehen jeweils aus vielfältigen Empfindungszuständen, die dem ganzheitlich flutenden Leben entspringen. Zu diesen Empfindungszuständen gehören etwa die Geräusche, die wir außen hören, oder auch die Bedürfnisse, die wir innerlich verspüren. Das Bewusstsein, mit dem wir uns der jeweiligen Qualität dieser Zustände unmittelbar innewerden können, ist

---

[55] Dürckheim, *Leben* (1972), S. 33.

das zuständliche Bewusstsein. In den ersten Jahren seiner Kindheit ist das Bewusstsein des Menschen zunächst ausschließlich und später zumindest hauptsächlich ein solches zuständliches. In diesem Bewusstsein wird jedes Erlebnis vom kleinen Kind als eine aus äußeren Sinneswahrnehmungen und inneren Gefühlsempfindungen bestehende Einheit erfahren – und noch nicht aufgespalten in einen Gegensatz zwischen dem Kind selbst als dem Erlebenden einerseits und andererseits dem Erlebten als Gegenstand oder Objekt des Erlebens. Damit ist das zuständliche Bewusstsein zugleich auch ein vorgegensätzliches und vorgegenständliches.

Das begrifflich-fixierende Bewusstsein des Welt-Ichs hingegen ist ein gegensätzliches und gegenständliches Bewusstsein. Sobald sich dieses Bewusstsein in einem Menschen etabliert hat, existiert das zuständliche Bewusstsein in ihm nur noch untergründig und hintergründig. Beim gewöhnlichen Jugendlichen oder Erwachsenen werden alle Sinneswahrnehmungen und Gefühlsempfindungen, die in seinem zuständlichen Bewusstsein auftreten, immer sofort von seinem fixierenden Bewusstsein in Begriffe übertragen und dadurch auch nur noch gegenständlich erfahren. Die Einheit des eigenen Erlebens wird dabei stets automatisch aufgespalten in einen Gegensatz zwischen Ich und Objekt. In diesem Aufspalten zeigt sich aber auch die Kraft des gegenständlichen Bewusstseins. Sie schafft innere Distanz. So festigt sich das Bewusstsein des Menschen durch diese distanzierende Kraft als ein eigenständiges Bewusstsein und erweitert sich gleichzeitig zu einem rationalen Bewusstsein.

Das rationale Bewusstsein des Welt-Ichs ist ziemlich gut abgeschottet gegenüber einem möglichen uroborischen Sog zurück in das Einheitserleben der frühen Kindheit, aber es ist auch ebenso gut abgeschottet gegenüber einem möglichen initiatischen Ruf hinauf in das Einheitserleben des überweltlichen Seins. Diesem überweltlichen Einheitserleben entspricht das inständliche Bewusstsein. Jenes Bewusstsein besteht vor allem aus einem unmittelbaren Innewerden des überweltlichen Seins mit seinen Qualitäten der Fülle, des Sinns und eben der Einheit. Damit ist es zugleich auch übergegensätzlich und übergegenständlich. Das inständliche Bewusstsein ist ein Bewusstsein, in dem Sein und Bewusstsein durch das Innesein in eins zusammenfallen.

Das inständliche Bewusstsein ist typisch für die Seinserfahrung. In einer solchen Erfahrung erweitert sich das Bewusstsein des betreffenden Menschen jeweils vorübergehend zum inständlichen Bewusstsein. Für gewöhnlich hat der Mensch während einer solchen Erfahrung zugleich aber auch weiterhin Sinneswahrnehmungen und Gefühle sowie mitunter sogar Gedanken. Alle solche Bewusstseinsinhalte werden im inständlichen Bewusstsein jedoch auf das überweltliche Sein hin transparent. Der betreffende Mensch erfährt hier also das überweltliche Sein gleichsam durch seine Sinneswahrnehmungen und durch seine Gedanken und Gefühle hindurch.

Die erste intensive Seinserfahrung eines Menschen ist für ihn eine innere Erleuchtung durch das übernatürliche Licht des überweltlichen Seins – und damit ist diese Erfahrung für ihn zugleich eine spirituelle Neugeburt. Das inständliche Bewusstsein, welches in einer solchen Erfahrung erwacht, ist gleichsam ein Überbewusstsein. Auf der vorausgehenden mentalen Entwicklungsstufe leuchtet vor allem das *natürliche Licht* der Erkenntnis im gegenständlichen und zugleich aufspaltenden Bewusstsein. Das *übernatürliche Licht* des inständlichen Bewusstseins hingegen wurzelt in der Einheit des Wesens. Es geht auf, wenn der Vorgang der spirituellen Neugeburt einsetzt.

Mit dem Erreichen der mentalen Entwicklungsstufe beginnt das gegenständlich-fixierende Bewusstsein im Ich des Menschen zu dominieren. Diesem sind natürlich ebenfalls und weiterhin die Sinneswahrnehmungen und Gefühlsempfindungen des zuständlichen Bewusstseins zugänglich, wenn auch deren eigentliche Qualität bei der Übertragung in entsprechende Begriffe weitgehend verloren geht, zugunsten von passenden Bedeutungen. Unabhängig davon jedoch kann der Mensch auf der mentalen Entwicklungsstufe durchaus jederzeit von neuem lernen, sich der vollen zuständlichen Qualität seiner Sinneswahrnehmungen und Gefühlsempfindungen wieder unmittelbar innezuwerden.

Auf der postmentalen Entwicklungsstufe ist der Mensch, nach der Integration von Welt-Ich und Wesen, fähig zum inständlichen Bewusstsein. Das inständliche Bewusstsein wird hier sogar fortschreitend zur tragenden Bewusstseinsform. Trotzdem bleibt dem Menschen auf dieser Stufe auch das gegenständlich-fixierende Bewusstsein weiterhin erhalten und das direkte Erleben des zuständlichen Bewusstseins wird ihm auf dieser Stufe sogar wieder leichter zugänglich.

Die Wirklichkeit insgesamt ist für den Menschen auf der postmentalen Stufe eine andere und umfassendere, als für den gewöhnlichen Menschen auf der mentalen Stufe. Der postmentale Mensch erfährt und erkennt schließlich auch in der gegenständlichen Welt außerhalb von sich die überweltliche Transzendenz: „Das raumzeitlich und rational begriffene Dasein wird *transparent* auf das Sein! Erst im inständlichen Bewusstsein kann auch die gegenständliche Welt auf das Sein hin transparent werden."[56]

Die drei Stufen des Selbstbewusstseins

Das Selbstbewusstsein des Menschen besteht für Dürckheim aus dem Selbst-*Kraft*bewusstsein, dem Selbst-*Wert*bewusstsein und dem Selbst-*Wir*bewusstsein. Für jede dieser drei Komponenten des Selbstbewusstseins ändert sich mit der Entwicklung des Menschen vor allem die Art und Weise, wie und woher sie gespeist wird. „So muss man unterscheiden: das noch ungebrochene, naive Selbstbewusstsein des *Kindes* vom Selbstbewusstsein aufgrund der Kraft, der Gaben und der Fertigkeiten der in ihrer Position der Welt gewachsenen *Ich-Persönlichkeit* und dieses wiederum von dem

---

[56] Dürckheim, *Erlebnis* (1982), S. 209.

Selbstbewusstsein des zur Transzendenz hin transparent und also zur *Person* gewordenen Menschen."[57]

Auf der prämentalen Entwicklungsstufe schimmert das überweltliche Sein noch in das Erleben des Menschen hinein. So befindet sich der Mensch als Kind noch in einer zwar nur unbewussten, aber trotzdem durchaus wirksamen Fühlung mit jenem Sein. Aufgrund dieser Fühlung wird sein Selbstbewusstsein hier gespeist von den tragenden, sinngebenden und bergenden Kräften jenes Seins. Die tragenden Kräfte des Seins führen beim Kind in seinem Selbst-Kraftbewusstsein zu einem natürlichen Urvertrauen, die sinngebenden Kräfte des Seins führen hier in seinem Selbst-Wertbewusstsein zu einem selbstverständlichen Urglauben und die bergenden Kräfte des Seins im Selbst-Wirbewusstsein zu einer fraglosen Urgeborgenheit. So herrscht auf der prämentalen Stufe noch das natürliche Urvertrauen in die tragende Gesichertheit des Lebens. Ebenso selbstverständlich obwaltet hier ein Urglaube, dass alles in Ordnung ist und man selbst nie in Frage gestellt wird. Endlich herrscht hier das Erleben einer unbedingten Urgeborgenheit des Lebens, die sich in der liebevollen Zuwendung der Nächsten bekundet.

Auf der mentalen Entwicklungsstufe hat der Mensch für gewöhnlich keine Fühlung mehr mit dem überweltlichen Sein. Sein Selbstbewusstsein hängt nun ausschließlich von Bedingungen ab, die in der Welt liegen, sowie von den Fähigkeiten seines Ichs, diese zu meistern oder ihnen zu entsprechen. Je mehr der Mensch zum eigenständigen Ich wird und die Fühlung mit dem Sein verliert, desto mehr verwandeln sich die unbewusst tragenden, sinngebenden und bergenden Kräfte des Seins in Ziele des bewussten Strebens. Die tragenden Kräfte des überweltlichen Seins werden ersetzt durch das Streben des Ichs nach Sicherheit im Dasein. Ein positives Selbst-Kraftbewusstsein hat der Mensch auf der mentalen Stufe dementsprechend, wenn es ihm gelingt, in seinem Ich die Fähigkeiten zu

---

[57] Dürckheim, *Erlebnis* (1982), S. 228.

entwickeln und mit seinem Ich die sozialen Verbindungen einzugehen, die er braucht, um sein Leben abzusichern. Die sinngebenden Kräfte des überweltlichen Seins werden ersetzt durch das Streben des Ichs nach Ordnung im Dasein. Ein positives Selbst-Wertbewusstsein hat der Mensch auf der mentalen Entwicklungsstufe somit, wenn es ihm gelingt, in seinem Ich seine Lebensumstände so zu gestalten und zu verstehen, dass sie für ihn in Ordnung sind und er sich von daher auch selbst als in Ordnung erleben kann. Die bergenden Kräfte des überweltlichen Seins werden ersetzt durch das Streben des Ichs nach Geborgenheit im Dasein. Ein positives Selbst-Wirbewusstsein hat der Mensch auf der mentalen Stufe dementsprechend, wenn es ihm gelingt, in seinem Ich gesicherte zwischenmenschliche Kontakte zu finden oder herzustellen, durch die er Wertschätzung erhält. Je weniger es einem Menschen gelingt, auf der mentalen Entwicklungsstufe ein positives Selbstbewusstsein zu entwickeln, desto leichter entsteht hier stattdessen in seinem Ich ein entsprechender Minderwertigkeitskomplex, der dann ein negatives Selbst-Kraftbewusstsein, ein negatives Selbst-Wertbewusstsein und ein negatives Selbst-Wirbewusstsein beinhaltet.

Auf der postmentalen Entwicklungsstufe der *Person*, die transparent geworden ist zur Transzendenz hin, ist das Selbstbewusstsein des Menschen nicht mehr nur abhängig von Bedingungen in der Welt und von den Fähigkeiten seines eigenen Ichs, sondern es wird auf dieser Stufe zusätzlich auch noch und manchmal sogar einzig und allein gespeist durch bewusste Erfahrungen des überweltlichen Seins und durch eine wiedergewonnene Fühlung mit jenem Sein. „Es gibt die Erfahrung eines *tieferen Selbstbewusstseins*, das Selbstbewusstsein aus dem *Wesen*. Dies bewährt sich paradoxerweise gerade dort, wo alle Bedingungen fehlen oder vernichtet sind, die für das zur Stufe des Welt-Ichs gehörende Selbstbewusstsein erforderlich sind."[58] Tiefe Seinserfahrungen und eine mehr oder

---

[58] Dürckheim, *Meister* (1983), S. 151.

weniger durchgängige unterschwellige Seinsfühlung geben dem jeweiligen Menschen hier für sein Selbst-Kraftbewusstsein eine überweltliche Kraft aus der Fülle des Seins, für sein Selbst-Wertbewusstsein einen überweltlichen Sinn aus der Ordnung des Seins, und für sein Selbst-Wirbewusstsein eine überweltliche Geborgenheit aus der Einheit des Seins.

Das gewöhnliche und das absolute Gewissen

Das Gewissen ist jene Instanz im Menschen, die ihm für sein Tun und Lassen, ja sogar für sein Denken und Fühlen eine moralische Orientierung gibt. Nach Dürckheim gibt es hier nicht nur das gewöhnliche Gewissen als seelische Instanz, die von den Eltern und der Gesellschaft vermittelt wird, sondern auch ein absolutes Gewissen als transzendente Instanz, die direkt aus dem überweltlichen Sein hervorgeht. Das gewöhnliche Gewissen ist aus der Lebensgeschichte des jeweiligen Menschen heraus erklärbar, das absolute nicht.

Entsprechend der ersten beiden Entwicklungsstufen, der prämentalen und der mentalen, unterscheidet Dürckheim auch zwei Stufen oder Arten des gewöhnlichen Gewissens. Das erste Gewissen ist hier das kindliche Gewissen. Es kommt aus der Angst vor Strafe. Das zweite Gewissen gehört zur mentalen Entwicklungsstufe und kommt aus den Verpflichtungen gegenüber der Gesellschaft. In diesem zweiten Gewissen befinden sich die Gebote und Verbote sowie die Werte derjenigen Gemeinschaft, der sich der jeweilige Mensch verbunden fühlt. In fast allen Erwachsenen wirken beide Arten des Gewissens.

Das dritte Gewissen ist das absolute Gewissen. Dieses ist sozusagen das Gewissen des Wesens. Es gehört zur postmentalen Entwicklungsstufe und erwacht mit der ersten intensiven Seinserfahrung. Die Werte und Forderungen des absoluten Gewissens sind ein direkter Ausdruck der inbildlichen Ordnung des überweltlichen Seins. Sie entstammen weder der Lebensgeschichte noch der Lebensgemeinschaft des jeweiligen Menschen, sind damit auch nicht relativ zu dieser oder jener, sondern eben absolut.

Das absolute Gewissen fordert von demjenigen Menschen, in dem es erwacht ist, dass er sich auf einen Entwicklungsprozess einlässt, auf dem er sich in seinem inneren Seelenleben zunehmend dem überweltlichen Sein öffnet und in seinem äußeren Handeln diesem überweltlichen Sein immer besser gerecht wird. Ganz konkret kann dieses Gewissen dabei von einem Menschen unter bestimmten Umständen auch ein Handeln verlangen, das aus der Perspektive des zweiten Gewissens ein Verrat oder ein Skandal ist oder das aus der Perspektive des ersten Gewissens eine Strafe nach sich ziehen müsste. Gerade dann ist das absolute Gewissen in seinem Aufruf zu jenem Handeln besonders kraftvoll.

Die transzendentale Bedeutung des Welt-Ichs

Warum entwickeln wir Menschen überhaupt ein Welt-Ich, noch dazu ein möglichst festes und stabiles, wenn doch unsere eigentliche Bestimmung nach Dürckheim eine spirituelle ist, die sich nur durch eine innere Öffnung zur Transzendenz hin verwirklichen lässt? Tatsächlich entfernen wir uns mit der Etablierung des Welt-Ichs auf der mentalen Entwicklungsstufe von dem transzendenten Sein, welches auf der prämentalen Stufe zumindest unbewusst noch hineinschimmert in das dort vorherrschende zuständliche Bewusstsein. Trotzdem hat gerade das Welt-Ich für Dürckheim durchaus auch eine transzendentale Bedeutung – und dies sogar gleich in dreifacher Hinsicht.

In seinem Welt-Ich bildet der Mensch die Wirklichkeit mit seinem gegenständlich-fixierenden Bewusstsein als eine ab, die in rationalen Ordnungen strukturiert und in Gegensätze aufgespalten ist. Diese Wirklichkeit ist geprägt vom Hier und Dort, vom Vorher und Nachher, von Raum und Zeit – und in ihr kann nur das wirklich sein, was sich in fixierten Begriffen fassen und in rationalen Ordnungen kategorisieren lässt. Indem das Ich sich mit dieser Wirklichkeit identifiziert, wird sie zur Wirklichkeit des Ichs und damit zur Ichwirklichkeit.

Die Ichwirklichkeit steht vom Ich her im Gegensatz zur Transzendenz. Ihre fixierten Begriffe und ihre rationalen Ordnungen verhüllen das überweltliche Sein und schließen es aus. Die Ichwirklichkeit verdichtet sich sogar noch immer mehr in ihren Begriffen und zieht sich immer mehr zusammen in ihrer Gegensätzlichkeit. Aber genau dadurch bildet sie schließlich auch die Voraussetzung für das bewusstseinsmäßige Aufleuchten des Seins. In das zuständliche Bewusstsein der frühen Kindheit kann das transzendente Sein lediglich unbewusst hineinschimmern. Das gegenständliche Bewusstsein des Welt-Ichs hingegen ist das geeignete Medium, durch das hindurch das überweltliche Sein im Menschen *bewusst* zu werden vermag. „Das also ist die erste transzendentale Bedeutung der Ichwirklichkeit: gerade *weil* sich in ihren Ordnungen das Sein verhüllt oder ausschließt, wird sie im Menschen zum ›Hintergrund‹, auf dem ihm das die Ichordnungen transzendierende Sein ›aufgehen‹ kann."[59] Die dichte Begrifflichkeit und die ausgeprägte Gegensätzlichkeit der Ichwirklichkeit bilden den entscheidenden Kontrast für die Bewusstwerdung der Transzendenz.

Es geht aber bei der spirituellen Bestimmung des Menschen nicht nur um ein bewusstseinsmäßiges Aufleuchten des Seins in ihm, sondern auch um eine Offenbarung dieses Seins durch ihn in der Welt. Hierfür ist ebenfalls wiederum das Welt-Ich notwendig. Der Mensch kann das transzendente Sein nur durch sein Ich in der Welt bezeugen – durch ein Ich, das seinerseits durchlässig geworden ist für eben jenes Sein und dessen Wirklichkeit nun dieses Sein mit einschließt. „Darin liegt die zweite transzendentale Bedeutung der Ichwirklichkeit: in dem Maße, als das Sein im Innesein aufgeht und die Integration mit dem Wesen fortschreitet, *wird die Ichwirklichkeit*

---

[59] Dürckheim, *Erlebnis* (1982), S. 213.

selbst zum Felde bewusster Bezeugung des Seins im Dasein!"[60]
Dies gilt hier nicht nur für die innere Wirklichkeit, die der Mensch sich in seinem Ich bildet, sondern auch für die äußere, in der er mit seinem Ich existiert.

Solange bis im Menschen erstmals das überweltliche Sein bewusstseinsmäßig aufleuchtet, ist sein Welt-Ich diesem Sein gegenüber verschlossen, und auch dann, wenn der Mensch bereits damit begonnen hat, dieses Sein in der Welt zu bezeugen, fällt sein Welt-Ich immer wieder dahin zurück, die eigene weltliche Wirklichkeit in einen Gegensatz zu stellen zum überweltlichen Sein. Beides beinhaltet eine Getrenntheit vom Sein, welche für den Menschen letztendlich ein Leiden ist. So bildet die rationale und in sich abgeschlossene Ichwirklichkeit die Wurzel für ein spezifisches Leiden des Menschen. „Gerade als solche aber wird sie – und dies ist ihre dritte transzendentale Bedeutung – zur Quelle des Antriebs auf dem Wege, der ihn immer wieder heimführt ins Sein."[61] Letztendlich erfüllt sich der Mensch im Innewerden seines Wesens immer nur insoweit, als er die ihm innegewordenen Forderungen aus seinem Wesen in die Verantwortung seines Welt-Ichs aufnimmt und sein Leben entsprechend gestaltet.

Verschiedene kleinere Zwischenstufen

Innerhalb der drei großen Entwicklungsstufen können noch einmal mehrere Zwischenstufen unterschieden werden. Dürckheim beschreibt hier vor allem die mögliche Entwicklung des Ichs und die spirituellen Entwicklungsmöglichkeiten des Menschen etwas genauer. Seine Darstellung der Entwicklung ist dabei in seinen verschiedenen Büchern unterschiedlich differenziert. Die spirituelle

---

[60] Dürckheim, *Erlebnis* (1982), S. 215.
[61] Dürckheim, *Erlebnis* (1982), S. 216 f.

Entwicklung wird außerdem in der Beschreibung des inneren Weges noch einmal aus weiteren Perspektiven heraus erörtert.

Die Abbildung 3 zeigt die verschiedenen Zwischenstufen innerhalb der drei großen Stufen.[62] Sie veranschaulicht damit die typischen Verläufe in der Entwicklung des Ichs und in der spirituellen Entwicklung, von denen die individuelle Entwicklung eines Menschen jedoch auch abweichen kann.

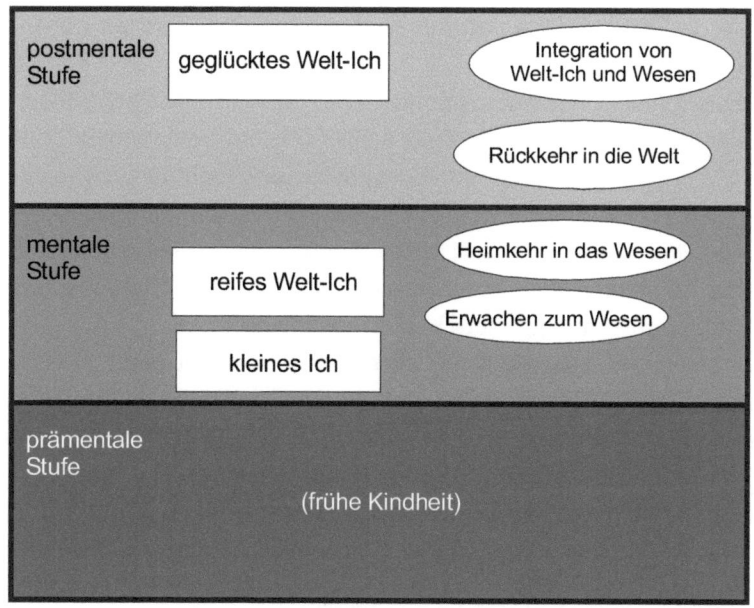

Abbildung 3: Die drei großen Entwicklungsstufen und die kleineren Stufen

---

[62] Vergleiche hierzu vor allem Dürckheim, *Zen* (1984), S. 118 ff. und *Meditieren* (1976), S. 51 ff.

Drei Entwicklungsstufen des Welt-Ichs

Dürckheim unterscheidet drei verschiedene Entwicklungsstufen des Welt-Ichs, nämlich das kleine, das reife und das durchlässige Ich. Das kleine Ich und das reife Welt-Ich bilden zwei Stufen innerhalb der mentalen Entwicklungsstufe. Das durchlässige Ich ist das geglückte Welt-Ich beziehungsweise das transparente Selbst. Als solches gehört es der postmentalen Entwicklungsstufe an. Die meisten Menschen bleiben in ihrer Entwicklung zeitlebens auf der Stufe des kleinen Ichs und nur sehr wenige verwirklichen die Stufe des durchlässigen Ichs.

Das kleine Ich ist das primäre und zugleich ein egozentrisches Ich. Diesem Ich geht es fast ausschließlich um Selbsterhaltung und Selbstbehauptung sowie um Lustgewinn und Schmerzvermeidung. Ein Mensch mit einem solchen kleinen Ich ist noch recht weitgehend in seine triebhafte Natur und in seine persönlichen Gefühle verstrickt. Er hat, bewusst oder unbewusst, ein ausgeprägtes Geltungsbedürfnis und ebenso ausgeprägte Versagensängste.

Obwohl das kleine Ich vor allem auf sich selbst bedacht ist und ständig um sich selbst kreist, stellt es für Dürckheim doch eine notwendige erste Stufe in der Entwicklung des Menschen dar. Wenn es einem Menschen in seiner Kindheit und Jugend gelingt, sein primäres Ich kraftvoll zu entwickeln, dann gewinnt er damit ausreichend innere Stärke, um sich in der äußeren Welt behaupten zu können. Außerdem ist ein solches primäres Ich ein stabiles Fundament für die Entwicklung eines reifen Ichs.

Das reife Ich bildet die zweite Stufe einer möglichen Entwicklung des Ichs. Es beinhaltet das primäre Ich in sich und überschreitet es zugleich auch. So kann es sich nicht nur selbstbewusst in der Welt behaupten, sondern ist auch fähig und bereit zum selbstlosen Dienst am Mitmenschen oder an der Gemeinschaft, an einer Aufgabe oder einem Werk. Damit ist das reife Ich zugleich ein altruistisches Selbst. Ein Mensch mit einem solchen Selbst ist nicht mehr in seine triebhafte Natur und in seine persönlichen Gefühle verstrickt, verleugnet diese aber auch nicht. Er hat klare Werte, die für ihn verbindlich sind.

Zu einem reifen Ich oder altruistischen Selbst gehört auch ein anständiger Charakter. Ein Mensch mit einem solchen Ich ist ehrlich und zuverlässig; er hat Pflichtgefühl und Verantwortungsbewusstsein. In seinem Denken und Handeln richtet er sich nicht so sehr nach seinen eigenen Bedürfnissen, sondern vor allem nach dem sachlich Geforderten und nach seinen ethischen Werten. Er ist fähig zu einer Sachlichkeit, die weitgehend frei ist von seinen eigenen Ängsten und Wünschen, und er ist fähig zu einer Mitmenschlichkeit, die einer gefühlsmäßigen Wärme entspringt und seinen ethischen Werten entspricht.

Das reife Ich ist die vollendete Persönlichkeit und erscheint als höchstes Ziel sowie als gelungener Ausdruck der persönlichen Selbstverwirklichung. Der Mensch hat hier ein kraftvolles Ich, mit dem er der Welt gerecht wird – sowohl in eigenständiger Selbstbehauptung, wie auch im selbstlosen Dienst. Er meistert sein eigenes Leben und bewährt sich als Mitglied seiner Gemeinschaft. Doch nach Dürckheim reicht die mögliche Selbstverwirklichung des Menschen noch weit über das reife Ich oder altruistische Selbst hinaus. In ihr geht es letztendlich um ein solches Ich, das zugleich auch durchlässig ist zum überweltlichen Sein hin, und in dem der Mensch nicht nur der Welt gerecht wird, sondern ebenso jenem Sein. Bei diesem Ich handelt es sich um das geglückte Welt-Ich und zugleich um das wahre Selbst des Menschen.

Das geglückte Welt-Ich ist ein Welt-Ich, dem vor allem die Integration mit dem Wesen geglückt ist. Ein solches Welt-Ich ist von seiner Form her durchlässig zum Wesen hin und es ist zugleich mit seiner Durchlässigkeit auch dergestalt geformt, dass es jenes Wesen, und damit das überweltliche Sein, in der äußeren Welt angemessen zu bezeugen vermag. Das geglückte Welt-Ich hat also bezüglich des Wesens eine durchlässige Form und eine geformte Durchlässigkeit.

Als wahres Selbst des Menschen ist das geglückte Welt-Ich das Ziel der initiatischen Selbstverwirklichung. Es ist nicht nur ein gewöhnlich reifes, sondern ein initiatisch reifes Ich. Doch als Ziel der initiatischen Selbstverwirklichung stellt es trotzdem keinen Endpunkt einer Entwicklung dar, sondern im Gegenteil eine Gestalt, die ihrerseits stets zu weiterer Wandlung und zu unaufhörlicher Neuwerdung bereit und fähig ist. Das geglückte Welt-Ich bleibt dabei in aller Form durchlässig und in aller Durchlässigkeit geformt.

Durch die Integration mit dem Wesen ist das Denken, Fühlen und Handeln des Menschen mit einem geglückten Welt-Ich nunmehr geprägt von den drei Qualitäten des überweltlichen Seins, nämlich von dessen Kraft, Sinn und Einheit. Die Kraft des überweltlichen Seins gibt einem solchen Menschen eine besondere Würde. Außerdem ermöglicht sie ihm körperlich und vor allem seelisch eine schnellere und bessere Regeneration. Das Handeln eines solchen Menschen unterliegt zwar den üblichen kausalen Verkettungen der äußeren Welt. Doch der Sinn seines Handels hat seinen Grund woanders. Der Mensch mit einem geglückten Welt-Ich lebt vollauf im Dasein, doch er existiert aus dem Grund seines Wesens. Genauso besteht die Welt für ihn durchaus weiterhin aus vielfältigen Gegensätzen. Doch vermittels der in seinem Wesen wirksamen Einheit des überweltlichen Seins erlebt er sich durch alle diese Gegensätze hindurch zugleich auch als eins mit der Welt.

Die spirituellen Entwicklungsstufen

Die spirituellen Entwicklungsstufen sind Zwischenstufen in der initiatischen Entwicklung des Menschen von der mentalen zur postmentalen Stufe. Sie beinhalten die Entwicklung des Ichs vom gewöhnlichen zum geglückten Welt-Ich. Es lassen sich aus den Schriften von Dürckheim mehrere solcher Stufen extrahieren. Die erste ist hier die Stufe des Erwachens. Als zweite folgt dann die Stufe der Zerrissenheit und als dritte diejenige der Dialektik. Die Stufe der Zerrissenheit ist oft zugleich eine der Abkehr von der Welt und die Stufe der Dialektik ist dann vor allem auch eine der Rückkehr zur Welt. Die vierte Stufe schließlich ist diejenige der Integration.

Die erste Stufe der spirituellen Entwicklung besteht aus dem spirituellen Erwachen des Menschen und damit zugleich aus dem Erwachen seines transzendenten Wesens in ihm. Der betreffende Mensch erfährt sein Wesen und das in ihm anwesende Sein in einer deutlichen Seinserfahrung – und vernimmt dessen Ruf zur Transzendenz. „Zunächst muss man sich des Seins im Dasein bewusst werden, sich seinem Ruf öffnen. Am Beginn der spirituellen Entwicklung steht diese Bewusstwerdung des ganz anderen in uns."[63] Dieses Erwachen kann sich in mancherlei Form ereignen, nicht nur als plötzlich über den Menschen hereinbrechendes übernatürliches Licht, sondern auch als Frucht langsamen Reifens. So gibt es ein solches Erwachen als unvermutetes Geschenk des Lebens oder auch als ersehnte Erlösung aus Angst und Verzweiflung. Der Vorgang des Erwachens ist dabei zugleich die mystische Initiation des jeweiligen Menschen. Solange einem Menschen ein solches Erwachen noch nicht zuteil wurde, ist er gleichsam ein vorinitiatischer Mensch.

Die zweite Stufe der spirituellen Entwicklung ist zumeist eine der Zerrissenheit. In einem Menschen, der das überweltliche Sein erfahren und dessen Ruf vernommen hat, entsteht oftmals ein starker Drang, sich nur noch ganz seinem Inneren zuwenden zu wollen, um dort möglichst oft in jenem Sein verweilen zu können. Doch er lebt weiterhin auch in der äußeren Welt – und deren Forderungen verstummen keineswegs. So reißt es ihn nun hin und her zwischen einem Leben in der Welt, die über seine Innerlichkeit hinweggeht, und einem Verweilenwollen in einer auf das Wesen hin ausgerichteten Innerlichkeit, mit der er zugleich die Welt verneint. Mehr und mehr versucht er hier nun, sein Welt-Ich aufzuheben im Wesen. Diese Heimkehr in das Wesen in weltabgewandter Innerlichkeit kann

---

[63] Dürckheim, *Weg* (1991), S. 55.

eine Flucht sein. Sie kann aber auch eine weitere Entwicklung einleiten, die Ausdruck eines neuen Gewissens ist, das zu einer spirituellen Selbstverwirklichung führt.

In der spirituellen Selbstverwirklichung geht es nach Dürckheim darum, Wesen und Welt-Ich miteinander zu integrieren und damit das eigentlich wahre Selbst zu verwirklichen. Dementsprechend muss auch der Mensch, der zu seinem Wesen gefunden hat, trotzdem immer wieder zurück in sein Welt-Ich und in die Welt. Diese Rückkehr kann zu einem Rückfall werden, wenn der Mensch nun verrät, was ihm in seinen Seinserfahrungen bislang zuteil geworden ist. Sie kann aber auch zu einem Fortschritt werden, wenn der Mensch nun sein Leben zunehmend als ein dialektisches Wechselgeschehen zwischen Welt und Wesen verwirklicht. Der Widerspruch zwischen dem Ich, das in und an der Welt hängt, und dem Wesen, das im Sein gebunden ist, bildet eine dem Menschen unabdingbar innewohnende Gegensätzlichkeit. Doch diese Gegensätzlichkeit kann in einem dialektischen Prozess gelebt werden, wenn der Mensch sich stets neu seiner Rückbindung im Sein bewusst wird, um sich immer wieder als seinsträchtiges Ich in der Welt zu bewähren. Gelingt einem Menschen der Fortschritt in einen solchen Prozess hinein, dann erreicht er damit die Entwicklungsstufe der Dialektik.

Als Nächstes folgt die eigentliche Stufe der Integration. Auf dieser Stufe nimmt der Mensch sein Wesen in sein Welt-Ich auf und verwurzelt zugleich sein Welt-Ich noch tiefer in seinem Wesen und somit im überweltlichen Sein. Das Wesen wird dadurch nun zur sinngebenden Wurzelkraft des Welt-Ichs und das Welt-Ich wird jetzt zu einem geglückten – sobald es sich der sinngebenden Wurzelkraft des Wesens anheim gibt. Das geglückte Welt-Ich ist für Dürckheim diejenige Ich-Form, in welcher der Mensch sein Glück und auch seine Freiheit als Zeuge und Diener des überweltlichen Seins findet. Die entsprechende Integration von Welt-Ich und Wesen ist für Dürckheim die höchste Stufe, aber keineswegs ein Abschluss der spirituellen Entwicklung. Ganz im Gegenteil befindet sich der jeweilige Mensch von nun an erst recht in einem fortwährenden Wandel, zu dem ihn sein Wesen immer wieder neu aufruft.

Die postmentale Stufe – detailliert betrachtet

Mit der Integration von Welt-Ich und Wesen verwirklicht der Mensch die postmentale Entwicklungsstufe. Der Mensch als ganzer umfasst immer beide Pole, denjenigen des weltverwobenen Ichs und denjenigen des seinsverbundenen Wesens. So erreicht er seine Ganzheit auch erst in der Integration dieser beiden Pole. Der eigene mentale Geist wird dabei in den überweltlichen Geist der Transzendenz hinein überschritten und doch daraufhin mit dem eigenen Ich in die neue Entwicklungsstufe aufgenommen. Der initiatische Mensch, der die postmentale Stufe erreicht hat, braucht weiterhin auch einen gegenstandsmächtigen Intellekt und ein weltkräftiges Ich. Nur dass es sich bei diesem Ich nun um eines handelt, dem die Integration mit dem Wesen geglückt ist.

Das geglückte Welt-Ich

Die Integration von Welt-Ich und Wesen, die das geglückte Ich ausmacht, hat für jenes zwei Seiten. Die eine Seite besteht darin, dass es nun zu dem eigenen Wesen und damit zum überweltlichen Sein hin immer mehr durchlässig wird, und die andere Seite besteht darin, dass es sich nun von ihm her immer mehr bestimmen lässt. „Für den Menschen mit geglücktem Ich ordnet das Leben sich nicht im Kreisen um eine Position in der Welt, sondern im Streben nach Transparenz für das überweltliche Wesen und die von ihm geforderte Verwandlung. Das geglückte Ich ist kein Widerspruch zum Wesen, sondern Instrument seiner Bekundung in der Welt."[64]

---

[64] Dürckheim, *Ursprung* (1978), S. 60.

Je mehr der Mensch in seinem Ich durchlässig wird für das überweltliche Sein, desto deutlicher wird ihm auch in seinem Ich, dass der eigentliche oder höhere Sinn seines Lebens nicht so sehr darin besteht, die Absichten seines Ichs in der Welt zu verwirklichen, sondern darin, dort das überweltliche Sein zu bezeugen. Durch die Integration mit dem Wesen befreit sich der Mensch aus seiner Identifikation mit dem eigenen Ich und aus seiner Verstrickung in dieses Ich. Das eigene Wesen wird für ihn nun gleichsam zu einem tieferen Ich, sozusagen zu seinem „Wesens-Ich"[65].

Die Befreiung vom eigenen Welt-Ich ist keine Befreiung in eine belanglose Beliebigkeit hinein, sondern sie ist eine Befreiung zum Dienst an demjenigen, was der jeweilige Mensch selbst in den tiefsten und erfüllendsten Erfahrungen seines Lebens, in intensiven Seinserfahrungen, als das für ihn Wichtigste erkannt hat, nämlich zum Dienst an eben jenem überweltlichen Sein. So erlangt er eine höhere und zugleich initiatische Mündigkeit. „*Mündigwerden* bedeutet, das Joch jener Freiheit auf sich zu nehmen, in der der Mensch seinen Eigenwillen aufgibt, aber in seinen eigenen Willen aufnimmt, was er in tiefster Erfahrung als Sicht und Anliegen seines Wesens erfuhr. Mündigkeit bedeutet also Zuverlässigkeit im rechten Gebrauch personaler Freiheit."[66]

Zugleich wächst der Mensch auch heraus aus dem Gehorsam gegenüber der moralischen Ordnung seiner Gemeinschaft mit ihren traditionellen Regeln und Werten. Die höchste moralische Instanz, der er gehorcht, ist nun das absolute Gewissen, welches die inbildliche Ordnung des überweltlichen Seins vertritt. Trotzdem gilt aber auch für einen Menschen, der dieses absolute Gewissen kennt, zunächst das Gesetz der Gemeinschaft, der er angehört. In besonderen Situationen jedoch kann ihn das absolute Gewissen zu Handlungen aufrufen, die dem Gesetz der Gemeinschaft widersprechen.

---

[65] Dürckheim, *Ton* (1978), S. 300.
[66] Dürckheim, *Leben* (1972), S. 26.

Die Überwindung der Identifikation mit dem eigenen Ich, der Dienst am überweltlichen Sein und die Anerkennung des absoluten Gewissens bedeuten jedoch allesamt keineswegs eine Auslöschung der eigenen Individualität. Ganz im Gegenteil besteht der Auftrag des Menschen aus dem Wesen gerade auch darin, das überweltliche Sein in der Welt auf jeweils *individuelle* Weise zu bezeugen. So gehört zur Verwirklichung der postmentalen Stufe gerade auch die *Verwirklichung* der eigenen Individualität. Indem der initiatische Mensch aus dem Gehorsam gegenüber der moralischen Ordnung seiner Gemeinschaft herauswächst, kann er sich zu seiner Individualität hin befreien. Ein Mensch mit einem geglückten Welt-Ich ist dementsprechend immer ein Original.

Durch die Integration mit dem Wesen werden die Anliegen des eigenen Welt-Ichs, also die eigenen Anliegen als Ich, zweitrangig gegenüber dem Auftrag aus eben jenem Wesen und die traditionellen Regeln der Gemeinschaft werden dadurch zweitrangig gegenüber jedem Aufruf aus dem absoluten Gewissen – aber nichtig werden sie dadurch keineswegs. So gehört zum geglückten Welt-Ich auch eine innere Instanz, die gleichsam zwischen Ich und Welt und Wesen vermittelt, eine Instanz also, in der der Mensch erstens zu unterschieden vermag, zwischen den Anliegen seines Welt-Ichs und dem Auftrag aus seinem Wesen sowie zwischen den traditionellen Regeln seiner Gemeinschaft und einem Aufruf aus seinem absoluten Gewissen, und in der er zweitens auch immer wieder neu zu entscheiden hat, wann er den weltlichen Anliegen und den traditionellen Regeln folgen kann und wann er dem überweltlichen Auftrag oder einem absoluten Aufruf gerecht zu werden hat. Eine solche Instanz entwickelt der initiatische Mensch vor allem dadurch, dass er in seinem Alltag immer wieder die entsprechenden Unterscheidungen und Entscheidungen trifft. Beheimatet ist diese Instanz im Welt-Ich, als Teil jenes Ichs, doch verantwortlich ist sie gegenüber dem Wesen.

Schließlich erlaubt die Integration von Welt-Ich und Wesen auch die Integration von zwei verschiedenen Varianten in der Beziehung des Menschen zur Transzendenz. Viele Menschen, die an einen personalen Gott glauben, erleben diesen in ihrer Vorstellung als ein Gegenüber, als ein göttliches Du, dem sie sich beim Beten oder auch im inneren Gespräch zuwenden können. In der Einswerdung mit dem Wesen hingegen wird das überweltliche Sein gleichsam als ein göttliches Ich erfahren, als das eigene transzendente Wesens-Ich. Die Integration von Welt-Ich und Wesen ermöglicht beide Varianten des Erlebens. Selbst wenn sich das Göttliche in der Seinserfahrung als immanente Transzendenz offenbart, kann sich der gläubige Mensch doch von seinem Welt-Ich her diesem auch weiterhin als einem göttlichen Du zuwenden.

Transparenz

Die postmentale Stufe erreicht der Mensch, indem er sozusagen eine transparente Person wird und damit für Dürckheim wahrhaft Person: „Person, das heißt transparent für das Sein und fähig, es im Glanz seines Erlebens, in der Strahlung seiner unverstellten Lebensgestalt und im Segen seines Wirkens zu manifestieren."[67] Das transzendente Sein ist wie ein Licht, das numinos leuchtet, oder wie ein Ton, der überirdisch erklingt. Wahrhaft Person werden heißt, durchtönend werden für den überirdischen Klang das transzendenten Seins.

Das Entscheidende der wahren Person, wie Dürckheim sie versteht, ist also ihre Transparenz – und diese bezieht sich auf die immanente Transzendenz. Transparenz bedeutet Durchlässigkeit des Menschen zu dem Wesen in seinem Inneren. Es ist eine Verfassung, in welcher der Mensch zunehmend durchlässiger wird für das überweltliche Sein – und damit zunehmend fähiger, es mit seiner Fülle, Ordnung und Einheit mitten in der Welt zu erleben und zu bezeugen.

---

[67] Dürckheim, *Leben* (1972), S. 158.

Die Integration von Welt-Ich und Wesen, wie sie auf der postmentalen Stufe erreicht wird, beinhaltet eine zunehmend nachhaltigere Transparenz für die immanente Transzendenz, also für das überweltliche Sein im Inneren. Als Inneres erlebt der jeweilige Mensch dabei zunächst vor allem das in ihm selbst vorhandene Innere. Dann aber, im Zuge seiner weiteren Entwicklung als initiatischer Mensch, begreift er das Innere auch als die allem Seienden innewohnende Transzendenz. Auch durch alles weltliche Seiende außerhalb von ihm schimmert nun für den initiatischen Menschen das überweltliche Sein immer mehr hindurch. Die ganze Welt wird transparent für das Wesen.

Transparenz ist dabei jedoch keine abwesende Versunkenheit im überweltlichen Sein, sondern im Gegenteil eine äußerst klare Präsenz. „Was meint Präsenz? Präsenz meint das volle ›Ich bin da!‹."[68] Wenn ein Mensch wirklich präsent ist, dann ist er in seinem Bewusstsein und mit seinen Gedanken und Gefühlen voll anwesend in der jeweils gegenwärtigen Situation, sozusagen im Hier und Jetzt – und im besten Fall ist er dies dann von seinem Wesen her.

Schließlich gehört zur Transparenz auf der postmentalen Stufe noch, dass das überweltliche Licht hier vom inneren Wesen des jeweiligen Menschen durch ihn selbst auch hindurchscheinen kann, in sein äußeres Umfeld hinein. So geht von dem Menschen auf jener Stufe eine überweltliche Strahlung aus. Diese mag je nach seiner Verfassung unterschiedlich intensiv sein, sie ist aber völlig unabhängig von seinem jeweiligen Tun und Lassen. Wahrgenommen werden kann diese Strahlung allerdings nur von solchen Mitmenschen, die innerlich ebenfalls schon zumindest ein wenig durchlässig geworden sind für das überweltliche Sein.

Bei solchen Mitmenschen, die selbst innerlich schon ein wenig durchlässig geworden sind zum eigenen Wesen hin, kann die von einem postmentalen Menschen ausgehende Strahlung mitunter

---

[68] Dürckheim, *Hara* (1978), S. 126.

sogar deren Wesen aktivieren. Der postmentale Mensch befindet sich mit der Welt in einem Kontakt, der die Einheit des Seins offenbar macht. Durch diesen Kontakt kann das Wesen von manchen Mitmenschen, die dafür reif sind, unbewusst angesprochen werden, sodass es hervortritt und ihnen selbst erfahrbar wird.

Permanente Seinsfühlung

Die Integration von Welt-Ich und Wesen, wie sie auf der postmentalen Stufe erreicht wird, beinhaltet früher oder später eine mehr oder weniger dauerhafte Transparenz des Welt-Ichs zum Wesen hin. Dadurch müsste für denjenigen Menschen, der zu dieser Stufe fortgeschritten ist, die innere Fühlung mit der Transzendenz eigentlich zu einem Dauerzustand werden. Der jeweilige Mensch müsste sich eigentlich in einer permanenten Seinsfühlung befinden.

Aber auch der Mensch auf der postmentalen Stufe fällt immer wieder in den Bannkreis seines Welt-Ichs zurück. Selbst der initiatisch Fortgeschrittene kann die Einsfühlung mit dem Wesen nicht halten. Was er aber halten kann, ist erstens das Wissen um das Einssein im Grunde und zweitens das Wissen darum, dass die Erfahrung des Getrenntseins nur mit der rationalen Bewusstseinsform seines raumzeitlich bedingten Ichs zusammenhängt. Mit diesem Wissen geht beim initiatisch Fortgeschrittenen dann eine entsprechende Grundgestimmtheit einher, nämlich eine Grundgestimmtheit des Verankertseins im Überweltlichen.

So gibt es die Seinsfühlung für Dürckheim einerseits als kleine, aber durchaus unmittelbare, jedoch stets nur vorübergehende Seinserfahrung und andererseits als mehr oder weniger permanente, aber doch eher indirekte Grundgestimmtheit. „Transzendenz als Erfahrung bedeutet also zweierlei: Einmal die besonderen Augenblicke, in denen man sich vom Wesen her erfüllt fühlt, innig berührt."[69] Dieses sind die Augenblicke einer unmittelbaren Erfahrung der Transzendenz. „Zum anderen meint aber die ›Fühlung mit der Transzendenz‹ eine Grundgestimmtheit im tagtäglichen Dasein."[70] Bei dieser ›Fühlung mit der Transzendenz‹ handelt es sich um eine mehr oder weniger permanente, jedoch eher unterschwellige Seinsfühlung. Sie vermittelt dem initiatisch Fortgeschrittenen aber durchaus in seinem tagtäglichen Dasein die Grundgestimmtheit einer von allem raumzeitlich Bedingten unabhängigen Gestärktheit, Geordnetheit und Geborgenheit aus dem überweltlichen Sein.

So werden jene Menschen, welche die postmentale Stufe erreicht haben, innerlich nahezu durchgängig gehalten und getragen von dem in ihnen anwesenden Göttlichen. Dementsprechend ist ihnen Missmut fern. Trotzdem sind sie aller Gefühle mächtig. Sie können von Freude erfüllt sein oder von Zorn ergriffen, können lieben und hassen – nur werden sie sich schnell dessen bewusst, wenn eine Gefühlswallung im Widerspruch steht zu dem in ihnen anwesenden Göttlichen.

Von solchen unpassenden Gefühlswallungen oder auch von etwaiger gedanklicher Zerstreutheit immer wieder zurückzufinden zur inneren Fühlung mit dem im eigenen Inneren anwesenden Göttlichen gehört zu denjenigen Aufgaben, die gerade für jene Menschen besonders anstehen, welche die postmentale Stufe bereits erreicht haben. Darüber hinaus geht es für jene Menschen dann natürlich außerdem darum, das in ihnen anwesende Göttliche immer wieder auch in der Außenwelt zu bezeugen.

---

[69] Dürckheim, *Transzendenz* (1984), S. 224.
[70] Dürckheim, *Transzendenz* (1984), S. 224.

Mitmenschlichkeit und Liebe

Der Mensch ist einerseits bereits von seinem irdischen Ursprung her, also in seiner biologischen Natur, dialogisch gebaut, nämlich auf seine Mitmenschen hin ausgerichtet und auf sie auch existenziell angewiesen. Andererseits ist er außerdem von seinem himmlischen Ursprung her in einer Transzendenz verwurzelt, bei der es sich sogar noch darüber hinaus um die allumfassende Einheit handelt. So kann er, wenn er auf der postmentalen Stufe sein wahres Selbst verwirklicht, gar nicht anders, als spätestens auf dieser Stufe auch zu Mitmenschlichkeit und Liebe zu finden.

Das überweltliche Sein, die dem Menschen immanente Transzendenz, wird nicht nur als Fülle und Ordnung erfahren, sondern immer auch als Liebe. Auf der postmentalen Stufe wird der Mensch auch selbst zu dieser Liebe aus dem überweltlichen Sein heraus fähig sowie zu einer initiatischen Mitmenschlichkeit – und zumindest teilweise zugleich sogar dazu verpflichtet.

Der Auftrag, das überweltliche Sein im weltlichen Dasein zu offenbaren, ist jeweils auf individuelle Weise zu verwirklichen, also der eigenen Individualität gemäß – und dies gilt genauso auch für die Art und das Ausmaß der Verwirklichung von Liebe und Mitmenschlichkeit aus jenem Sein heraus. Dementsprechend gibt es durchaus große Unterschiede in dieser Verwirklichung auf der postmentalen Stufe, und zwar sowohl von Mensch zu Mensch wie auch von Situation zu Situation.

Für den gewöhnlichen Menschen und auch für den initiatischen Menschen dem gewöhnlichen Mitmenschen gegenüber bedeutet mitmenschliches Verhalten nach Dürckheim vor allem, dem Mitmenschen beizustehen in den großen Nöten des Lebens oder zumindest in derjenigen Not, von der er gerade am meisten betroffen ist – ihm also dabei zu helfen, im Leben zu überleben und dort Gerechtigkeit zu erfahren und Geborgenheit zu finden. Bei dieser gewöhnlichen Mitmenschlichkeit geht es vor allem um weltliche Hilfsbereitschaft und tröstende Zuwendung.

Die initiatische Mitmenschlichkeit des postmentalen Menschen bedeutet jedoch etwas anderes. Bei ihr geht es darum, dem Mitmenschen dabei zu helfen, selbst die postmentale Stufe zu erlangen. Dementsprechend gilt sie auch nur solchen Mitmenschen, die dafür bereit sind. Sie hilft ihnen dabei, das überweltliche Sein zu erfahren und sich nach und nach in diesem Sein zu beheimaten. „Diese Liebe bekundet sich nicht mehr vorab in weltlicher Hilfsbereitschaft und tröstender Zuwendung, sie ist viel mehr eine Liebe, die auch hart sein kann."[71] Sie muss genau so hart sein, wie der Weg selbst zur postmentalen Stufe es jeweils ist.

Die Liebe desjenigen Menschen, der die postmentale Stufe erreicht hat, ist eine schöpferisch-erlösende Liebe, die den Mitmenschen zu sich selbst ruft, das heißt zu der ihm individuell eigenen Manifestation des Wesens – und die ihn aus seiner Verstrickung in sein Welt-Ich befreit, notfalls eben sogar mit Härte. Auf diese Weise fördert sie in demjenigen Menschen, der dazu bereit ist, dessen Entwicklung zur postmentalen Stufe hin. Aber sie ist natürlich nicht nur auf solche Menschen beschränkt.

Durch seine innere Fühlung mit dem Sein und mit der allumfassenden Einheit dieses Seins erfährt der postmentale Mensch ganz allgemein eine numinose Nähe zu jedem anderen Menschen sowie auch zu aller Natur und zu allen Dingen. Im Lichte der Seinsfühlung hat dadurch, von ihm ausgehend, jeder Kontakt mit einem anderen Menschen eine Tiefe, die durch alles Trennende der Fassaden und Rollen hindurch wirkt und eine wahrhaft personale Begegnung ermöglicht.

Mächtigkeit und Rang auf der postmentalen Stufe

Der Mensch auf der postmentalen Stufe ist transparent zu seinem Wesen hin und damit innerlich durchlässig für das überweltliche

---

[71] Dürckheim, *Meditieren* (1976), S. 107.

Sein. So kann die Einheit dieses Seins in ihm wirken und seine Heilwerdung und Ganzwerdung herbeiführen. Außerdem wirkt die Einheit des Seins auch durch einen solchen Menschen hindurch als Liebe zu den Mitmenschen. „Er strömt einfach Liebe aus, weil er vom Wesen her nicht anders kann."[72]

Innerhalb der mentalen und der postmentalen Entwicklungsstufe gibt es verschiedene Zwischenstufen. Diese bestehen ebenfalls wiederum aus vielen noch kleineren Stufen. Je höher die Stufe ist, die ein Mensch von diesen kleineren und innerhalb der größeren bereits erklommen hat, desto leichter fällt es ihm, sich auf jene fortgesetzte Verwandlung einzulassen, die dem transzendenten Wesen in ihm entspricht. So berührt uns die Höhe der Stufe des Menschen in der Macht seiner Liebe, während sie zugleich auch in seiner Bereitschaft zur Wandlung erscheint.

Der Mensch auf der mentalen Stufe wächst mit jeder noch so kleinen Stufe, die er darüber hinaus erklimmt, dem Durchbruch zum Wesen entgegen. Die Befreiung zum Wesen kommt dabei umso leichter, je höher die Stufe ist, die jener Mensch bereits erklommen hat. Dann kann schon ein kleines passendes Ereignis ausreichen, um in dem jeweiligen Menschen eine intensive Seinserfahrung auszulösen. Hat ein Mensch daraufhin über viele weitere kleine Stufen hinweg schließlich die postmentale Stufe erreicht, so ist ihm eine gute Durchlässigkeit zum Wesen hin eigen.

Nach Dürkheim gibt es nun aber nicht nur die Stufen, auf denen der Mensch in seiner spirituellen Entwicklung voranschreiten kann, sondern es gibt hier auch den Rang und die Mächtigkeit des Menschen, die durchaus unterschiedlich sein können und in denen der Mensch ebenfalls zunehmen kann. So können gewöhnliche Menschen auf der mentalen Stufe von großer Mächtigkeit sein und nicht alle Menschen auf der postmentalen Stufe verkörpern automatisch auch einen ihr gemäßen Rang.

---

[72] Dürckheim, *Durchbruch* (1984), S. 64.

In der Mächtigkeit, dem Rang und der Stufe des Menschen spiegeln oder offenbaren sich die drei Qualitäten des überweltlichen Seins. In der Stufe spiegelt oder offenbart sich hier, wie bereits erwähnt, vor allem die Einheit des Seins. Die Fülle des Seins zeigt sich in der Mächtigkeit, besonders als Tatkraft und als Standfestigkeit. Die Inbildlichkeit des Seins schließlich spiegelt oder offenbart sich im Rang des Menschen, beispielsweise als Geordnetheit und Originalität.

Elementare Mächtigkeit ist reine Lebenslust und Lebenskraft. „Menschen von elementarer Mächtigkeit haben eine natürliche Fülle."[73] Diese Fülle verleiht ihnen eine selbstverständliche Sicherheit und eine suggestive Überlegenheit. Doch Mächtigkeit an sich ist wertindifferent. Sie macht den jeweiligen Menschen stark im Guten wie im Bösen. Insbesondere Menschen auf der mentalen Stufe können eine große Mächtigkeit, wenn sie über eine solche verfügen, sowohl zum Guten wie zum Bösen einsetzen. In einer solchen Mächtigkeit die wahre Fülle des Seins wirklich bezeugen können jedoch nur jene Menschen, die bereits die postmentale Stufe erreicht haben. Allerdings verfügen solche Menschen oft eher über wenig innere Mächtigkeit.

Der Rang eines Menschen hingegen ergibt sich um so mehr direkt aus dem überweltlichen Sein, je höher er ist. Ein Mensch von hohem Rang ist vom Sein geformt und gehalten, der Mensch niederen Ranges hingegen eher von Zufälligkeiten des Daseins. Trotzdem können aber auch Menschen auf der mentalen Stufe in ihrem Rang zunehmen, und zwar durch Selbstdisziplin, indem sie lernen, unter den wechselnden Zufälligkeiten des Daseins jeweils ihre Haltung und ihre Würde zu wahren. So können sie sich unter den Bedingungen des Daseins nach und nach eine gute Geordnetheit oder auch ihre eigene Originalität erarbeiten.

---

[73] Dürckheim, *Durchbruch* (1984), S. 159.

Wenn ein Mensch durchlässig wird zu seinem Wesen hin, dann wachsen ihm von dort her eine unbedingt gültige Haltung und eine ebenso gültige Würde zu. Doch auch diese Würde und jene Haltung müssen daraufhin noch von seinem eigenen Ich umgesetzt werden. So hat ein Mensch auf der postmentalen Stufe nicht automatisch auch einen entsprechend hohen Rang.

Die Mächtigkeit eines Menschen auf der postmentalen Stufe mag gering oder stark ausgeprägt sein. Entscheidend ist für einen solchen Menschen, dass sich in seiner wie auch immer ausgeprägten Mächtigkeit das überweltliche Sein möglichst unverfälscht offenbart. Dafür ist auf dem Entwicklungsweg zur postmentalen Stufe hin eine entsprechende Läuterung des jeweiligen Menschen notwendig.

In einem hohen Rang offenbart sich das überweltliche Sein besonders überzeugend. So ist es für den Menschen auf dem Entwicklungsweg zur postmentalen Stufe wichtig, dass er auch in seinem Ich nach und nach die entsprechende Würde und die entsprechende Haltung verwirklicht. Dadurch hat er dann auf jener Stufe als Ich eine innere Geordnetheit von seinem Wesen her und kann hier auch als Ich eine reife Originalität von seinem Wesen her leben.

Zugleich ergibt sich bei Menschen von höherem Rang aus ihrer Würde und ihrer Haltung heraus wie von selbst auch eine gewisse Distanz zum Umfeld. Sie schaffen sich ihre eigene Ordnung und halten jegliches Chaos aus ihrem Umfeld in gebührendem Abstand. Bei solchen Menschen von höherem Rang, die außerdem eine entsprechende Stufe verwirklicht haben, wird dieser gebührende Abstand jedoch mehr als ausgeglichen durch jene numinose Nähe zum Umfeld, die sich aus der transzendenten Einheit des Seins ergibt.

Die verschiedenen Lebensphasen aus initiatischer Sicht

Die verschiedenen Lebensphasen bieten unterschiedliche Voraussetzungen und Chancen dafür, dass und wie sich das Tor zum

Geheimen in einem Menschen öffnen kann. In seiner Kindheit ist der Mensch anfangs noch unterschwellig in Fühlung mit seinem himmlischen Ursprung. Die Jugend kann ihm manchmal mit der Pubertät einen direkten Durchbruch zu seinem transzendenten Wesen eröffnen. Im Erwachsenenleben mag ihn ein diffuses Leiden vage darauf hinweisen, wie weit er sich inzwischen von seinem eigentlichen Wesen entfremdet hat. Das hohe Alter ermöglicht gerade mit dem Abnehmen des ›äußeren Menschen‹ mitunter ein Zunehmen des ›inneren Menschen‹. Das Sterben schließlich eröffnet dem Menschen das überweltliche Jenseits zuweilen schon kurz vor dem Tod, spätestens aber bald nach seinem Tod.

Die Kindheit

Nach Dürckheim existiert jeder Mensch in den ersten Jahren seiner Kindheit noch eingewoben in der ursprünglichen Ganzheit des Lebens und zugleich auch noch in einer ursprünglichen Fühlung mit seinem eigenen Wesen. Diese frühkindliche Seinsfühlung ist zwar lediglich unbewusst und indirekt, aber sie wirkt trotzdem immer wieder tragend, ordnend und erlösend in das kindliche Bewusstsein hinein. So ist das kleine Kind vor allem in seinem Daseinsgefühl davon geprägt. „Es ist noch ganz verankert im Sein und bekundet dies, solange es ungestört ist, in dem ihm eigenen Daseinsgefühl eines Urvertrauens ins Leben, eines selbstverständlichen Glaubens an eine ihm gemäße Ordnung und eines Gefühles unbedingter Geborgenheit in der Welt."[74]

Wie lange die ursprüngliche Fühlung mit dem eigenen Wesen während der Kindheit anhält und wie weitgehend sie schließlich verloren geht, entscheidet sich nach Dürckheim vor allem am Erziehungsverhalten der Eltern. Die Eltern sind hier für Dürckheim gleichsam die Schlüsselfiguren. Sie können dem Kind das Tor zum Ein-

---

[74] Dürckheim, *Leben* (1972), S. 153.

klang mit dem aus seinem Wesen heraus tragenden, ordnenden und erlösenden Sein immer wieder neu aufschließen, in dem sie seine Grundanliegen zuverlässig befriedigen.

Meistens jedoch führen traumatische Erfahrungen während der Kindheit früher oder später dazu, dass das eigene Wesen tief in das Unbewusste hinein verdrängt wird und dort dann gleichsam den Kernschatten bildet. Der betroffene Mensch verliert dadurch seine innere Fühlung mit dem überweltlichen Sein. Hier vollziehen sich die Dramen der frühen Kindheit: Sie bestehen darin, dass die Schlüsselfiguren, also zumeist die Eltern, die selbstverständlichen Urerwartungen des Kindes enttäuschen, nämlich seine Erwartungen bezüglich Sicherheit, sinnvoller Entsprechung und Geborgenheit. Für das Kind ergeben sich aus einem solchen Erziehungsverhalten der Eltern zwangsläufig immer wieder Erfahrungen, die traumatisch sind.

Doch auch ohne traumatische Erfahrungen ergibt sich während der weiteren Kindheit allein durch die Entwicklung des Ichs im Menschen eine immer größer werdende Entfernung und auch Entfremdung vom eigenen Seinsgrund. Überbrückt werden kann diese Entfernung jetzt jedoch zumindest immer wieder einmal augenblickshaft durch einzelne intensive Erlebnisse einer direkten Seinsfühlung. Vor allem solche Erlebnisse machen, wenn sie einem Menschen zuteil werden, für ihn den ›Glanz der Kindheit‹ aus. Sie können sich in ganz unterschiedlichen Situationen ereignen. Ein Mädchen ist vielleicht mit seiner Mutter allein in der Kirche, die Mutter betet still vor sich hin, das Licht scheint warm durch die bunten Fenster, und auf einmal ist auch dem Mädchen selbst innerlich ganz licht und warm zumute. Oder ein Junge spielt für sich im Sandkasten, er formt den Sand mit seinen Händen, spürt ihn intensiv auf seiner Haut – und wird dadurch plötzlich in eine ganz besondere Stimmung versetzt, die durchwirkt ist von der tragenden, ordnenden und erlösenden Qualität des überweltlichen Seins.

Die Jugend

Jeder Mensch beginnt bereits während seiner Kindheit damit, sein Ich und jenes gegenständlich-fixierende Bewusstsein zu entwickeln, mit denen er sich immer weiter von seinem transzendenten Wesen entfernt und entfremdet. In seiner Jugend fährt er damit fort, allerdings nicht kontinuierlich. Die Pubertät bildet hier oftmals eine mehr oder weniger ausgeprägte Unterbrechung: Der Leib wird nun reif zum Zeugen oder Empfangen, das Ich stellt sich derweil selbst in Frage, der eigene Geist erhebt sich zum Flug ins Unendliche – und das Wesen erwacht. Für gewöhnlich erwacht das Wesen hier zwar nur unterschwellig, aber es bewirkt in dem Jugendlichen doch zumindest viel Sehnsucht nach einer grenzenlosen Weite und einem tieferen Sinn.

Nicht nur die reife Sexualität und der philosophierende Geist erwachen also während der Pubertät, sondern das transzendente Wesen erwacht hier ebenfalls zumindest unterschwellig. „Die seelischen Erschütterungen und Umbrüche der Reifezeit sind von Erlebnissen begleitet, in denen die Seinsfühlung als solche voll mitschwingt."[75] Gerade durch diese Erlebnisse bricht die Welt für den Jugendlichen mehr und mehr auseinander in zwei verschiedene Welten. Die eine Welt ist hier die enge und bekannte, von anderen vorgeformte und geregelte Welt, die ganz unmittelbar den Sinnen greifbar ist und die vor allem Leistungen fordert. Es ist die Wirklichkeit der harten Notwendigkeiten des Lebens. Doch hinter dieser Wirklichkeit lockt eine andere Welt, die ungreifbar und unfassbar ist, die nur mit dem Herzen erahnt werden kann und die doch voll Sinn erscheint und als die eigentliche Wirklichkeit empfunden wird. Die Ahnung von dieser Wirklichkeit, die jetzt im Herzen des Jugendlichen immer wieder aufschimmert, wird von Dürckheim auch als ›Seinsahnung‹ bezeichnet.

---

[75] Dürckheim, *Zeichen* (1983), S. 68.

So öffnet sich dem Jugendlichen das Leben immer wieder vorübergehend in seiner Tiefe. Dadurch erscheint ihm sein alltägliches Dasein plötzlich flach und unwesentlich und dessen Ziele lediglich banal. „Und die Frage taucht auf: Ist das nicht alles nur die Oberfläche eines Lebens, das im Grunde einen tieferen Sinn hat?"[76]

Manch ein Jugendlicher bricht irgendwann sogar direkt durch in die Tiefe jener anderen Wirklichkeit und gerät unmittelbar in Fühlung mit dem überweltlichen Sein. Er befindet sich dann für eine kurze Weile oder auch für mehrere Stunden in einem seltsamen Zustand, in dem das eigene Ich und die ihn umgebende Wirklichkeit in merkwürdiger Weise durchsichtig sind zu jenem Sein hin.

Mag das Wesen nur unterschwellig erwachen oder dem Jugendlichen tatsächlich eine direkte Seinsfühlung zuteil werden, für eine kleine Weile oder sogar über einige Stunden hinweg – früher oder später beginnt für ihn trotzdem der ›Ernst des Lebens‹, in dem er zurück und ernsthaft hinein muss in die Wirklichkeit der harten Notwendigkeiten des gewöhnlichen Alltags, um sich dort seine eigene Position zu erobern, diese zu sichern und sie weiter auszubauen. So entfernt und entfremdet er sich mit seinem Ich und seinem gegenständlich-fixierenden Bewusstsein nun wieder und jetzt sogar noch weiter von seinem transzendenten Wesen.

Das Erwachsensein

Die normale Entwicklung des Menschen während seiner Kindheit und Jugend treibt ihn nach und nach in einen zweifachen Gegensatz hinein, nämlich in einen Gegensatz zwischen seinen Ich und der Welt, der sich am deutlichsten in den harten Notwendigkeiten des Lebens zeigt, und in einen Gegensatz zwischen seinem Ich und seinem Wesen. Spätestens in seinem Erwachsenenalter nimmt der Mensch davon nur noch den Gegensatz zwischen seinem Ich und

---

[76] Dürckheim, *Durchbruch* (1984), S. 70.

der Welt wahr. Den Gegensatz zwischen seinem Ich und seinem Wesen löst er dadurch auf, dass er sein Wesen verdrängt und sich von ihm entfremdet. Stattdessen liefert er sich nun mit seinem Ich der Auseinandersetzung mit der Welt aus, um in ihr zu bestehen und sie zu meistern. Die Auseinandersetzung mit den harten Notwendigkeiten des Lebens und das Entfremdetsein vom Wesen prägen von nun an für gewöhnlich das gesamte Erwachsenenleben des Menschen.

Das Wesen befindet sich dementsprechend insbesondere während des Erwachsenenlebens normalerweise im Kernschatten. Trotzdem kann es sich auch von dort her im Leben eines Menschen bemerkbar machen. Nicht wenige Menschen erleben als Erwachsene früher oder später ein diffuses Leiden – gerade wenn sie in der Auseinandersetzung mit der Welt erfolgreich sind. „Sie haben Angst inmitten aller äußeren Sicherheit, sie empfinden Schuld, ohne sich etwas vorwerfen zu können, sie zweifeln am Sinn ihrer Existenz mitten in einem scheinbar sinnvollen Leben, und sie fühlen sich einsam, obwohl sie, von der Welt her gesehen, in der Gemeinschaft geborgen sind."[77] Ein solches Leiden kann ein vager Hinweis darauf sein, dass es im eigenen Leben noch etwas anderes gibt, als nur die äußere Welt – nämlich die immanente Transzendenz. Die zutiefst gültige Antwort auf dieses Leiden erfordert jedoch eine existenzielle Umkehr und früher oder später auch eine wirkliche Wandlung. Sie besteht nach Dürckheim darin, sich nun auf den inneren Weg zu begeben und beispielsweise mit dem Meditieren zu beginnen.

Es kommt aber auch vor, dass das transzendente Wesen bei einem Menschen irgendwann während seines Erwachsenseins ganz spontan aus der Tiefe seines Kernschattens heraus in seinem Bewusstsein auftaucht und von dem jeweiligen Menschen dort dann unmittelbar erfahren wird. Solche Seinserfahrungen ereignen sich nach Dürckheim am ehesten in besonders bedrohlichen oder in

---

[77] Dürckheim, *Meditieren* (1976), S. 91.

besonders beglückenden Situationen. Die besonders bedrohlichen Situationen sind solche, in denen eine der drei Grundnöte droht, also entweder die Vernichtung oder die Verzweiflung oder die Vereinsamung; geeignete beglückende Situationen ergeben sich mitunter beispielsweise in der freien Natur oder angesichts von großer Kunst oder in der erotischen Zweisamkeit.

Entscheidend für das spontane Auftreten einer Seinserfahrung ist aber letztendlich nicht so sehr die äußere Situation, als vielmehr die innere Verfassung des jeweiligen Menschen. Ob ein Mensch den Ruf des überweltlichen Seins zu vernehmen vermag, wenn dieser aus den Tiefen seines Wesens in ihm aufklingt, das hängt davon ab, wie sehr er selbst innerlich verkrustet oder durchlässig ist. Ähnliches gilt auch für seine Antwort auf einen solchen Ruf. Ob er auf ihn ansprechen und ihm entsprechen kann, sich also auf eine wirkliche Wandlung gemäß diesem Ruf einzulassen vermag, das hängt davon ab, wieweit er selbst innerlich verhärtet oder noch beweglich genug ist.

Vielleicht sind es durchaus zahlreiche Menschen, in denen während ihres Erwachsenseins irgendwann einmal der Ruf des überweltlichen Seins zumindest leise anklingt. Aber nur wenige erkennen diesen Ruf dann auch in seiner Bedeutsamkeit. Viele Menschen, in denen ein solcher Ruf anklingt, wollen ihn gar nicht in ihrer Bedeutsamkeit erkennen, weil er ansonsten ihre rationale Weltanschauung und ihre eingespielte Lebensordnung erschüttern könnte. So verbringen fast alle Menschen ihr Erwachsenenleben letztendlich doch nahezu ausschließlich in der Auseinandersetzung mit der äußeren Welt.

Das Alter

Das Alter ist oftmals regelrecht geprägt durch die drei Grundnöte. Diese drohen nun teilweise noch sehr viel zwangsläufiger als zuvor während des Erwachsenseins. Die erste Not erwächst hier aus dem Nachlassen der körperlichen und geistigen Kräfte. Im Alter wird der

Mensch fast immer mit Krankheit konfrontiert sowie oft auch mit Siechtum und schließlich unausweichlich mit dem Tod. Die zweite Not ist der Verlust von Sinn. Dieser droht nun für viele Menschen vor allem dann, wenn sie nichts mehr leisten und nicht mehr nützlich sein können – weder in einer beruflichen Tätigkeit, noch für die eigenen Familienangehörigen. Und die dritte Not ist die Vereinsamung, die im Alter ebenfalls droht, etwa wenn der eigene Partner stirbt oder von den nahen Freunden einer nach dem anderen.

Im Alter ergeben sich die drei Grundnöte vor allem aus einem Abnehmen der eigenen Kräfte und aus einem Abnehmen von äußeren Faktoren wie etwa sinngebenden Verpflichtungen und haltgebenden Beziehungen. Doch gerade dieses Abnehmen kann für den alten Menschen auch eine Chance beinhalten, sich für das Eine zu bereiten, das not tut, nämlich immer durchlässiger zu werden für das im eigenen Wesen anwesende und zum Offenbarwerden drängende überweltliche Sein. Wenn es einem alten Menschen gelingt oder zuteil wird, sich für dieses Eine, Nottuende und damit zugleich Notwendige, zu öffnen, dann kann er dadurch die Not seiner Grundnöte wenden und im äußeren Abnehmen innerlich zunehmen.

Sich auf das Eine, das not tut, zu sammeln, gelingt dem alten Menschen am besten, indem er sich in der rechten Weise dem Nichtstun widmet. Dafür ist, zumindest am Anfang, durchaus Disziplin erforderlich. Es geht hier darum, die Augenblicke des Nichtstuns, etwa des einfachen stillen Dasitzens, voll auszukosten und dabei vor allem die innere Möglichkeit zu nutzen, die in einem solchen Nichtstun liegt, nämlich die Möglichkeit eines Schauens oder Horchens nach innen. Wenn es einem alten Menschen gelingt, bei einem solchen nach innen gewandten Schauen oder Horchen zu verweilen, dann hat er die Chance, dabei etwas zu vernehmen, was aus seinem tiefsten Inneren aufleuchtet, ihn vielleicht nur ganz leise berührt, aber von jener Qualität erfüllt ist, die Dürckheim das Numinose nennt.

Gerade das Nachlassen der eigenen natürlichen Kräfte und der hilfreichen äußeren Faktoren kann beim alten Menschen das innere

Hervorkommen des übernatürlichen Seins erleichtern. So kann ausgerechnet das äußere Abnehmen beim alten Menschen zu einem inneren Zunehmen werden. Es ist ein Zunehmen aus dem Wesen, das zu einer besonderen Kraft führt sowie zu einer besonderen Weisheit und einer besonderen Güte. Diese zeigen sich beim alten Menschen vor allem in einer entsprechenden Bereitschaft zum Hinnehmen sowie einer entsprechenden Freiheit zum Lassen und einer entsprechenden Fähigkeit zu Versöhnung. Demgemäß bezeugt der Mensch im Alter, insofern er innerlich durchlässig geworden ist für das überweltliche Sein, jenes nun in der äußeren Welt vor allem durch seine Ausstrahlung. „Er strahlt etwas Lichtes aus, Wärme, Sicherheit, Angstlosigkeit."[78]

Das Sterben

Sogar im Sterben noch kann sich das Tor zum jenseitigen Geheimen in einem Menschen öffnen, kurz bevor er selbst dann ins Jenseits übergeht. Gerade über dem abgründigen Geschehen des Sterbens leuchtet das überweltliche Sein wie ein geheimnisvoller Stern der Wahrheit. Es ist die Wahrheit des unendlichen Ursprungs, der hier nun das Ende des Endlichen fordert. Das irdische Leben geht im Sterben unweigerlich zu Ende, doch das überweltliche *Leben* nimmt den Menschen auf.

Aber das Ich vergeht im Sterben zumeist nicht kampflos. Es macht sich jetzt noch einmal ganz stark, mobilisiert noch einmal alle ihm verfügbaren Kräfte, um gegen den Tod zu rebellieren und sich selbst am Leben zu halten. Ein solcher Todeskampf bleibt kaum einem Menschen erspart, der sein Sterben bei Bewusstsein erlebt. Doch gerade wo dieser Kampf besonders stark ist, kann dann im Eingehen des Ichs das große *Leben* auch in besonderer Weise aufgehen.

---

[78] Dürckheim, *Transzendenz* (1984), S. 177.

Wenn das Ich endlich nachgibt und sich dreingibt in das Sterben, wenn der Mensch seinen Körper loslässt und alle Widerstände in ihm schwinden gegen den Tod, dann kann sich ganz tief in seinem Inneren jenes Tor öffnen, hinter dem die Wahrheit des Wesens immerzu anwesend ist. „Nun bricht sie hervor, dringt ein in die noch plastische Materie des Gesichts und es vollzieht sich auf ihm jene Verwandlung, die man die Verklärung des Antlitzes genannt hat."[79]

Der Tod ist, so Dürckheim, nicht nur das Ende des irdischen Lebens, sondern zugleich auch ein Anfang. Er ist der Übergang in die himmlische Heimat des Menschen. So verlangt und beinhaltet der Tod letztendlich das große Lassen: das Loslassen und das Sich-Lassen, das Sich-Eingehenlassen im Sterben und das Sich-Einswerdenlassen mit dem Seinsgrund.

---

[79] Dürckheim, *Meister* (1983), S. 177.

Der Leib

Der lebendige Mensch ist eine Ganzheit aus Leib und Seele, er ist immer Seele und Leib zugleich. „Der Leib *ist* der Mensch in der Weise, wie er als lebendige Gestalt in der Welt *da* ist."[80] Der Mensch erscheint in der Welt als Leib und er verhält sich dort auch als Leib. Der Archetyp des Selbst repräsentiert vor allem das Ganze der Seele. Das Ganze des Menschen umfasst das Ganze der Seele und den Leib des Menschen als eine Einheit.

In unserer Zeit jedoch ist es gerade in der westlichen Welt für nahezu alle Menschen normal, ihren eigenen Körper lediglich als etwas zu erleben, das sie *haben*. Das Ich stellt sich dem eigenen Körper gegenüber. Es versteht den Körper lediglich als ein Instrument, mit dem es in der Welt zu bestehen hat. Dementsprechend wird der eigene Körper trainiert und gepflegt. Bei dem Körper, den wir haben, geht es um Gesundheit und um Leistung oder Schönheit.

Für denjenigen Menschen, der sich um eine spirituelle Weiterentwicklung bemüht, ist es jedoch wichtig, sich wieder seines Körpers als des Leibes innezuwerden, der er selbst *ist*. Es ist er selbst, der sich in seinem Körper darlebt und eben ›darleibt‹. Die Standfestigkeit seines Körpers ist zugleich seine eigene Standfestigkeit als Person. Es ist er selbst, der sich in den Verspannungen seines Körpers festhält und in seiner Erschlaffung gehen lässt.

---

[80] Dürckheim, *Meditieren* (1976), S. 119.

Hara – die Erdmitte des Menschen

Der Hara ist zunächst einmal ein bestimmter Bereich des Körpers, nämlich der Bauch-Becken-Raum, die Leibesmitte. Der Mittelpunkt dieses Bereiches befindet sich ein wenig unterhalb des Bauchnabels. Recht eigentlich aber bedeutet Hara eine bestimmte Verfassung des Menschen, die darin besteht, dass der Mensch seinen leiblichen Schwerpunkt tatsächlich im Bauch-Becken-Raum hat und dass er auch als Person in diesem Bereich gut verwurzelt ist. Hierzu muss jener Bereich jedoch selbst sowohl gelöst wie zugleich auch gefestigt sein.

Hara ist gleichsam die Erdmitte des Menschen und dessen Wurzelgrund. Im Hara verwurzelt zu sein heißt eine gute Erdung zu haben. Wichtig ist Hara vor allem deshalb, weil darin laut Dürckheim ein dem Menschen mitgegebener ›Schatz des Lebens‹ verborgen ist, der während der Entwicklung zum eigenständigen Ich fast immer verloren geht, dessen Wiederentdeckung und Übung aber die Voraussetzung ist, für eine umfassende Gesundheit und für personale Reife.

Den meisten Menschen gerät im Zuge der Entwicklung zum eigenständigen Ich das Gehäuse dieses Ichs zu starr und damit zugleich ihr Schwerpunkt im Körper zu weit nach oben, in den Brustraum hinein. Manchen Menschen gelingt es aber auch während ihrer Entwicklung in Kindheit und Jugend gar nicht, für ihr Ich überhaupt ein richtiges Gehäuse auszubilden und so geht ihnen auch im Körper der zentrierende Schwerpunkt verloren. Dadurch sind nur sehr wenige Menschen wirklich in ihrem Bauch-Becken-Raum verwurzelt.

Erschwert wird die Verwirklichung von Hara bei vielen Menschen auch durch Verspannungen, die sie direkt in ihrem Bauch-Becken-Raum haben. Solche Verspannungen sind zumeist Ausdruck von mangelnder Gelassenheit und von Lebensangst – und sie sind zugleich Anzeichen vielfältiger Verdrängungen, etwa sexueller Art. So befinden sich im Bauch-Becken-Raum für gewöhnlich viele verdrängte Schattenkräfte, durch welche dieser Raum gleichsam verunreinigt ist.

Hara zu verwirklichen bedeutet für die meisten Menschen, den Schwerpunkt ihres Leibes nach unten, in den Bauch-Becken-Raum zu verlagern. Für manche Menschen bedeutet es aber auch, dort überhaupt erst wieder einen zentrierenden Schwerpunkt aufzubauen. Außerdem bedeutet es für viele Menschen, ihre Verspannungen in jenem Bereich zu lösen und die Schattenkräfte aus jenem Bereich zu erkennen und zu assimilieren. Das Ziel ist eine gelöstgefestigte Leibesmitte. Diese gilt es ganz bewusst zu realisieren. Hara als eine Verfassung des ganzen Menschen ist erst dann vorhanden, wenn der jeweilige Mensch den rechten Schwerpunkt in seiner Bedeutung erfahren hat und diese Erfahrung nun *bewusst* seine Haltung bestimmt.

Um sich im Bauch-Becken-Raum zu verwurzeln und damit den rechten Schwerpunkt zu erlangen, muss der jeweilige Mensch *sich selbst* ganz bewusst in diesem Bereich seines Leibes niederlassen. Ein solches Sich-Niederlassen kann nur nach und nach in kleinen Schritten vonstatten gehen. Es beinhaltet, dass der jeweilige Mensch sich immer wieder neu in jenen Bereich hineinspürt, dass er sich dort jeweils einerseits weich werden lässt, und doch andererseits auch etwas Kraft dort hinein gibt, um in diesem Bereich an Festigkeit zu gewinnen.

Wenn es einem Menschen gelingt, sich in seinem Bauch-Becken-Raum niederzulassen, dann wird ihm der ›Schatz des Lebens‹ zugänglich, der dort verborgen ist. Bei jenem Schatz handelt es sich um die mütterliche Erdkraft. Dies ist eine bergende und tragende, haltende und formende, ernährende und erneuernde, lösende und verwandelnde Kraft. Letztendlich ist es vor allem diese Kraft, die durch die Verspannungen im Bauch-Becken-Raum bei den meisten Menschen blockiert ist.

Während sich der Mensch in Kindheit und Jugend körperlich, seelisch und geistig entwickelt, kann sich bei ihm gerade der Bauch-Becken-Raum mit der in ihm vorhandenen Erdkraft zumeist nicht entfalten. Nach Dürkheim findet sich bereits in den ersten Lebensjahren des jeweils Betroffenen die Ursache dafür, warum dieser Raum zumeist blockiert ist. Und zwar wird jener Raum hier vor allem durch ein problematisches Verhältnis der Mutter zum Kind verstellt und an seiner Entfaltung gehindert. Dieses Verhältnis kann etwa darin bestehen, dass sie ihm die zum Wachstum erforderliche Wärme versagt, oder aber darin, dass sie das Kind in einer besitzergreifenden Liebe regelrecht verschlingt. Um den ›Schatz des Lebens‹ heben zu können, muss sich der jeweilige Mensch nun später als Erwachsener ganz bewusst der dort anwesenden Erdkraft öffnen. Die innere Bewegung zu dieser Erdkraft hin kann jedoch leicht Angst bereiten. Menschen, bei denen der Bauch-Becken-Raum bislang blockiert war, erleben die Kraft dort oft zunächst als eine unheimlich anziehende oder als eine bedrohlich dämonische Macht.

Gelingt es einem Menschen, nach und nach Hara zu verwirklichen, dann gewinnt er dort einen neuen Schwerpunkt, und es wächst ihm von dort her die Erdkraft zu, welche ihn fortan trägt und hält. So braucht er sein Leben nun nicht mehr ausschließlich von seinem Ich her und kraft seines Ichs zu führen, sondern kann sich dafür zusätzlich auch auf seinen Wurzelgrund verlassen. In dem Maße, in dem er sich in seinem Bauch-Becken-Raum niederlässt, vermag er die Identifikation mit seinem Ich zu lockern. Er befreit sich dadurch gleichsam vom Bann seines Ichs. Sein Ich verliert an Dominanz sowie an Ängstlichkeit und an Eitelkeit und verbindet sich stattdessen mit dem übrigen Ganzen des jeweiligen Menschen. Dadurch wird es gleichsam zu einem großen Selbst, welches auch zu unbewussten Kräften einen Zugang hat, wie etwa zu solchen der Intuition oder des eigenen Gemüts, also der inneren Gefühlswelt.

Körperlich hat ein Mensch, der über Hara verfügt, eine aufrechte Haltung und einen festen Stand. Seine Bewegungen entspringen allesamt der Erdmitte seines Leibes. Sie sind harmonisch und gut koordiniert und weder steif noch schlaff. So erscheint der Mensch mit

Hara anmutig. „Er sitzt, steht und bewegt sich mit einer natürlichen Souveränität."[81]

Seelisch gibt Hara dem Menschen ein positives und stabiles Selbstwertgefühl. Das im Hara verankerte Selbstbewusstsein ist das Bewusstsein eines Selbstes, das mehr umfasst und vermag als das bloße Ich. Ein solches Selbst kann nicht so leicht irritiert oder verletzt werden, wie das kleine Ich des Menschen. Ein Mensch mit einem nur kleinen Ich und ohne gefestigten Hara hat hingegen oft einen Minderwertigkeitskomplex und, damit einhergehend, zugleich auch Überwertigkeitstendenzen.

Durch die Befreiung des Menschen aus dem Bann seines Ichs, die Hara ermöglicht, löst sich zugleich auch das Denken des jeweiligen Menschen aus dem Gefüge seiner fixierten Vorstellungen und Überzeugungen. Indem der Mensch sich in seiner Erdmitte niederlässt, kann er mit seinem Geist zu einem visionären Denken aufsteigen. So ist eine gelungene Verankerung im Hara auch die Voraussetzung für ein zuverlässiges Walten der schöpferischen Fantasie.

Wenn ein Mensch gut in seinem Bauch-Becken-Raum verwurzelt ist, kann Hara für ihn sogar wie ein alchemistischer Schmelztiegel wirken. In diesem Schmelztiegel können dann einerseits sowohl erstarrte Gewohnheiten des Ichs wie auch muskuläre Verspannungen des Körpers eingeschmolzen und damit aufgeweicht werden. Andererseits können hier auch elementare Lebensimpulse, die destruktiv geworden sind oder zu werden drohen, eingeschmolzen und dadurch in gesunde Lebenskräfte umgewandelt werden.

Hara ist, als Erdmitte des Menschen, außerdem zugleich ein feinstoffliches Zentrum. Als solches entspricht es dem chinesischen Tan Tien. Wenn ein Mensch gut in seinem Bauch-Becken-Raum verwurzelt ist, fließt ihm aus dem Tan Tien beziehungsweise aus der feinstofflichen Sphäre von Hara vermehrt jene kosmische Energie zu, die gemeinhin als Ki oder Chi bezeichnet wird. Diese Energie kann

---

[81] Dürckheim, *Hara* (1978), S. 168.

die physische Muskelkraft und die körperliche Selbstheilungskraft des jeweiligen Menschen verstärken und mitunter sogar ersetzen.

Ein Mensch, der sich im Hara verwurzelt hat, erfährt durch diese Verwurzelung nach und nach einen Vorgeschmack auf seine Teilhabe an der Dreieinheit des überweltlichen Lebens. Dieser Vorgeschmack bekundet sich in dreierlei Weise. Erstens erfährt der jeweilige Mensch nun eine neue Standfestigkeit, zweitens erfährt er eine neue Weite und drittens erfährt er eine neue Nähe. Die neue Standfestigkeit befreit ihn von den Ängstlichkeiten und Eitelkeiten seines Ichs und befähigt ihn stattdessen, in jeder Situation tatsächlich alle in ihm vorhandenen Kräfte und Fähigkeiten einzusetzen. Er vermag nun wirklich aus seiner Mitte heraus zu handeln. Ein solches Handeln aus der Mitte ist zugleich ein Handeln aus der Ganzheit. Außerdem erfährt der im Hara verankerte Mensch eine Weite des Lebens, in der auch jene Begebenheiten und Erfahrungen von ihm ihren sinnvollen Platz finden, bei denen von seinem Ich her kein verstehendes Einordnen mehr möglich ist. Die Nähe, die der Mensch mit der Verwirklichung von Hara gewinnt, ist ebenfalls eine ganz besondere Nähe zu den Mitmenschen und zu anderen Lebewesen, zu den Dingen der Welt und zu Gott. In dieser Nähe fühlt sich der jeweilige Mensch nicht einfach nur von diesem oder jenem aufgenommen, sondern im Leben insgesamt liebevoll aufgehoben und geborgen.

Letztendlich geht es bei der Verwirklichung von Hara darum, innerlich für das transzendente große Leben, das überweltliche Sein, bereit zu werden. „Die Möglichkeit zu einem Leben aus dem Wesen im Dienst des in ihm anwesenden Seins ist der tiefere Sinn von Hara."[82] In dem Maße, als der Mensch seinen Schwerpunkt im Hara gewinnt und die Identifikation mit seinem Welt-Ich lockert, kann er innerlich durchlässig werden für das überweltliche Sein und für sein eigenes transzendentes Wesen.

---

[82] Dürckheim, *Hara* (1978), S. 99.

Unmittelbare Erfahrungen des überweltlichen Seins haben eine bestimmte Bewusstseinslage zur Voraussetzung. In ihr tritt die Erfahrung der Gegensätzlichkeit von Subjekt und Objekt zurück und so kann sie dann durchdrungen werden vom Innesein der Einheit des überweltlichen Seins. Genauso wie die Durchlässigkeit zum Sein hin wird diese Bewusstseinslage ebenfalls erleichtert durch eine Verwurzelung im Hara, während sie verhindert bleibt, solange der Mensch völlig mit seinem gegenständlich-fixierenden Ich identifiziert ist. Außerdem erleichtert Hara dem Menschen die Verwirklichung von Achtsamkeit. „Je mehr der Mensch im Hara zentriert ist, umso leichter fällt ihm die Präsenz im Hier und Jetzt. Er ist das Gegenteil von zerstreut – er ist versammelt."[83] Auch ein solches Versammeltsein begünstigt wiederum das Auftreten von Seinserfahrungen.

Durch eine Verwurzelung im Hara wird das Ich des jeweiligen Menschen gleichsam zu einem großen Selbst. Mit einer zunehmenden Durchlässigkeit zum überweltlichen Sein hin und durch unmittelbare Erfahrungen jenes Seins kann dieses Ich dann zum geglückten Welt-Ich wachsen – und sich dadurch zugleich zum wahren Selbst hin erweitern.

Die Körperhaltung

Die richtige Körperhaltung des Menschen ist stets eine, die sich aus dem natürlichen Schwerpunkt seines Leibes ergibt, und dieser befindet sich im Bauch-Becken-Raum etwas unterhalb des Nabels. Wenn es einem Menschen gelingt, sich im Hara, seiner Erdmitte zu verankern, dann gelangt er von dort aus auch immer wieder ganz von selbst in die richtige Körperhaltung.

Ganz allgemein befindet sich der Mensch zu jeder Zeit in einer bestimmten Haltung. Er ist entweder in seiner Mitte zentriert und im

---

[83] Dürckheim, *Hara* (1978), S. 126

rechten Schwerpunkt versammelt oder es mangelt ihm an Mitte und er ist damit aus seinem Lot. Befindet sich der Schwerpunkt des Menschen nicht im Bauch-Becken-Raum, so ergibt sich daraus automatisch eine falsche Körperhaltung. Diese kann dann mehr oder weniger stark ausgeprägt sein.

Bei vielen Menschen etwa befindet sich der Schwerpunkt zu weit oben. Dies gilt beispielsweise für jene Menschen, die körperlich das ›Brust raus – Bauch rein‹ verinnerlicht haben. Eine Körperhaltung mit dem Schwerpunkt zu weit oben ist Ausdruck von starken Sicherungsbestrebungen. Psychisch ist sie typisch für Menschen, die starr mit ihrem kleinen Ich identifiziert sind und die von daher stets vor allem ihre Position halten und sichern wollen.

Die entgegengesetzte Art der falschen Körperhaltung liegt immer dann vor, wenn der jeweilige Mensch seinen Schwerpunkt gleichsam verloren hat und dementsprechend körperlich nach unten hin abgesackt ist. Diese Haltung ist typisch für viele solcher Menschen, denen es in ihrer Kindheit und Jugend nicht gelungen ist, überhaupt ein weltkräftiges Ich aufzubauen. Dementsprechend ist sie Ausdruck einer seelischen Haltlosigkeit.

Die falschen Körperhaltungen zeigen sich sowohl im Gehen wie auch im Sitzen. Menschen, die in ihrer Körperhaltung zu sehr nach oben hin ausgerichtet sind, erscheinen nach dorthin übertrieben gereckt. Sie trippeln beim Gehen und bleiben auch beim Sitzen verspannt. Menschen, die in ihrer Körperhaltung zu sehr nach unten hin ausgerichtet sind, fallen nach dorthin scheinbar auseinander. Sie schleppen sich im Gehen dahin und erschlaffen im Sitzen vollständig. Die richtige Körperhaltung hingegen ist beim Gehen wie beim Sitzen eine aufrechte Haltung mit einem ausgewogenen Schwerpunkt in der Leibesmitte. Die jeweiligen Menschen gehen und sitzen aufrecht und anmutig, gelöst und gespannt zugleich.

Der Muskeltonus

Der Muskeltonus ist der Spannungszustand der Muskeln. Genauer gesagt geht es hierbei für Dürckheim darum, wie der Mensch selbst gespannt ist, in seinen Muskeln. Der Leib des Menschen bringt hier immer eine bestimmte Spannungsformel zum Ausdruck. „Sie bekundet ein bestimmtes Verhältnis von *Spannung und Lösung*. Ist dieses in Ordnung, dann besteht ein schwingendes Gleichgewicht."[84] Es ist ein Gleichgewicht zwischen Gespanntheit und Gelöstheit der Muskeln im Ganzen des Leibes.

Spannung und Entspannung oder Gespanntheit und Gelöstheit sind für Dürckheim zwei Seiten eines jeden lebendigen Ganzen. Je nach der aktuellen Lebenssituation befindet sich hier ein Mensch und damit zugleich auch seine Muskulatur eher in einem Zustand der Anspannung oder eher in einem solchen der Entspannung. Wenn ein Mensch mit seiner Muskulatur ein stimmiges Ganzes darstellt, dann bilden Spannung und Lösung in seinem Leib ein organisch ineinander schwingendes System. In diesem System ergänzen sich Spannung und Lösung gleichzeitig oder wechseln sich rhythmisch ab: Spannung erholt sich in Lösung; Lösung befähigt zur Spannung.

Allerdings verwirklicht sich im Menschen unserer Zeit nach Dürckheim nur selten die Formel eines Ganzen, das im rechten Verhältnis von Spannung und Lösung stimmig schwingt. Fast immer ist dieses Verhältnis gestört. Ein gestörtes Gleichgewicht zwischen Gespanntheit und Gelöstheit zeigt sich entweder darin, dass die Muskeln des betroffenen Menschen zu sehr angespannt sind, oder darin, dass sie zu sehr gelöst sind. Zu viel Spannung ist Verspannung oder Verkrampfung, zu viel Lösung ist Erschlaffung oder Auflösung. Bei der Verkrampfung ist es letztendlich der jeweilige Mensch selbst, der in seinen Muskeln zu sehr angespannt ist, und bei der

---

[84] Dürckheim, *Erlebnis* (1982), S. 124.

Auflösung ist es ebenso der jeweilige Mensch selbst, der in seinen Muskeln zu sehr gelöst ist.

Erschlaffung und Verkrampfung der Muskulatur sind Fehlformen des Leibes – und zugleich ein entsprechender Ausdruck des jeweiligen Menschen: „In den *Fehlformen des Leibes*, insbesondere in *Auflösung* und *Verspannung*, erscheinen *Fehlhaltungen der Person*. So beispielsweise in der Verspannung Ehrgeiz, Eitelkeit, Misstrauen und Angst, wie im plötzlichen Nachlassen der Kräfte nicht nur physische Erschöpfung, sondern Entmutigung und schwindendes Selbstvertrauen."[85] Erschlaffungen und Verspannungen der Muskulatur können auch chronisch sein. Oft sind sie dann typisch für einen Menschen mit einem nur schwachen oder einem eher starren Ich-Gehäuse. Menschen mit einem starren Ich-Gehäuse haben für gewöhnlich übermäßig viel Verspanntheit in ihrer Muskulatur und solche mit einem schwachen Ich-Gehäuse oft überdurchschnittlich viel Erschlaffung.

Muskuläre Verspannungen sind, verglichen mit Erschlaffungen, bei weitem das häufigere Problem – gerade auch in den westlichen Industrienationen. Solche Verspannungen können verschiedene Ursachen haben. Oft sind sie Ausdruck einer aktuellen Überforderung durch die eigene Lebenssituation, oft aber auch die Folge von vergangenen traumatischen Erfahrungen. Der Leib hat hier ein psychisches Gedächtnis, das bis in die Kindheit zurückreicht. Was immer einem Menschen in seiner Vergangenheit an seelischen Leiden widerfuhr, hat natürlicherweise auch seinen Leib betroffen und sich im Relief seiner Muskelspannungen verzeichnet.

Viele muskuläre Verspannungen sind also einerseits eingefleischte Erinnerungen an leidvolle Lebenserfahrungen bis zurück zu schmerzhaften Kindheitstraumata. Andererseits bilden sie zugleich auch zusammengenommen einen eingefleischten Schutzpanzer, den der jeweilige Mensch ausgebildet hat, um sich gegen eine Wie-

---

[85] Dürckheim, *Leib* (1977), S. 18.

derholung der bereits erfahrenen Enttäuschungen und Verletzungen abzusichern. Psychisch zeigt sich dieser Schutzpanzer als ein ganzes System aus Denkweisen und Verhaltensgewohnheiten, mit denen der jeweilige Mensch sich in der Welt absichert. Jenes Sicherungssystem, das ihn in seiner personalen Existenz beruhigen soll, und die ständige Sorge um dessen Bestand sind es, die zu einer mehr oder weniger ununterbrochenen Verspanntheit des ganzen Menschen führen.

Heutzutage ist eine ununterbrochene Verspanntheit des ganzen Menschen weit verbreitet. Am deutlichsten zeigt sich diese für Dürckheim zumeist in einer chronischen Verkrampfung der Schultermuskulatur. In dieser erscheint die Vorherrschaft des sicherungsbedürftigen kleinen Ichs und ein ausgeprägtes Misstrauen gegenüber der Welt und dem Leben, das auf einem Mangel an Selbstbewusstsein beruht. Ständig verspannte Schultern beinhalten damit immer auch eingefleischte Erinnerungen an jene schmerzhaften Kindheitserfahrungen, die das Selbstbewusstsein des betroffenen Menschen damals untergraben haben – und sie beinhalten zugleich, daraus folgend, eine ständige eingefleischte Abwehrbereitschaft gegen die Welt und das Leben. Die Welt und das Leben werden hier bewusst oder unbewusst mehr oder weniger durchgängig als bedrohlich und überfordernd erlebt.

Menschen, die von muskulärer Verspanntheit geplagt sind, suchen ihre Zuflucht gerne immer wieder in körperlicher Erschlaffung. Wirklich heilsam hingegen wäre für sie die rechte Entspannung. Dies ist eine Entspannung, in welcher der jeweilige Mensch zunächst einmal seine Verspannungen, vor allem in den Gliedern, loslässt, bis seine Glieder wohlig schwer werden, und in der er daraufhin auch *sich selbst* widerstandslos in seine nun wohlig schwer werdenden Glieder einlässt – ohne dabei einzuschlafen. In einem solchen Zustand der rechten Entspannung kann dem jeweiligen Menschen etwas qualitativ Neues zuteil werden, nämlich eine wohlige Wärme und eine ihn tragende Entgrenzung, in der er in etwas

Umfassenderen aufgehoben und zugleich tief in sich selbst geborgen ist.

Die Atembewegung

Körperlich besteht die Atembewegung aus dem Einziehen und Ausblasen von Luft. Doch für den Menschen als Leib ist sie stets zugleich eine Gebärde, mit der er sich selbst zum Ausdruck bringt. Der rechte Atem wird nicht gemacht, sondern kommt und geht ganz automatisch, ohne bewusste oder unbewusste Steuerung oder Hemmung seitens des Ichs. Wie die rechte Körperhaltung, so hängt auch der rechte Atem ab von einer Verwurzelung des Menschen im Hara, der Erdmitte. „Im gestörten oder zu kurzen Atem kommt zum Ausdruck, dass der Atmende selbst gestört ist!"[86] So insbesondere, wenn der Mensch zu flach atmet oder zu weit oben. In einer solchen Atmung zeigt sich ein Mensch, der ganz gefangen ist in seinem kleinen Ich, stets bedacht auf Sicherung und wenig offen für seine Mitmenschen und die Welt. In seiner vertrauensarmen Ichbefangenheit glaubt er sogar, seinen Atem selbst machen und überwachen zu müssen. Er lässt ihn nicht einfach kommen und wieder gehen, sondern er zieht ihn aktiv hinein und lässt ihn nur verhalten wieder heraus.

Die natürliche Atemtätigkeit des Zwerchfells führt automatisch zum rechten Atem. Der am häufigsten auftretende Fehler beim Atmen ist der, dass der Mensch nicht aus seiner Mitte atmet, sondern zu weit oben. Hier wird die unbewusste Tätigkeit des Zwerchfells durch eine Tätigkeit der Brustmuskulatur ersetzt. Eine solche Fehlatmung ist zum Beispiel typisch für Menschen mit einem starren Ich-Gehäuse, also eben für solche, die aus starken Sicherungsbestrebungen heraus stets alles unter Kontrolle haben müssen.

---

[86] Dürckheim, *Hara* (1978), S. 144.

Oft ist die Brustmuskulatur aber nicht nur unrechtmäßig in die Atemtätigkeit mit einbezogen, sondern auch noch ihrerseits aufgrund von unbewussten Ängsten deutlich verspannt. Daraus ergibt sich dann zusätzlich ein flacher Atem. Gerade auch diejenigen Menschen mit einem schwachen Ich-Gehäuse zeigen oft einen solchen flachen Atem und eine ängstliche Verspanntheit in der Brust. Viele Menschen mit einem starren Ich-Gehäuse haben aber ebenfalls nur einen flachen Atem.

Letztendlich ist der Atem für Dürckheim ein Ausdruck der ewigen Verwandlungsbewegung. „Im Atem spiegelt sich das Maß und die Weise, in der der Mensch dem Gesetz der Verwandlung gehorcht, das im Rhythmus von Yin und Yang, von Aus und Ein, von Stirb und Werde offenbar wird."[87] Dürckheim setzt hier bewusst das Ausatmen vor das Einatmen, ganz gemäß der Formel vom ›Stirb und Werde‹. Biologisch folgt zwar der Tod für gewöhnlich erst irgendwann nach der Geburt, doch in der inneren Wandlung liegt das Sterben vor dem Werden. Physikalisch müssen wir mit dem Einatmen erst Luft in uns aufnehmen, bevor wie sie dann mit dem Ausatmen wieder fortgeben können, doch in der inneren Wandlung ist erst ein Sich-Hergeben und ein Entwerden im Ausatmen notwendig, bevor dann ein Sich-Neuempfangen und ein Neuwerden im Einatmen möglich werden kann. Im vollen Ausströmenlassen des Atems bekundet sich Vertrauen zu sich selbst und ins Leben. Bei solchen Menschen hingegen, die sich selbst und dem Leben misstrauen, ist der Atem verhalten.

Sowohl das Sich-Hergeben als auch das Sich-Zurückempfangen oder gar ein Sich-Neuempfangen des Menschen zeigen sich in seinem Ausatmen und in seinem Einatmen. Der Mensch mit dem gestörten Atem setzt seinen Widerstand nicht nur dem Ausatmen entgegen, sondern damit zugleich auch dem Sich-Hergeben. Dementsprechend kann er dann auch nicht einfach vertrauensvoll das

---

[87] Dürckheim, *Hara* (1978), S. 151.

Sich-Zurückempfangen geschehen lassen, sondern muss dem Einatmen von seinem Ich her unbewusst nachhelfen.

Der Leib des Menschen in verschiedenen Relationen

Dürckheim betrachtet den Menschen als Leib in verschiedenen Relationen, und zwar erstens im Verhältnis zu Himmel und Erde, zweitens in Relation zur Außenwelt und drittens im Verhältnis zum Innenleben. Körperhaltung, Muskeltonus und Atembewegung bilden dabei für ihn zusammengenommen eine zentrale Lebensformel des Menschen. Hier sind zum Beispiel der Muskeltonus und die Atembewegung eng miteinander verbunden, sodass sich der Mensch beim Einatmen insgesamt in einem etwas höheren Spannungszustand befindet als beim Ausatmen. Die Muskulatur ist beim Einatmen etwas fester und beim Ausatmen etwas weicher.

Jedes Missverhältnis des Menschen in Relation zu Himmel und Erde, Außenwelt und Innenleben zeigt sich in einer entsprechenden Störung des Leibes – genauso wie auch jedes Leiden eines Menschen stets einhergeht mit einer Störung seiner Haltung, seiner Muskelspannung und seiner Atmung.

Die Relation des Menschen als Leib zu Himmel und Erde zeigt sich vor allem in seiner Körperhaltung. Diejenigen Menschen, die in ihrer Haltung nach oben hin verspannt sind, streben damit gleichsam zu sehr gen Himmel, und diejenigen, die nach unten hin erschlafft sind, sinken damit zu sehr gen Erde. Der Mensch mit dem rechten Verhältnis zu Himmel und Erde lässt sich von der Erde tragen und ist zum Himmel hin aufgerichtet. Seinen Schwerpunkt hat er im Hara, der Leibesmitte.

Eine solche Verwirklichung von Hara ist jedoch normalerweise keineswegs einfach ein Geschenk der Natur, sondern stattdessen das Ergebnis einer langwierigen Entwicklung, in der sich der jeweilige Mensch nach und nach aktiv in seinem Bauch-Becken-Raum verwurzelt – und diese Entwicklung kann noch darüber hinausgehen, denn Hara ist zwar die Erdmitte des Menschen, aber noch nicht dessen wahre Mitte.

Der Erdmitte gegenüber steht die Himmelsmitte. Jene existiert als Geist des Menschen in seinem Kopf. In seinem Bauch-Becken-Raum findet der Mensch, wenn er sich dort hinein vertrauensvoll verwurzelt, einen Zugang zur kosmischen Erdkraft; in seinem Geist findet er, wenn er sich von dort her visionär öffnet, einen Zugang zur inbildlichen Himmelsordnung. Diese besteht aus den universal und unpersönlich wirkenden Mächten der transzendenten Werte und Urideen.

In seine wahre Mitte gelangt der Mensch jedoch erst durch eine Integration von Himmel und Erde. Diese Mitte ist, raumsymbolisch gesehen, das Herz. „Aber das Herz, das hier gemeint ist, ist nicht das Herz, darin der Mensch gefühlsmäßig im Guten und Bösen an der Welt haftet, sondern das Herz, das erst aufgeht, wo er als Ich alles gelassen hat, eingegangen ist in die Erde, aufgegangen in den Mächten des Himmels und endlich hingefunden hat zu *dem* Punkt, der *in ihm selbst* beide verbindet."[88] Dieses Herz wird von Dürckheim als das ›Große Herz‹ bezeichnet. Nichts desto trotz ist und bleibt Hara, die Erdmitte, für die Körperhaltung des Menschen der rechte Schwerpunkt im Leib.

Das rechte Verhältnis des Menschen zur Außenwelt besteht in Eigenständigkeit und Verbundenheit zugleich. Der jeweilige Mensch ist hier sowohl in sich geschlossen als Individuum wie auch offen zur Welt hin. Das Fehlen eines solchen rechten Verhältnisses zur Welt zeigt sich in Verhaltensweisen, mit denen der Mensch sich entweder gegen die auf ihn zukommende Welt abschließt oder in denen er ihr haltlos ausgeliefert erscheint. So gibt es hier einerseits diejenigen Menschen, die der Außenwelt gegenüber starr verhärtet sind und ihr ständig Widerstand leisten. Sie wirken so, als hätten sie einen harten Panzer auf ihrem Leib. Andererseits gibt es hier diejenigen Men-

---

[88] Dürckheim, *Meister* (1983), S. 170.

schen, die der Außenwelt schutzlos preisgegeben sind und ihr gar keinen Widerstand leisten können. Sie wirken so, als hätten sie überhaupt keine Knochen im Leib.

Das rechte Verhältnis des Menschen zum eigenen Innenleben zeigt sich in einer Form des Ichs und des Leibes, die wie eine Schale wirkt, welche das innere Leben der eigenen Gefühle und Bedürfnisse sowohl bewahrt als auch herauslässt. Hier gibt es ebenfalls zwei Varianten eines Missverhältnisses: Das innere Leben überflutet die Schale oder aber die Schale unterdrückt das innere Leben. Bei der ersten Variante sind das Gehäuse des Ichs und die Muskulatur des Leibes zu schlaff. Die hiervon betroffenen Menschen erscheinen so, als schwappe oder fließe ihr inneres Leben ständig aus ihnen heraus. Ihre Ausdrucksgebärden sind entgrenzt und unkoordiniert. Bei der zweiten Variante sind das Gehäuse des Ichs und die Muskulatur des Leibes zu starr. Die davon betroffenen Menschen erscheinen so, als wäre das Leben in ihnen nahezu vollständig blockiert oder verhärtet. Ihre Ausdrucksgebärden sind steif und stockend. In beiden Fällen fehlt die zentrierende und zugleich entfaltende Mitte.

Das rechte Verhältnis des Menschen zum Innenleben wie zur Außenwelt bedarf der rechten Verfassung des Leibes. Es kann nur verwirklicht werden durch einen Muskeltonus, der immer wieder passend zwischen Spannung und Lösung wechselt, ohne zu verkrampfen oder zu erschlaffen. Außerdem ist für jeden Menschen die rechte Verfassung seines Leibes zugleich auch eine solche, die „unstörbar das ewige Aus und Ein des Atems zulässt, darin er sich in die Welt hineingibt, ohne sich zu verlieren, bei ihr verweilt, ohne verschlungen zu werden, sich zurücknimmt, ohne sich zu trennen, und bei sich bleibt, ohne sich zu verhärten"[89].

Die meisten Menschen haben, so Dürckheim, ein nur kleines Ich in einem starren Gehäuse. Es mangelt ihnen an Vertrauen in das Leben und so sind sie ständig auf Sicherung bedacht. Die Verfas-

---

[89] Dürckheim, *Ursprung* (1978), S. 179.

sung ihres Ichs spiegelt sich in ihrer Lebensformel wider, die ihnen durch Haltung, Spannung und Atmung in ihrem Leib eingefleischt ist. Hier ist einerseits bei ihnen durch diese eingefleischte Lebensformel eine bestimmte Bewusstseinsform in bestimmten ›Verhärtungen‹ des Leibes auch körperlich fixiert, nämlich das gegenständlich-fixierende und sich dadurch absichernde Bewusstsein. Andererseits wird in jenen Verhärtungen des Leibes auch das innere Festhalten an bestimmten Bewusstseinsinhalten zusätzlich noch einmal körperlich fixiert, nämlich vor allem das innere Festhalten an den Sicherungsbestrebungen.

Die Körperhaltung von Menschen mit einem nur kleinen Ich in einem starren Gehäuse ist für gewöhnlich zu sehr gen Himmel gereckt, mit einem Schwerpunkt zu weit oben. Der Außenwelt gegenüber sind sie eher verschlossen und ihr Innenleben ist weitgehend unterdrückt. Dementsprechend ist auch ihre Atmung zu flach und die Spannung ihrer Muskulatur zu hart.

Die gerade beschriebenen Menschen mit dem starren Ich-Gehäuse und der harten Muskulatur bilden für Dürckheim sozusagen den Grundtypus des Menschen unserer modernen Zeit und unserer westlichen Welt. Der entgegengesetzte Typus hat ebenfalls nur ein kleines Ich, jedoch in einem schwachen Gehäuse, und außerdem eine schlaffe Muskulatur. Menschen von diesem Typus fehlt der zentrierende Schwerpunkt und so sacken sie nach unten hin weg, der Erde entgegen. Aufgrund ihres schwachen Ich-Gehäuses sind sie sowohl der Außenwelt wie auch ihrem Innenleben ziemlich schutzlos ausgeliefert.

Der häufigste Typus des Menschen hat also zu viel Muskelspannung im Leib und um sein kleines Ich herum zu viel Gehäuse; der entgegengesetzte Typus hat zu wenig Muskelspannung im Leib und um sein kleines Ich herum zu wenig Gehäuse. Dazwischen gibt es aber auch zahlreiche Mischtypen von Menschen, die in manchen Bereichen oder Situationen des Lebens zu viel Ich-Gehäuse und Muskelspannung haben, und in anderen zu wenig.

Die Gebärden

Der Leib des Menschen ist zeitlebens nicht nur ein materielles Gebilde aus Fleisch und Blut, sondern ein beseelter Körper – und damit immer auch die physische Erscheinungsweise des eigenen Seelischen. Jede Bewegung und jede Haltung des Körpers ist für Dürckheim dementsprechend zugleich eine Gebärde, eine Ausdrucksform des seelischen Erlebens oder der seelischen Verfassung des jeweiligen Menschen. „Der Leib, der man ist, ist die Einheit der Gebärden, in denen man sich als Person ausdrückt und darstellt, in der Welt verwirklicht oder verfehlt."[90]

Es gibt momentane und eingefleischte Gebärden. In den momentanen drückt sich ein vorübergehender Zustand aus, wie etwa Zorn, Schreck, Freude, Überraschung oder Nachdenken; in den eingefleischten zeigt sich eine überdauernde Verfassung, etwa in einer gelöst-aufrechten Körperhaltung ein grundlegendes Vertrauen in das Leben und in chronisch verspannten Schultern eine ständige Abwehrbereitschaft gegen die Welt.

Jede Gebärde eines Menschen ist aber nicht nur ein Ausdruck seiner Stimmung oder seines Charakters, sondern sie bewirkt nach Dürckheim auch stets einen Eindruck in der Stimmung und, wenn sie oft genug wiederholt wird, sogar einen Eindruck im Charakter des jeweiligen Menschen. Eine Gebärde, die Befangenheit ausdrückt, etwa durch ein Stocken des eigenen Atems, verwirklicht diese Befangenheit immer noch mehr. Umgekehrt verwirklicht eine Gebärde, die gelassenes Vertrauen ausdrückt, auf die Dauer auch jenes gelassene Vertrauen. Ein Beispiel für eine solche Gebärde ist das Zulassen des natürlichen Atems.

Eine besondere Art der Gebärde ist die reine Gebärde als spontaner, authentischer und vollständiger Ausdruck beispielsweise eines wichtigen inneren Anliegens oder einer tiefen inneren Stimmung.

---

[90] Dürckheim, *Erlebnis* (1982), S. 46.

Eine solche Gebärde wirkt mit ihrem Ausdruck zugleich auch als Eindruck direkt heilsam auf den jeweiligen Menschen zurück. Dürckheim betont ausdrücklich die heilende Kraft der reinen Gebärde. Der heilsame Effekt besteht hier darin, dass eine entsprechende eigene Gebärde, wenn sie sich aus dem jeweiligen Menschen heraus rein verwirklicht, ihn unmittelbar ein wenig heiler macht in einem emotionalen Konflikt oder bezüglich einer seelischen Störung oder auf dem inneren Weg.

Das Spürbewusstsein

Wenn in dem vorliegenden Buch vom Inneren des Menschen gesprochen wird oder von seinem Innenleben, dann ist damit das Seelische gemeint, also das Seelenleben des Menschen. Es gibt hier aber auch den Innenleib, ein bewusst spürbares Innenleben des Körpers. Schmerz im Körper ist beispielsweise regelrecht dazu prädestiniert, dass wir ihn bewusst spüren, und der Orgasmus während des Geschlechtsverkehrs ist für viele Menschen ein sehr intensiv spürbarer Höhepunkt körperlichen Lustempfindens. Wir können Berührungen unseres Körpers von innen her spüren, durch unsere Haut, etwa die Berührung durch einen Mitmenschen, der uns umarmt, oder die Berührung durch den Sessel, auf dem wir sitzen, oder die Berührung durch die Kleidung, die wir tragen. Außerdem können wir in den verschiedenen Bereichen unseres Körpers spüren oder spüren lernen, ob unsere Muskeln dort eher angespannt sind oder eher entspannt, und wir können im Brustkorb spüren oder spüren lernen, wie er sich senkt und hebt, mit dem Aus und Ein der Atembewegung. Das Bewusstsein, mit dem wir unseren Innenleib unmittelbar spüren können, wird von Dürckheim als Spürbewusstsein bezeichnet.

Auf dem initiatischen Weg einer spirituellen Weiterentwicklung muss auch das Spürbewusstsein vertieft und erweitert, wiedergewonnen und weiterentwickelt werden. Jeder Mensch hat bereits als

Kind ein vorgegenständliches Spürbewusstsein. Dieses begleitet ihn auch durch sein weiteres Leben untergründig. Doch nachdem er mit seinem Welt-Ich ein gegenständlich-fixierendes Bewusstsein entwickelt hat, okkupiert dieses sein Spürbewusstsein nahezu vollständig. Alle Leibesempfindungen, die der gewöhnliche Erwachsene mit seinem Spürbewusstsein wahrnimmt, werden von seinem gegenständlich-fixierenden Bewusstsein entweder einfach ignoriert oder sogleich automatisch in Begriffe gefasst – und dadurch auf jeden Fall von ihm selbst gar nicht mehr unmittelbar gespürt. Diese Entwicklung ist nach Dürckheim durchaus notwendig. „Das für das initiatische Erleben charakteristische Spürbewusstsein – wir nennen es das große Spürbewusstsein – hat den Durchgang durch das gegenständliche Bewusstsein zur Voraussetzung."[91] Dieses große Spürbewusstsein gilt es auf dem initiatischen Weg zu entwickeln. Es ist nicht mehr vorgegenständlich, sondern zunächst einfach ungegenständlich und schließlich sogar übergegenständlich.

Das große Spürbewusstsein besteht jeweils aus einem bewussten Innewerden der Qualität des Gespürten. Auf dem inneren Weg dient es beispielsweise dazu, dass der jeweilige Mensch in seinem Leib seine eingefleischten Fehlformen ganzheitlich erspürt. Muskuläre Verspannungen sind hier Ausdruck eines krampfhaften Sich-Festhaltens des ganzen Menschen, gerade auch als Person, muskuläre Erschlaffungen hingegen sind Ausdruck eines resignierten Sich-Gehenlassens, ebenfalls des ganzen Menschen. Eines solchen Sich-Gehenlassens oder Sich-Festhaltens in der eigenen Muskulatur kann sich jener Mensch, der auf dem Weg bereits fortgeschritten ist, mit seinem Spürbewusstsein unmittelbar innewerden.

Letztendlich aber geht es beim großen Spürbewusstsein darum, durch den Leib hindurchzuspüren in das überweltliche Sein hinein, und sich damit auch im Leib des eigenen transzendenten Wesens innezuwerden. „Es gibt ein Öffnen zur kosmischen Transzendenz im

---

[91] Dürckheim, *Meditieren* (1976), S. 40.

Leibe."[92] Dieses Öffnen realisiert sich gegebenenfalls durch das große Spürbewusstsein.

---

[92] Dürckheim, *Leib* (1977), S. 16.

Fehlentwicklungen und seelische Erkrankungen

Dürckheim betrachtet mögliche Fehlentwicklungen des Menschen und seelische Erkrankungen hauptsächlich aus einer initiatischen Perspektive, nämlich relativ zum transzendenten Wesen und zum initiatischen Weg einer spirituellen Weiterentwicklung. Fehlentwicklungen sind für ihn vor allem solche Entwicklungen, durch die der jeweils betroffene Mensch sich übermäßig vom überweltlichen Sein entfremdet. Ähnlich steht es für ihn um die seelischen Erkrankungen: Insbesondere die Neurosen sind für ihn letztlich auch nur spezielle Erscheinungsformen eines allgemeinen Leidens, nämlich des Leidens an der Entfremdung vom überweltlichen Sein.

Fehlformen des Welt-Ichs

Es ist für den Menschen sowohl natürlich wie auch notwendig, dass er in seiner Kindheit und Jugend ein festes und stabiles Welt-Ich entwickelt. Hierbei geht es um ein Ich mit einem festen und stabilen Gehäuse, das dem Menschen einem festen und stabilen Stand ermöglicht gegenüber der äußeren Welt mit ihren ständigen Veränderungen und ihren wechselnden Bedrohungen und gegenüber dem eigenen Unbewussten mit seinem verlockenden Sog zurück in den mütterlichen Wurzelgrund und hinab in das uroborische Einheitserleben. Das stabile und feste Welt-Ich ist somit die natürliche und notwendige Form des Ichs. Geglückt ist ein solches Ich, wenn seine Form zugleich auch noch durchlässig ist zu dem überweltlichen Wesen hin, wenn das stabile und feste Ich also eine durchlässige Form hat und eine geformte Durchlässigkeit bezüglich der immanenten Transzendenz.

Fast immer kommt es jedoch zu einer Fehlentwicklung, aus der dann eine Fehlform des Welt-Ichs resultiert. Meistens entwickelt der Mensch hier gleichsam zu viel an Ich, also ein Ich, das zu arg stabil und fest ist. Mitunter scheitert er aber auch daran, überhaupt ein ausreichend festes und stabiles Ich aufzubauen. Er entwickelt dann gleichsam zu wenig an Ich. Oder er schirmt sich früh schon massiv gegen sein eigenes inneres Leben ab und entwickelt dafür ein harmonisches Ich, dass sich elastisch an jede äußere Situation anzupassen vermag. Die wichtigsten Ursachen für solche Fehlentwicklungen liegen laut Dürckheim in einem falschen Erziehungsverhalten seitens der Eltern und in daraus resultierenden traumatischen Kindheitserfahrungen.

Die bei weitem häufigste Form des Welt-Ichs ist das starre oder erstarrte Ich-Gehäuse, also jenes Gehäuse, bei dem das Ich des jeweiligen Menschen zu arg stabil und fest ist. Diese Fehlform entsteht, wenn das fixierende Ich-Prinzip übermäßig zum Einsatz kommt. Es gehört ja durchaus zur Natur des Ichs, festzustellen und das Festgestellte auch festzuhalten. Dies gilt sowohl hinsichtlich der praktischen Bewältigung von Alltag und Beruf, als auch hinsichtlich der theoretischen Gewinnung von Erkenntnissen und Überzeugungen. Doch wenn das fixierende Ich-Prinzip übermäßig zum Einsatz kommt, dann erstarrt der jeweilige Mensch in einem verhärteten Ich-Gehäuse. Er hält nun unbeirrt immer weiter fest am jeweils äußerlich Erreichten oder auch am innerlich Gewonnenen, an seinen sozialen und beruflichen Positionen genauso wie an seinen ethischen und weltanschaulichen. Diese wie jene dürfen nur noch ausgebaut und verbessert werden, jedoch keinesfalls mehr sich einfach verändern oder gar wandeln. Da aber die Welt sich fortlaufend verändert und das Leben beständig im Wandel ist, gerät der in seinem Ich erstarrte Mensch fortwährend in Sorge oder gar Angst. So strebt er andauernd verkrampft nach Sicherheit und bleibt in seinem Ich-Gehäuse der Welt und dem Leben gegenüber verschlossen. Er ist aber nicht nur ständig in Sorge um seine materielle Sicherheit, sondern er ist ebenso empfindsam auf die Anerkennung seiner eigenen Person bedacht. Auch seinem Wesen gegenüber ist der Mensch mit einem starren Ich-Gehäuse streng abgeriegelt. Wenn er von seinen verkrampften Sicherungsbestrebungen einmal vorübergehend Entspannung sucht, gerät er sogleich in eine aufgelöste Erschlaffung.

Manch ein Mensch hingegen bringt während seiner Entwicklung in Kindheit und Jugend nur ein schwaches Gehäuse für sein Welt-Ich zustande. Sein Ich-Gehäuse existiert beinahe ständig in der Form einer aufgelösten Erschlaffung – mitunter so sehr, dass Dürckheim hier sogar vom Menschen ohne Ich-Gehäuse spricht. Einem solchen Menschen fehlen alle Voraussetzungen, um in der Welt bestehen oder sich in ihr gar behaupten zu können. Ganz im Gegenteil ist er seinerseits den Einflüssen der Außenwelt schutzlos preisgegeben. Er kann seine Umwelt nicht selbst gestalten, sondern passt sich ihr nur an, oft sogar so sehr, dass er sich selbst dabei verliert. Auch sich selbst gegenüber fehlt es ihm an Halt. So ist er seinen Triebkräften und Gemütsbewegungen innerlich zumeist einfach ausgeliefert. Dadurch ist sein Gefühlsleben von Sprunghaftigkeit gekennzeichnet und ohne jede Stetigkeit. Dementsprechend liebt oder hasst er mitunter maßlos. Normalerweise erlebt er sich in der Welt als ohnmächtig, doch wenn er ständig durch seine Mitmenschen gegängelt wird, kann es bei ihm mitunter auch ganz plötzlich zu einem starken aggressiven Gefühlsausbruch kommen. Einem Menschen mit einem schwachen Ich-Gehäuse wird leichter einmal eine Seinserfahrung zuteil, als einem Menschen mit einem starren Ich-Gehäuse, doch ein solcher Mensch kann das Wesen, wenn es sich in seinem Bewusstsein manifestiert, weder haltbar aufnehmen noch gar in der Welt bezeugen.

Neben dem starren und dem schwachen Ich-Gehäuse gibt es noch eine dritte Fehlform des Ichs, nämlich das elastische Ich-Gehäuse. Ein Mensch mit einem solchen Ich-Gehäuse bleibt seelisch stets an der Oberfläche. „Er ist weder verkrampft noch aufgelöst, sondern anpassungsfähig spielt er sich jeweils auf die gegebene Situation ein und immer so, dass es für ihn und andere angenehm ist. Er versteht es, die Wohligkeit seiner inneren Lage gegen jeden Einbruch von innen und außen elastisch abzuschirmen."[93] Dürckheim bezeichnet den Menschen mit einem elastischen Ich-Gehäuse als Harmoniker. In der Außenwelt sucht ein solcher Mensch stets sofort den Kompromiss und alle Impulse aus seinem Inneren zügelt er automatisch zur Harmlosigkeit. So vermeidet er alle Konflikte. Was dem Harmoniker fehlt, ist die Tiefe. Er gibt sich nach außen hin liebenswürdig und aufgeschlossen, bleibt dabei aber unverbindlich und lässt innerlich nichts an sich herankommen. Auch seinem Wesen gegenüber ist der Harmoniker elastisch abgeschirmt.

Gesellschaftlich verursachte Fehlentwicklungen

Die Gesellschaft der westlichen Industrienationen, und damit auch die Gesellschaft, in der wir leben, beinhaltet nach Dürckheim mancherlei Aspekte, die es dem einzelnen Menschen schwer machen, in seinem Leben dem Ganzen seiner Existenz gerecht zu werden und seiner tiefsten Bestimmung zu folgen. So beinhaltet die Struktur unserer Gesellschaft mancherlei Mächte, die dem transzendenten Wesen des Menschen entgegengesetzt sind und die jeden einzelnen Menschen in einseitige Fehlentwicklungen hineindrängen. Diese wesenswidrigen Mächte verlangen beispielsweise eine starke Überbetonung des Leistungsprinzips, welche dann, als Fehlentwicklung, eine entsprechende Vernachlässigung der eigenen Innerlichkeit nach sich zieht. Oder sie zeigen sich in einer Vorherrschaft des Männlichen, die nicht zuletzt in jedem einzelnen Menschen mit einer Unterdrückung des Weiblichen einhergeht, welches aber gleichermaßen zum Ganzen seiner Existenz gehört.

Unsere Gesellschaft ist von ihrer Struktur her bekanntermaßen patriarchalisch ausgerichtet, mit einer zwar inzwischen geringer gewordenen, aber nichts desto trotz immer noch fortbestehenden

---

[93] Dürckheim, *Ursprung* (1978), S. 69.

Vorherrschaft der Männer gegenüber den Frauen. Die patriarchalischen Mächte der Struktur unserer Gesellschaft bewirken zugleich auch eine allgemeine Dominanz der männlichen Ratio gegenüber dem weiblichen Gemüt. Diese Vorherrschaft des Männlichen gegenüber dem Weiblichen zeigt sich sowohl gesellschaftlich wie auch individuell in einer Überbetonung der aktiven, fixierenden, ordnenden, unterscheidenden und konturierenden Funktionen der menschlichen Seele gegenüber ihren empfangenden, verwandelnden, bergenden, verbindenden und entgrenzenden Funktionen. Die Emanzipation der Frau war bisher, so Dürckheim, vor allem eine Emanzipation des Männlichen in der Frau, während das Weibliche sowohl in der Frau wie auch im Mann und in der Gesellschaft insgesamt weiterhin unterdrückt bleibt – zum Nachteil für das Ganze eines jeden einzelnen Menschen.

Ein weiterer wichtiger Aspekt der Struktur unserer Gesellschaft ist das dort vorherrschende Leistungsprinzip. Leistung an sich ist durchaus nicht verkehrt, sondern sogar nützlich und nötig für den Menschen. Nur durch Leistung kann der Mensch sein Leben meistern und sich die Kräfte der Natur dienstbar machen. Doch viele Menschen sind laut Dürckheim in einem regelrechten Leistungswahn gefangen, nämlich in dem Wahn, ihr Leben nur durch erfolgreiche Leistung bestehen und verantworten zu können. Sie haben, ganz im Sinne der in der Gesellschaft wirkenden Mächte, die Leistung zum obersten Prinzip in ihrem Leben erhoben. Doch bei einer solchen Überbetonung wird Leistung schädlich, beispielsweise für die Innerlichkeit des jeweiligen Menschen. Das Leistungsprinzip kann nur dann für den einzelnen Menschen hilfreich und nützlich sein, wenn es von ihm nicht zum obersten oder gar einzigen Prinzip seines Lebens erhoben wird, sondern in das Ganze seines Lebens eingebettet bleibt oder wird.

In einer Gesellschaft wie der unseren wird vom einzelnen Menschen jedoch vor allem erwartet, dass er funktioniert. Er wird von den in unserer Gesellschaft herrschenden Mächten reduziert zum funktionierenden Leistungsträger, der rational fassbare, leicht messbare und quantitativ bewertbare Leistungen hervorzubringen hat. Dadurch erleidet der einzelne Mensch eine Entpersönlichung seines Lebens. „Er muss, um sich in der Welt behaupten zu können, auf seine ›Seele‹ verzichten, muss, um als auswechselbares Stück oder Instrument eingesetzt werden zu können, sich selber als Individualität einklammern."[94]

Die gesamte Gesellschaft ist gerade in den westlichen Industrienationen geprägt von einer zunehmenden Rationalisierung und Versachlichung. Nicht nur der einzelne Mensch wird hier möglichst zum funktionierenden Leistungsträger zurechtgestutzt, sondern auch die übergreifenden Abläufe in der Gesellschaft werden vor allem darauf hin ausgerichtet, dass sie reibungslos und effizient vonstatten gehen. Das Leben in den westlichen Industrienationen reduziert sich zunehmend auf ein rational erkennbares und sachlich organisiertes Gefüge, in dem es vor allem um eine effektive Bewältigung der äußeren Welt geht, die möglichst immer noch besser gelingen soll.

Die Rationalisierung der Gesellschaft und die mehr und mehr in ihrer Struktur eingebaute Versachlichung betreffen zugleich das Bewusstsein jedes Einzelnen und auch die Beziehungen zwischen den Menschen. „In der Sicht eines von der Ratio beherrschten und nur auf die Welt bezogenen Bewusstseins erscheint auch der Mensch nur als Sache und wird entsprechend behandelt."[95] Die übergreifenden gesellschaftlichen Abläufe gelingen um so besser, wenn der einzelne Mensch hier möglichst als auswechselbares Stück eingesetzt werden kann, und in den persönlichen zwischenmenschlichen Beziehungen untereinander erscheint der Mensch dem Menschen ebenfalls zunehmend als Gegenstand. Je mehr die auf Versachlichung drängenden gesellschaftlichen Mächte das Bewusstsein unseres Welt-Ichs durchdringen, desto mehr neigen wir

---

[94] Dürckheim, *Zen* (1984), S. 32.
[95] Dürckheim, *Leben* (1972), S. 160.

dazu, sogar unsere Mitmenschen nur noch gegenständlich zu erfahren.

Die Struktur unserer Gesellschaft beinhaltet außerdem eine autoritäre Bevormundung jedes Einzelnen dahingehend, wie er zu leben hat, wenn er ein guter Bürger und ein nützliches Mitglied der Gesellschaft sein will. Die entsprechenden Mächte drängen ihn zur Anpassung an die Masse. Diese Anpassung führt gleichsam zu einer Vermassung des Einzelnen, auf Kosten seiner Individualität und seiner Spontaneität.

Die westlichen Industrienationen sind durchaus erfolgreich als Leistungsgesellschaft, doch ihr Erfolg hat einen Preis: Die Ganzheit des Menschen wurde und wird der Ausbildung jener Gaben geopfert, die ihn befähigen, sein äußeres Leben zu meistern und die Welt technisch zu beherrschen. Geopfert wurde und wird hier vor allem die Innerlichkeit. Im gewöhnlichen Leben unserer Zeit gibt es immer weniger Platz für eine Besinnung auf das eigene Innere. Zu diesem einen Zugang zu finden und der Innerlichkeit im eigenen Leben wieder mehr Raum zu geben, ist dementsprechend eine der vordringlichsten Aufgaben für alle diejenigen Menschen, die sich auf den initiatischen Weg begeben wollen.

Es gibt aber auch immer wieder eine Rebellion im Inneren des Menschen gegen die gesellschaftlich verursachten Fehlentwicklungen. Der Mensch in seiner Ganzheit wehrt sich durchaus zumindest sporadisch entweder bewusst oder wenigstens unbewusst gegen seine Reduktion zum funktionierenden Leistungsträger. Das Weibliche wehrt sich gegen die Vorherrschaft des Männlichen und das Gemüt gegen die Dominanz der Ratio. „Die Individualität wehrt sich gegen die Vermassung; der jeweils Einzelne und Eigene gegen den Zwang zur Anpassung; der Wille zur Spontaneität gegen die allseitige autoritäre Bevormundung; das Leben in seinem dynamischen Charakter gegen die Statik des Gewordenen."[96] Letztendlich wehrt

---

[96] Dürckheim, *Transzendenz* (1984), S. 138.

sich auch das transzendente Wesen gegen seine Nichtbeachtung durch die Gesellschaft und durch beinahe jeden Einzelnen in ihr.

Neurosen

Neurosen sind seelische Erkrankungen, bei denen der betroffene Mensch in seinem Beruf und in seinen Beziehungen häufig oder andauernd stark beeinträchtigt ist durch Ängste, Zwänge oder Depressionen. Oftmals gehen solche Erkrankungen auch einher mit innerer Vereinsamung, qualvoller Leere oder mit starken Schuldgefühlen.

Die wichtigsten Ursachen für die Entstehung von Neurosen sieht Dürckheim in einem falschen Erziehungsverhalten der Eltern, in einer ausgeprägten Entfremdung vom transzendenten Wesen und in einer massiven Ausbildung des Schattens – wobei sowohl die ausgeprägte Entfremdung vom Wesen wie auch die massive Ausbildung des Schattens von dem falschen Erziehungsverhalten der Eltern herrühren.

Jeder Mensch braucht als Kind von seinen Eltern ein mitmenschliches Verhalten, das seinen Grundanliegen entspricht, ein Verhalten also, das sein Urvertrauen ins Leben bestätigt, das seiner Individualität gerecht wird und das ihm liebevolle Geborgenheit gibt. Ein solches Verhalten ist sowohl notwendig dafür, dass der jeweilige Mensch als Kind in Fühlung mit seinem transzendenten Wesen bleiben kann, als auch dafür, dass er in seelischer Gesundheit heranwächst. „Ein Kind, das sich gesund entwickeln soll, braucht also diese drei Dinge: Ermutigung, Verständnis und Liebe."[97]

Die entscheidenden Fehler vieler Eltern sind damit nach Dürckheim erstens eine übermäßige Strenge, durch die das Urvertrauen des Kindes zerstört wird, zweitens ein schematisches Erziehungsbild

---

[97] Dürckheim, *Geschenk 1* (1988), S. 203.

der Eltern, das sie gegenüber der Individualität des Kindes verständnislos macht, und drittens ein durchgängiger Liebesentzug seitens der Eltern, durch den das Kind in Ungeborgenheit gestoßen wird.

Übermäßige Strenge, schematisches Erziehungsverhalten und durchgängiger Liebesentzug seitens der Eltern werden vom Kind als traumatisch erfahren und wirken auf das Kind als wesenswidrige Mächte. Durch das Wirken dieser Mächte geht dem betroffenen Kind die ursprüngliche Fühlung mit dem überweltlichen Sein verloren. Stattdessen entstehen in ihm Passformen gegenüber der gefährlichen, ungerechten und kalten Welt. Das Kind bildet hier Verhaltensformen aus, mit denen es sich an das übermäßig strenge, schematische oder lieblose Erziehungsverhalten seiner Eltern anpasst, sodass es dieses nun als weniger traumatisch erlebt. Jene Passformen bilden zusammengenommen einen Schutzpanzer, mit dem sich das Kind gegen eine Wiederholung von bereits erfahrenen Enttäuschungen und Verletzungen abzusichern versucht.

Allerdings verdrängt das Kind, wenn es die Passformen ausbildet, damit zugleich auch viele seiner eigenen ursprünglichen Lebensimpulse. Jene bilden nun in ihm seinen Schatten. Je länger oder massiver die Eltern ihr falsches Erziehungsverhalten zeigen, desto mehr verhärten sich die Passformen bei dem Kind. In dieser Verhärtung der Passformen liegt für Dürckheim die eigentliche Ursache aller Neurosen. Je härter die Passformen werden, desto massiver bildet sich damit auch der Schatten aus – und desto mehr entfremdet sich der jeweilige Mensch damit zugleich von seinem Wesen.

Wenn das Kind heranwächst und sein Ich ausbildet, übernimmt es den Schutzpanzer der Passformen in sein Ich-Gehäuse – zum Nachteil für dessen Durchlässigkeit gegenüber dem überweltlichen Sein. „Dieser Schutzpanzer des Ichs blockiert das Hervorkommen des Wesens."[98] Außerdem trägt er mit dazu bei, dass das Ich-

---

[98] Dürckheim, *Meditieren* (1976), S. 91.

Gehäuse des betroffenen Menschen immer mehr erstarrt und dadurch schließlich zu einem starren Gehäuse wird.

Die Wurzeln der Neurosen liegen also nach Dürckheim in den ersten Lebensjahren des betroffenen Menschen, in traumatischen Kindheitserfahrungen, die er aufgrund eines falschen Erziehungsverhaltens seiner Eltern erleidet. Der Ausbruch einer Neurose ereignet sich jedoch oft erst während des Erwachsenenlebens. Solange bleiben die verdrängten Lebensimpulse unbewusst im Schatten. Aber sie gären dort, bis sie schließlich beispielsweise zum Ausbruch einer Depression führen.

Neben den Eltern ist auch die Gesellschaft insgesamt an der Entstehung der Neurosen beteiligt. So falsch, wie das Erziehungsverhalten vieler Eltern ist, welches dann zur Entstehung von Neurosen führt, so konform geht dieses Erziehungsverhalten doch zugleich mit der Gesellschaft, in der wir alle leben. Und diese Gesellschaft ist nach Dürckheim insgesamt durchdrungen von wesenswidrigen Mächten, die sowohl einer Durchlässigkeit zum Wesen hin, als auch einer vollständigen Befriedigung der Grundanliegen des Menschen entgegenstehen. Jene Mächte zeigen sich hier beispielsweise in der autoritären Bevormundung durch die moderne Gesellschaft sowie in ihrer fortschreitenden Entpersönlichung und in ihrem übersteigerten Leistungsdruck – und sie zeigen sich dann, beinahe schon notgedrungen, auch im übermäßig strengen, schematischen oder lieblosen Erziehungsverhalten vieler Eltern.

Anhand der drei Grundnöte unterscheidet und erörtert Dürckheim nun speziell folgende drei Arten von Neurosen, nämlich die Angstneurose, die Sinnlosigkeitsneurose und die Kontaktneurose. Der ersten Grundnot, nämlich der Angst vor der Vernichtung, entspricht die Angstneurose, der zweiten Grundnot, also der Verzweiflung am Absurden, entspricht die Sinnlosigkeitsneurose, und der dritten Grundnot, der Traurigkeit in der Verlassenheit, entspricht die Kontaktneurose. Erlitten wird die jeweilige Grundnot hier von dem betroffenen Menschen während seiner Kindheit. Die entsprechende

Neurose erwächst dann daraus oft erst in der Jugend oder im Erwachsenenalter.

Bei der Angstneurose mangelt es dem erwachsenen Menschen an ursprünglicher Lebenskraft und, daraus folgend, auch an ursprünglicher Lebenssicherheit. So sichert er sich dauernd ab gegen irgendwelche Gefährdungen – und hat trotzdem ständig Angst, ohne recht zu wissen, wovor. Die Ursache für diese Art der Neurose liegt nach Dürckheim zumeist darin, dass die in jedem Menschen angelegte Lebenskraft bei ihm während der Kindheit durch seine Eltern keine Ermutigung gefunden hat und oft sogar gebrochen wurde. So fällt jene Lebenskraft nun innerlich auf ihn zurück, statt dass sie ihm für die Bewältigung des äußeren Lebens verfügbar ist, und bewirkt in ihm jene diffuse Angst, die dann seine Angstneurose ausmacht.

Die Sinnlosigkeitsneurose entsteht aus einem Mangel an Stimmigkeit. Hier leidet der betroffene Mensch darunter, dass Sinn und Wert in seinem Leben nicht stimmen. Er hat das Gefühl, dass er nicht geschätzt und ungerecht behandelt wird und dass sein Leben ganz allgemein nicht in Ordnung ist. Diese Art der Neurose hat ihre Ursache zumeist darin, dass der jeweilige Mensch während seiner Kindheit bei seinen Eltern nie auf Verständnis gestoßen ist. So konnte er sich nicht in seiner Individualität entwickeln und darin auch keinen Eigenwert finden.

Für die Kontaktneurose ist typisch, dass der betroffene Mensch sich immerzu gegen andere Menschen absichert. Er kann selbst kaum Kontakte zu anderen aufnehmen und lässt andere auch nicht an sich heran. Die Ursache für diese Art der Neurose liegt nach Dürckheim zumeist darin, dass der jeweilige Mensch während seiner Kindheit nicht genug Liebe und Wärme bekommen hat. Deshalb hat er dann seinerseits während seiner Kindheit ein unbewusstes Absicherungsbedürfnis gegenüber anderen Menschen ausgebildet.

Initiatisch affizierte Psychosen

Es kommt sehr selten vor, dass sich das Tor zum Geheimen, zur immanenten Transzendenz, ganz spontan in einem Menschen öffnet. Hier bricht dann das überweltliche Sein, das transzendente Wesen, ganz plötzlich mit voller Wucht in das Bewusstsein des jeweiligen Menschen. Falls solches einem Menschen geschieht, so kommt alles darauf an, ob jener in seinem Ich dem andrängenden Wesen gewachsen ist. Wenn sein Ich ausreichend stabil ist, dann wird ihm jetzt eine beglückende Erfahrung des überweltlichen Seins zuteil. Ist er jedoch in seinem Ich sehr labil, kann das andrängende Wesen in ihm mitunter eine Psychose auslösen. Dabei handelt es sich dann um eine initiatisch affizierte Geisteskrankheit.

Für Dürckheim sind nun keineswegs alle Geisteskrankheiten recht eigentlich spirituelle Erkrankungen. Aber manchmal kann es eben doch geschehen, dass ein Mensch durch einen inneren spirituellen Einbruch in eine Psychose gerät, beispielsweise weil er zu früh in seiner Entwicklung von der Macht des überweltlichen Seins getroffen wird: „Wo die Seinsmacht vorzeitig in die Bewusstseinsordnung eines Menschen einbricht, verliert er den Boden unter den Füßen, Bewusstseinsspaltungen treten ein, und er wird in irgendeiner Form ›verrückt‹."[99]

Vor allem bei jungen Menschen kann sich mitunter ein spiritueller Einbruch ereignen, von dem sie in ihrem Ich und dessen Bewusstseinsordnung völlig überfordert sind. Bisweilen bekommt ein solcher Einbruch dann den Anschein eines schizophrenen Schubes: Der betroffene Mensch führt nun vielleicht wirre Reden oder er hält sich plötzlich für Jesus Christus oder er wird handgreiflich und schlägt um sich.

---

[99] Dürckheim, *Zeichen* (1983), S. 136.

Doch erwachsene Menschen sind ebenfalls keineswegs davor gefeit, dass sie durch einen spirituellen Einbruch ihres Wesens beispielsweise in einen Zustand der Besessenheit geraten können. So werden mit dem Auftauchen des Wesens manchmal in einem erwachsenen Menschen archetypische Kräfte in einer Stärke frei, durch die sein Ich überfordert ist. Diese Kräfte können sich dann seines Ichs bemächtigen – etwa in der Form von solchen archetypischen Gestalten wie der des Heiligen oder des Weisen, des Heilers oder des Erlösers. Der betroffene Mensch identifiziert sich hier mit dem jeweiligen Archetyp, von dem er besessen ist, den er aber selbst vor allem als sehr positiv erlebt. Dementsprechend hält er sich nun für einen Menschen, der plötzlich etwa zu einem großen Heiler oder zu einem erleuchteten Weisen mutiert ist. Es können aber auch in seinem Inneren, als Gegenkräfte zu den positiven Archetypen, sehr schnell negative Archetypen auftreten, in Form von solchen archetypischen Gestalten wie derjenigen des Verführers, des Dämons, der Hexe oder gar des Teufels. Hier identifiziert sich der betroffene Mensch dann leicht mit einem jener negativen Archetypen.

Ein Mensch, der sich mit einem negativen Archetyp identifiziert und der umgekehrt zugleich von diesem besessen ist, kann sogar zu einem falschen Meister avancieren, als Vertreter jenes dunklen Archetyps, dessen Macht er nun magisch missbraucht. Ein solcher Meister ist dann auch schädlich für seine Schüler. Er benutzt seine Anziehungskraft dazu, um sie in blindem Gehorsam an sich zu binden. Doch auch ein Mensch, der aufgrund einer Besessenheit durch einen positiven Archetyp zum Meister aufsteigt, ist für seine Schüler nicht wirklich hilfreich. Er fördert sie lediglich schematisch kraft des unpersönlichen Archetyps, mit dem er identifiziert ist, und nicht individuell von seiner eigenen spirituellen Reife her.

Der innere Weg

Der innere Weg ist für Dürckheim ein lebenslanger Prozess der initiatischen Verwandlung und der spirituellen Entwicklung hin zu jener durchlässigen Form und geformten Durchlässigkeit in Leib und Seele, die es dem jeweiligen Menschen immer besser erlaubt, dem Auftrag aus seinem Wesen zu entsprechen, welcher darin besteht, im Ich transparent zu werden für das überweltliche Sein und in der Welt handelnd und dienend, liebend und kämpfend von diesem Sein zu zeugen. „Auf dem initiatischen Weg geht es darum, immer tiefer einzudringen in das Geheimnis, das wir selbst in unserem Wesen sind."[100]

Der Verlauf dieses Weges ist dabei eher spiralförmig als gradlinig. Zwar sind hier durchaus immer wieder neue Wandlungsprozesse zu durchleben und neue Entwicklungsaufgaben zu bewältigen, doch abwechselnd damit stehen hier auch manche Wandlungsprozesse und Entwicklungsaufgaben öfters wiederholt an und dabei stets tiefer oder umfangreicher. Trotzdem und zugleich genau dadurch führt der initiatische Weg den jeweiligen Menschen schrittweise zu einer höheren Stufe seines Menschseins, nämlich von der mentalen zur postmentalen.

Entsprechend zum Verlauf des inneren Weges ist auch das hier beginnende Kapitel über diesen Weg aufgebaut: Es werden darin immer wieder neue Komponenten und Aspekte jenes Weges beschrieben, aber manche Komponenten und Aspekte werden darin auch öfters wiederholt jeweils aus verschiedenen Perspektiven oder in unterschiedlichen Zusammenhängen behandelt.

---

[100] Dürckheim, *Weg* (1991), S. 80.

Die Ausgangssituation

Die Ausgangssituation, aus der heraus sich ein Mensch auf den inneren Weg begibt, kann sehr unterschiedlich sein. Manche Menschen werden ziemlich direkt auf diesen Weg geschickt, durch eine intensive Seinserfahrung, in der sie intuitiv den Auftrag vernehmen, sich auf jenen Weg zu begeben. Andere Menschen kommen eher indirekt zu dem inneren Weg, indem sie zunächst einmal aus ihrer gewohnten Lebensbahn herausgeworfen werden, etwa durch eine Krise oder ein Scheitern.

Für einen Menschen, der sich auf den inneren Weg begeben will, ohne dass er bereits sein transzendentes Wesen erfahren hat, beginnt dieser Weg gleichsam mit der Suche nach jenem Wesen. Doch das transzendente Wesen sucht immer auch seinerseits den Menschen, es sucht sich in ihm zu manifestieren und durch ihn zu offenbaren in der Welt.

Es geht auf dem inneren Weg um die Integration des eigenen Ichs mit dem überweltlichen Sein im geglückten Welt-Ich. Diese Integration ist die eigentliche Heilwerdung oder Ganzwerdung des Menschen. Sie stellt einerseits eine höhere Stufe des Menschseins dar. Doch andererseits ist sie auch jene Ganzwerdung, auf die das transzendente Wesen eines jeden Menschen bereits von Anbeginn ohne Unterlass hinstrebt.

Für eine solche Ganzwerdung ist ein durchgängig erfolgreiches Wirken des Menschen in der Welt oft eher hinderlich. So gibt es für Dürckheim durchaus auch eine Gesundheit, die wesenswidrig ist, eine Leistungsfähigkeit, die der Fühlung zum Wesen ermangelt, und eine glatte Angepasstheit an die Welt, die eine solche Fühlung scheinbar unnötig macht und gerade dadurch verhindert.

Der innere Weg seinerseits ist zunächst einmal mit einer existenziellen Grundproblematik des Menschen behaftet, die nicht so schnell gelöst werden kann. Diese Grundproblematik besteht darin, dass der Mensch recht eigentlich zwischen zwei Pole eingespannt ist, nämlich zwischen dem raumzeitlich bedingten Welt-Ich und dem überraumzeitlichen, unbedingten Wesen. Das Wesen verlangt Umkehr und Verwandlung, das Welt-Ich strebt nach Erhaltung und Erweiterung. Dem Wesen geht es um den Auftrag und die Verheißung des Überweltlichen, dem Ich um die Glücksmöglichkeiten und die Anforderungen der Welt.

Solange der Mensch in der Welt gesund ist und leistungsfähig, erfolgreich und beliebt, gibt es für ihn eigentlich keinen Anlass, seine Existenz in Frage zu stellen. „Aber *wenn* ihm dann einmal der Halt und der Sinn und die Geborgenheit in seiner gewohnten Lebensordnung genommen wird und alles zusammenbricht, worin er sich bis dahin so fraglos hielt – dann zeigt sich die ganze Fragwürdigkeit seiner bisherigen Existenz, und es meldet sich aus der Tiefe die andere, die eigentliche Wirklichkeit."[101] So ist oft eine Krise oder ein Scheitern in der Welt notwendig, damit der Mensch auf den inneren Weg gelangen kann.

Mitunter wird die notwendige Krise oder das notwendige Scheitern in der Welt auch durch das transzendente Wesen selbst verursacht. Dieses Wesen sucht ja auch seinerseits, sich im Menschen zu manifestieren und ihn auf den inneren Weg zu schicken. So kann sich aus der Polarität zwischen diesem Wesen und dem Welt-Ich eine Spannung ergeben, die sich dann in dem jeweiligen Menschen leidvoll bemerkbar macht, als seelische Störung oder auch als körperliche Krankheit.

Ob aber ein Mensch in einem Scheitern oder in einer Krise, in einer Störung oder in einer Krankheit tatsächlich die Stimme des überweltlichen Seins vernehmen kann, hängt auch von ihm selbst ab und hier insbesondere von seiner persönlichen Reife – nicht so sehr von seiner Intelligenz, als vielmehr von seiner emotionalen Sensibilität. So gibt es intelligente Menschen, die taub sind dem Sein gegenüber, und es gibt bildungsferne Menschen, die innerlich offen

---

[101] Dürckheim, *Durchbruch* (1984), S. 105.

sind für dessen Stimme. Die Sensibilität der Seele ist etwas anderes als die Bildung des Geistes.

Ihrerseits benötigt die Stimme aus dem überweltlichen Sein nicht unbedingt eine Krise oder ein Scheitern des jeweiligen Menschen. Sie kann auch in manch anderer Weise auftreten – in einem beeindruckenden Traum oder in einem merkwürdigen Zufall, in einer seltsamen Begegnung mit einem Fremden oder als geheimnisvolle Bedeutung einer Schicksalswendung, in einer unbestimmten Sehnsucht nach Befreiung oder in einem verheißungsvollen Anflug des Numinosen, in einer vorübergehenden Seinsfühlung und endlich dann auch in einer besonderen ›Großen Erfahrung‹, die den jeweiligen Menschen wachrüttelt und zu einer totalen Wendung seines Lebens aufruft.

So gibt es eine große Vielfalt an Lebenssituationen, von denen der innere Weg eines Menschen seinen Ausgang nehmen kann. Manche Menschen finden hier ziemlich leicht auf diesen Weg und andere nur schwer. Aber der innere Weg ist ja auch gar nicht für alle Menschen vorgesehen. „Es sind ja auch gar nicht alle dazu bestimmt, dass sie diesen Weg zu gehen haben, nicht alle sind berufen, nicht alle sind begabt dafür."[102]

In der ersten ›Großen Erfahrung‹, so sie einem Menschen zuteil wird, erlebt der jeweilige Mensch erstmals unmittelbar die drei Qualitäten des überweltlichen Seins, die Fülle des Seins als schöpferische Kraft, die inbildliche Ordnung des Seins als unbedingten Sinn und die Einheit des Seins als bergende Liebe. Abgesehen davon hat die erste Seinserfahrung für verschiedene Menschen aber auch eine unterschiedliche Qualität, je nach der Beschaffenheit ihres Ich-Gehäuses. So erleben Menschen mit einem starren Ich-Gehäuse ihre erste Seinserfahrung zumeist als beglückende Entgrenzung und solche mit einem schlaffen Ich-Gehäuse eher als stabilisierende Kernung. Für Menschen mit einem elastischen Ich-Gehäuse jedoch

---

[102] Dürckheim, *Geschenk 1* (1988), S. 173.

beinhaltet ihre erste Seinserfahrung oftmals eine leidbringende Vertiefung. Wenn sie diese Erfahrung ernst nehmen, können sie von nun an nicht mehr alle Konflikte einfach durch harmonische Anpassung vermeiden.

Das Ernstnehmen der ›Großen Erfahrung‹ ist beinahe genauso entscheidend wie jene Erfahrung selbst, und zwar nicht nur für den Menschen mit einem elastischen Ich-Gehäuse, sondern auch für jeden anderen Menschen. Während der Seinserfahrung selbst brandet in ihm aus der Tiefe seines Wesens das *Leben* auf, faszinierend und erschütternd zugleich. Für einen Augenblick ist der jeweilige Mensch zum überweltlichen Sein hin geöffnet. Doch wenn ihm das *Leben*, welches er hier erstmals erfährt, daraufhin vor allem Angst macht, bleibt er selbst unverändert. Dann setzt in ihm ein automatischer Abwehrmechanismus ein, der ihn wieder verschließt – und die Welle des *Lebens*, die ihn für einen Augenblick verwandlungsträchtig emportrug, versandet, ohne Frucht zu bringen, in der alten, wohleingespielten Ordnung seines Daseins.

So hängt es wiederum auch von der persönlichen Reife des Menschen ab, und hier nun hauptsächlich von seiner inneren Stabilität, ob die ›Große Erfahrung‹, wenn sie ihm zuteil geworden ist, für ihn auch fruchtbringend wirkt. „Je nach dem Stand seiner Entwicklung hat jeder Mensch ein gewisses Maß an Freiheit, sich der in ihm anklingenden Tiefe zu öffnen oder in den Abwehrmechanismus einzuwilligen; sich von der ihn rufenden Tiefe ansprechen und verpflichten zu lassen oder sich ihr zu widersetzen."[103]

Wenn sie erkannt und ernstgenommen, also nicht nur erlebt, sondern auch verstanden wird, vor allem dann ist die erste Seinserfahrung zugleich die entscheidende Initiation, die den Anfang des Weges bildet. Diese Initiation ist sowohl eine beglückende wie zugleich eine verpflichtende Erfahrung. Sie offenbart dem jeweiligen Menschen das Geheimnis der in ihm verborgenen Transzendenz

---

[103] Dürckheim, *Ursprung* (1978), S. 141.

und sie ruft ihn auf den Weg jener Verwandlung, durch die er selbst immer mehr fähig wird, diese Transzendenz auch seinerseits in der äußeren Welt zu bezeugen. Folgt der betroffene Mensch diesem Ruf, dann wird er dadurch gleichsam zum initiatischen Menschen, nämlich zu einem solchen Menschen, der sich von nun an auf dem initiatischen Weg befindet und der auf diesem Weg auch kontinuierlich voranschreitet.

Ein Mensch, der auf dem initiatischen Weg voranschreitet, befindet sich auf diesem Weg, weil er selbst den Entschluss dafür gefasst hat. „Die Voraussetzungen für das Gehen des Weges sind eine innere *Erfahrung* (Seinserfahrung oder Seinsfühlung), die in ihr erlebte *Evidenz* des unbedingt Gültigen, das Gehörthaben des darin liegenden *Rufes*, der Entschluss zum *Gehorsam*, das mit diesem Entschluss geborene neue *Gewissen* zu einer bestimmten Entwicklung und endlich die *Treue* zu der einmal aufgenommenen, im Dienste der Verwandlung stehenden Übung."[104]

Durch die Übung, das Exerzitium, verwirklicht sich der Weg. Das Gehen des Weges besteht nach Dürckheim dementsprechend vor allem in der Übung, also in der initiatischen Arbeit an sich selbst durch das Praktizieren von entsprechenden Übungen. Hierzu gehört beispielsweise und ganz wesentlich die Übung der Meditation, vorzugsweise im Stile des Zen. Diese und andere Übungen können aber auch bereits hilfreich sein, um überhaupt zu dem inneren Weg hinzugelangen.

So gibt es auch nicht nur den eigentlichen inneren oder initiatischen *Weg*, der eine ›Große Erfahrung‹ bereits zur Voraussetzung hat, sondern es gibt hier auch den Weg hin zu diesem *Weg* – und es gibt den gesamten inneren Weg, der beide umfasst. Dieser gesamte innere Weg beginnt mit der Suche nach dem transzendenten Wesen oder mit einer plötzlichen Seinserfahrung und wird schließlich zum lebenslangen *Weg* der initiatischen Verwandlung.

---

[104] Dürckheim, *Transzendenz* (1984), S. 150.

Ganz am Anfang des initiatischen Weges steht also derjenige Mensch, der gerade erst auf der Suche ist, nach dem transzendenten Wesen – etwa aus einer schweren Krise oder auch aus einer diffusen Sehnsucht heraus. Das Finden des Wesens besteht in der Erfahrung seines Erwachens im eigenen Bewusstsein. „Was aber kann der Mensch tun, dass dieses ihm einmal zuteil wird? Kann er es ›machen‹? Gewiss nicht!"[105]

Vorbereiten kann der suchende Mensch ein Erwachen seines Wesens jedoch durchaus. Dürckheim empfiehlt hierfür einerseits eine vertiefte Einübung der inneren Sensibilität. Der jeweilige Mensch sollte in sich gleichsam ein Gespür für das Numinose entwickeln. So kann er sich innerlich für das Auftreten der Großen Erfahrung öffnen. Hilfreich dafür sind die von Dürckheim ausgearbeiteten Übungen der Sinne.

Andererseits empfiehlt Dürckheim dem Menschen, der sich auf ein Erwachen seines Wesens vorbereiten will, aber auch eine leibliche Verbesserung seiner inneren Stabilität. Der suchende Mensch sollte sich vermehrt im eigenen Bauch-Becken-Raum verankern. So wird er fähig, eine Große Erfahrung in sich auch zu halten und für sich fruchtbar werden zu lassen. Hilfreich dafür sind die von Dürckheim propagierten Hara-Übungen. Ganz allgemein kann ein Erwachen des Wesens im eigenen Bewusstsein außerdem gefördert werden durch die regelmäßige Praxis der Meditation.

Die fünf Stufen des inneren Weges

Auf dem ganzen inneren Weg vollzieht der Mensch insgesamt eine Verwandlungsbewegung, die von Dürckheim in fünf Stufen untergliedert wurde. Diese Stufen folgen gesetzmäßig aufeinander, sie werden jedoch von dem Menschen auf dem inneren Weg nicht nur

---

[105] Dürckheim, *Durchbruch* (1984), S. 22.

einmal, sondern immer wieder durchlaufen. Auf der ersten Stufe geht es darum, sich gleichsam in der Erde niederzulassen, und auf der zweiten darum, sich zum Himmel zu öffnen. Die dritte Stufe besteht darin, dass der Mensch auf dem inneren Weg das transzendente Licht seines eigenen Wesens erfährt, und die vierte Stufe verlangt von ihm, dass er sich mit dem Dunklen auseinander setzt. Die fünfte Stufe erreicht er, wenn er für den Auftrag aus dem Wesen gewappnet ist. Die Abbildung 4 veranschaulicht die fünf Stufen des inneren Weges grafisch.

Die Erde, in die sich niederzulassen die erste Stufe ausmacht, ist vor allem die Erdmitte im eigenen Leib, also der eigene Bauch-Becken-Raum, auch Hara genannt. Das Sich-Niederlassen im Hara ist nur möglich durch ein Sich-Loslassen im Welt-Ich. Der Mensch muss sich dort loslassen mitsamt seinen theoretischen und moralischen Vorstellungen und Ordnungen. Er muss seinen Eigenwillen aufgeben und auch jenes Herz, dessen Liebe aus Anhaften besteht. Je besser der Mensch auf dem Weg bereits in seinem Hara verwurzelt ist, desto leichter und umfassender kann er sich dort niederlassen. Der Bauch-Becken-Raum ist für ihn hier zunächst eine mütterliche Schale, die ihn aufnimmt, mit all jenen Verhärtungen seines Welt-Ichs, die er bereit ist loszulassen. Wenn er sich in jener Schale niedergelassen hat, kann dort die kosmische Erdkraft wirksam werden und jene Verhärtungen einschmelzen und damit aufweichen. Der Bauch-Becken-Raum wirkt nun wie eine kosmische Schale. Ist der Mensch auf dem Weg seiner Verhärtungen ledig geworden, wird jener Raum schließlich zu einer jungfräulichen Schale, die empfänglich ist für den ›geistlichen Geist‹.

Der Mensch auf dem inneren Weg öffnet sich nun zum Himmel und erreicht damit die zweite Stufe der Verwandlungsbewegung. Der geistliche Geist kann nun aus der inbildlichen Himmelsordnung heraus strukturierend und befruchtend auf sein Bewusstsein einwirken und dieses für jene Erweiterung bereiten, die eine Seinserfahrung ausmacht. In der Erde verwurzelt und zum Himmel geöffnet kommt es in dem jeweiligen Menschen zu einer Integration und damit gleichsam zu einer Einswerdung von Himmel und Erde.

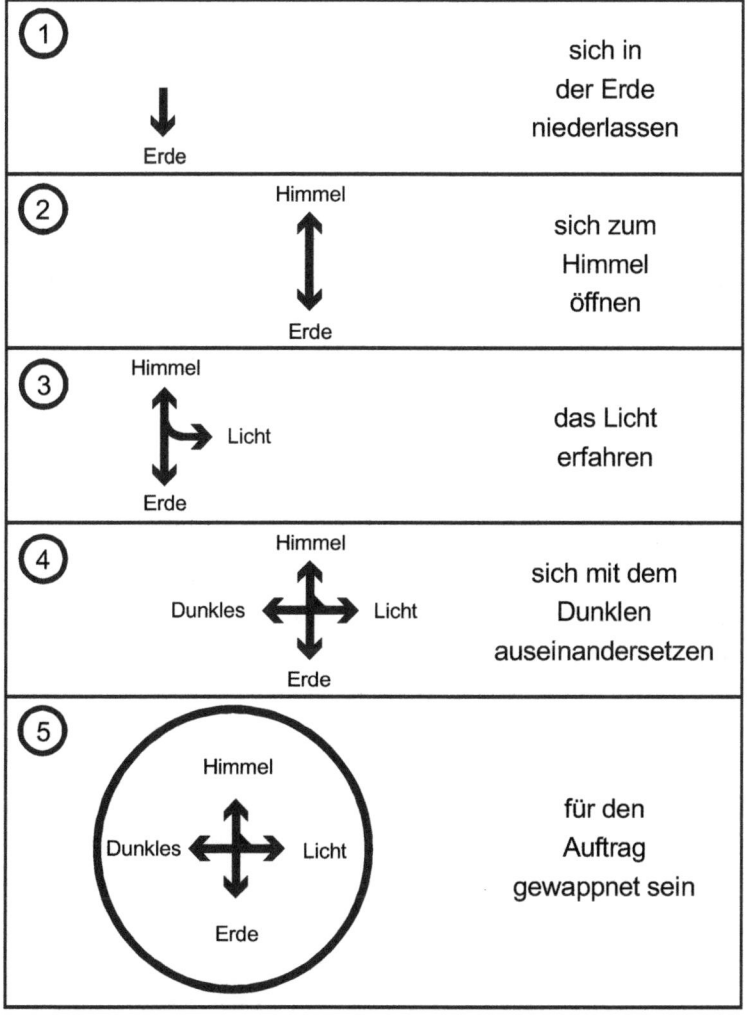

Abbildung 4: Die fünf Stufen des inneren Weges

Die Einswerdung von Himmel und Erde hat ihre Mitte im Großen Herz des jeweiligen Menschen. Dort kann die Seinserfahrung stattfinden – und wenn sie dort stattfindet, erreicht der Mensch dadurch die dritte Stufe des inneren Weges. Damit meint er nun, am Gipfelpunkt des Möglichen angelangt zu sein. Er fühlt sich als Neugeborener, heimgekehrt und zu sich selbst gekommen in seinem transzendenten Wesen. Doch dieses Wesen hat auch einen Auftrag für ihn, nämlich vom überweltlichen Sein zu zeugen in der Welt.

In der Welt vom überweltlichen Sein zeugen kann der Mensch aber nur, wenn er selbst stark genug ist für diese Welt. Stark genug für die Welt wird der Mensch vor allem in der Auseinandersetzung mit dem Dunklen – etwa in der Auseinandersetzung mit all jenen widrigen Umständen und bösartigen Kräften, mit denen er in der Welt immer wieder konfrontiert wird. Die Auseinandersetzung damit bildet die vierte Stufe der Verwandlungsbewegung. Ein Mensch, der gerade in seinem transzendenten Wesen zu sich selbst gekommen ist, neigt sehr dazu, in seinem Ich nun gleichsam einen Tempel um dieses Wesen zu bauen oder im Rückzug von der Welt die Fühlung mit jenem Wesen aufrecht erhalten zu wollen. Doch gerade um des Auftrages aus dem Wesen willen müssen der innere Tempel und die transparente Fühlung immer wieder riskiert werden. Der Mensch auf dem inneren Weg muss bereit sein, immer wieder die Form, in der er vorübergehend seinem Wesen genügt, zu erproben, und zwar in jeweils neuen Begegnungen mit der sie bedrohenden Welt. Die Heimkehr in das Wesen, wie sie auf der dritten Stufe erreicht wurde, macht auf der vierten Stufe eine Rückkehr in die Welt erforderlich. Das bedrohliche Dunkle existiert aber nicht nur als Böses draußen in der Welt, sondern auch als Schatten in der eigenen Seele. So gehört die konsequente Aufarbeitung des eigenen Schattens ebenso zur Auseinandersetzung mit dem Dunklen, wie der mutige Umgang mit dem Bösen in der Welt. Durch die Integration des Dunklen, innen wie außen, wird mit der vierten Stufe die ›Quaternität‹ verwirklicht, in der nicht nur Himmel und Erde miteinander integriert sind, sondern auch das Licht und das Dunkle.

Aus der Quaternität ergibt sich auf der fünften Stufe die Quintessenz der Verwandlungsbewegung, nämlich das Herz, das gehärtet ist, durch vielfältige Begegnungen mit dem Dunklen ›draußen‹ und ›drinnen‹. Mit diesem *gehärteten Herz* ist der Mensch nun dafür gewappnet, dass er seinen Auftrag aus dem Wesen erfüllen kann, welcher darin besteht, das überweltliche Sein im irdischen Dasein zu bezeugen – und zwar unter günstigen Umständen sowie auch unter widrigen Umständen. Er hat jetzt die Integration von Welt-Ich und Wesen erreicht und ein geglücktes Welt-Ich entwickelt.

Hindernisse auf dem inneren Weg

Der Mensch, der sich auf den inneren Weg begibt, wird dort über kurz oder lang mit verschiedenen Hindernissen konfrontiert. Manche davon liegen in der Gesellschaft, in der er lebt. Dürckheim nennt hier für die westlichen Industriegesellschaften beispielsweise die Überbewertung der Leistung, die nüchterne Rationalität und die Verneinung des Gemüts, die unpersönlichen Konventionen und die Feindseligkeit jener Gesellschaften gegen die Individualität. Doch die wichtigsten Hindernisse, die der Mensch auf dem inneren Weg zu bewältigen hat, liegen in ihm selbst. Hierbei handelt es sich erstens um sein gegensätzliches Bewusstsein, zweitens um sein fixierendes Ich und drittens um seinen unbewussten Schatten.

Das gewöhnliche Bewusstsein des Menschen beruht unabdingbar auf dem Gegensatz zwischen ihm selbst als dem ›Erlebenden‹ einerseits und andererseits dem jeweils ›Erlebten‹. Außerdem ordnet dieses Bewusstsein auch alles ›Erlebte‹ sogleich in Gegensätzen wie gut und böse, vorher und nachher, hier und dort, oben und unten, relativ und absolut. Und schließlich fixiert es das ›Erlebte‹ stets automatisch in sprachlichen Begriffen, die jener gegensätzlichen Ordnung entsprechen. Das erste große Hindernis ist für den Menschen auf dem Weg also sein eigenes Bewusstsein, welches die ungeschiedene Einheit jedes ursprünglichen Erlebens aufspaltet in den Gegensatz eines ›Erlebenden‹ und eines ›Erlebten‹ und das zugleich alles neu aufbrechende Leben in eine schon vorhandene Ordnung umbricht. Dieses Bewusstsein verhindert normalerweise sehr zuverlässig, dass die ungeschiedene Einheit des ursprünglichen Erlebens in einer übergegensätzlichen Seinserfahrung gipfelt.

Wenn man dieses Hindernis überwinden will, dann muss man lernen, in und mit seinem Bewusstsein immer wieder auch einmal eine einfach aufnehmende und nicht wertende Haltung zu verwirklichen – und man muss den Unterschied zwischen beiden Bewusstseinshaltungen oder Bewusstseinsformen zunehmend deutlicher erfahren. „Man muss unterscheiden lernen zwischen einem fixierenden Bewusstsein, das verglichen werden kann mit einem *Pfeil*, und einem allseits offenen, empfangenden, einfach aufnehmenden, weder bestimmenden, noch wertenden Bewusstsein, das verglichen werden kann mit einer *Schale*."[106] Die Entwicklung eines solchen aufnehmenden ›Schale-Bewusstseins‹, im Unterschied zum gewöhnlichen fixierenden ›Pfeil-Bewusstsein‹, steht für Dürckheim ziemlich am Anfang des inneren Weges. Durch das Schale-Bewusstsein öffnet sich der jeweilige Mensch für Erfahrungen des überweltlichen Seins.

Fixierend ist aber nicht nur das gegensätzliche Bewusstsein des gewöhnlichen Menschen, sondern auch sein gesamtes Ich. Das Fixieren ist geradezu ein grundlegendes Prinzip des Ichs. Das Leben selbst befindet sich im ewigen Wandel. Um zum großen *Leben* hinter diesem Leben zu gelangen, also durchlässig zu werden für das überweltliche Sein, muss der Mensch sich erst einmal einlassen auf den ewigen Wandel des natürlichen Lebens. Doch das Ich will keinen Wandel, sondern höchstens Abwechslung und natürlich Verbesserung. Es will sich selbst und seine Position in der Welt bewahren und ausbauen. Dementsprechend ist dieses weltbezogene Ich mit

---

[106] Dürckheim, *Leben*, (1972) S. 122.

seinem fixierenden Prinzip das zweite große Hindernis auf dem inneren Weg.

Durch das fixierende Prinzip schafft sich der Mensch in seinem Ich vielfältige Ordnungen, beispielsweise von Gewohnheiten und Überzeugungen, die sich in ihm immer mehr verfestigen und die sich leicht sogar zu regelrechten Verhärtungen seines Ichs auswachsen können. Ein großes Hindernis auf dem Weg bleibt das fixierende Welt-Ich des Menschen dabei unabhängig davon, ob es sich noch um ein kleines Ich handelt oder bereits um ein altruistisches Selbst. So kommt der Mensch auf dem inneren Weg nicht um die Einsicht herum, dass auch noch sein altruistisches Selbst ihm den Weg zu seinem innersten Wesen und in die Freiheit verstellt, solange er in diesem Selbst von feststehenden Ordnungen beherrscht wird.

Das fixierende Prinzip beinhaltet maßgeblich ein Sich-Festhalten des Menschen im eigenen Ich. Hilfreich ist dementsprechend für den Menschen auf dem inneren Weg ein Sich-Loslassen im Ich, also ein Lassen des Ichs. „Das ist eine Bewegung, mit der der Mensch sich gleichsam aus der Schlinge herauszieht, in der er sich durch seine Identifikation mit dem Welt-Ich fing und immer wieder fängt."[107] Diese Bewegung beinhaltet vor allem ein inneres Loslassen der vielfältigen Ordnungen des Ichs. Sie sollte aber verbunden sein mit einem Sich-Niederlassen im Bauch-Becken-Raum. Je mehr es einem Menschen nämlich gelingt, sich dort, also im Hara, zu verwurzeln, desto leichter kann er von dort her die vielfältigen Verhärtungen seines weltbezogenen Ichs aufweichen und sich auf den ewigen Wandel des natürlichen Lebens einlassen.

Verhärtungen des Ichs ergeben sich aber nicht nur aus dem Wirken seines fixierenden Prinzips, sondern auch als Schutzpanzer gegen den Schatten. Dieser ist das dritte große Hindernis auf dem inneren Weg. Alle Lebensimpulse, die der Verdrängung anheim fallen, entarten zu unbewussten Schattenkräften. Die Verhärtungen im

---

[107] Dürckheim, *Alltag* (1980), S. 84.

Ich helfen dabei, diese Schattenkräfte weiterhin verdrängt zu halten. Alle Schattenkräfte zusammengenommen bilden den Schatten im Unbewussten des jeweiligen Menschen. Dieser Schatten aber verhindert letztendlich sowohl ein reibungsloses Funktionieren des Welt-Ichs wie auch die Entfaltung des Wesens. So gibt es ohne eine Bereinigung des Schattens kein zuverlässiges Vorankommen auf dem inneren Weg.

Das Aufspüren der Schattenkräfte im eigenen Unbewussten erfordert ein tiefenpsychologisches Vorgehen. Hierbei kann es sich etwa um ein entsprechendes Analysieren und ein bewusstes Nocheinmalerleben der eigenen Träume handeln, denn in diesen zeigen sich früher oder später die verdrängten Schattenkräfte. Das tiefenpsychologische Vorgehen besteht dann darin, diese Kräfte nicht nur in den eigenen Träumen, sondern tatsächlich als Komponenten der eigenen Person wahrzunehmen und anzuerkennen und sie dann in einer geschützten Umgebung auszuagieren oder zu integrieren. Das Ausagieren der Schattenkräfte bildet dabei zumeist den Anfang der notwendigen Schattenbereinigung. Es kann beispielsweise durch einen Wutanfall erfolgen, der spontan aus dem bewussten Nocheinmalerleben eines Traumes hervorbricht, es sollte aber in einer Weise stattfinden, durch die niemand zu Schaden kommt. Die entscheidende Herausforderung besteht jedoch in der Integration der in den Schattenkräften verborgenen Lebensimpulse. Hierfür kann die Arbeit mit kreativen Medien hilfreich sein, also die äußere gestalterische Darstellung derjenigen Schattenkräfte, die durch die Traumanalyse oder das Ausagieren langsam wieder in das eigene Bewusstsein eindringen. So können jene Schattenkräfte nun beispielsweise malend auf Papier dargestellt werden oder knetend in Tonerde.

Gefahren für den inneren Weg

Es gibt Hindernisse *auf* dem Weg und Gefahren *für* den Weg. Die Hindernisse auf dem Weg sind normalerweise am stärksten, *bevor* einem Menschen die erste intensive Seinserfahrung zuteil wird; die Gefahren für den Weg hingegen treten erst auf, *nachdem* einem Menschen die erste intensive Seinserfahrung zuteil wurde. Gefährdet ist in ihnen die Erfüllung des Auftrages, der dem Menschen in seiner ersten intensiven Seinserfahrung aus seinem Wesen auferlegt wird. „Es besteht hier immer die Gefahr, dass der Mensch sich in dem das Ich und seine Welt aufhebenden Grund wie in einem Meer unpersönlicher Entgrenzung verliert oder, aufgebläht von der dort erfahrenen Kraft, seinem hybriden Ich neue Nahrung zuführt."[108] Insgesamt beschreibt Dürckheim vier solcher Gefahren. Gemeinsam ist ihnen, dass sie vor allem in einem falschen Verhalten des jeweiligen Menschen selbst bestehen, mit dem er seinem Auftrag aus dem Wesen nicht gerecht wird.

Die erste Gefahr ist diejenige eines suchtartigen Erlebniskultes. Die erste intensive Seinserfahrung ist zumeist überaus beglückend und sie wird oft auch von wunderbar schmelzenden Gefühlen begleitet. Gerade diese schmelzenden Gefühle verlocken Menschen unserer Zeit immer wieder dazu, im beglückenden Erleben von entgrenzenden Erfahrungen schlicht zu versinken. Doch der innere Weg besteht keineswegs darin, solchen Verlockungen nachzugeben und von nun an einfach nur noch von einer Seinserfahrung zur nächsten zu streben. Wo die Sucht nach seliger Entgrenzung vorherrscht, ist der Weg zu einer seinshaltigen Form verbaut.

Die zweite Gefahr für den inneren Weg ist die faule Stille. Hier zieht sich der betreffende Mensch, nachdem er sein transzendentes Wesen erstmals erfahren hat, nun immer wieder in sein Inneres zurück und sucht dort in der Stille die Nähe dieses Wesens gerade

---

[108] Dürckheim, *Leben*, (1972) S. 25.

auch dann, wenn es eigentlich für ihn gilt, sich im Außen mit anstehenden Schwierigkeiten oder Konflikten auseinander zu setzen. Aufgrund seiner Erfahrung der Überweltlichkeit und besonders auch der übergegensätzlichen Ordnung des Seins nimmt er die Verantwortung für sein alltägliches Leben nicht mehr ernst und neigt stattdessen dazu, die Unordnung und Heillosigkeit des Daseins einfach innerlich unter dem Gesichtspunkt der Ewigkeit zu harmonisieren. Das Dasein mag unter dem Gesichtspunkt der Ewigkeit tatsächlich heil und ganz sein. Der Mensch auf dem inneren Weg hat aber trotzdem von seinem Wesen her den Auftrag, sich gerade auch auf die Unordnung und Heillosigkeit des Daseins einzulassen und gerade auch durch die eigene engagierte Auseinandersetzung damit innerhalb des Daseins von eben jener Ewigkeit zu zeugen.

Die dritte Gefahr ist die hybride Ich-Aufblähung, also die überhebliche ›Aufmotzung‹ des eigenen Ichs. Das falsche Verhalten besteht hier darin, dass der betreffende Mensch die Qualitäten des überweltlichen Seins nach seiner ersten intensiven Seinserfahrung einfach seinem Ich zuschreibt. Er hält sich nun in seinem Ich für einen ganz besonderen Menschen und für so wunderbar, wie es eigentlich jeder Mensch in seinem innersten Wesen ist. Der Sinn des inneren Weges, nämlich die Transzendierung des Ichs, verkehrt sich dadurch in sein Gegenteil, nämlich in eine Hybris des Ichs.

Die vierte Gefahr schließlich ist der säkulare Machtmissbrauch. Während seiner ersten intensiven Seinserfahrung gewinnt der jeweilige Mensch für einen Augenblick einen direkten Zugang zu den Qualitäten des überweltlichen Seins. Hier kann er sich nun dazu verleiten lassen, sich dieser Qualitäten daraufhin von seinem Ich her zu bemächtigen. Unter diesen Umständen aber ist das Gewonnene dann nicht nur vertan, sondern sogar zur Quelle einer gefährlichen Machtsteigerung geworden. Der jeweilige Mensch erlebt nun in seinem Ich, wenn auch oft nur vorübergehend, einen Zuwachs an innerer Macht und mag jetzt dazu übergehen, diesen für die egoistischen Zwecke seines Ichs zu missbrauchen. So kommt er von dem inneren Weg ab, bevor er ihn überhaupt beschritten hat.

Der Individuationsprozess

Der Individuationsprozess gehört für Dürckheim zum inneren Weg. Es handelt sich dabei um das seelische Verwandlungsgeschehen hin zur inneren Ganzwerdung. Das Ziel dieses Geschehens ist die coincidentia oppositorum, das Zusammengehen der Gegensätze des eigenen Seelenlebens. Erforscht wurde der Individuationsprozess vor allem von C.G. Jung. Dürckheim hat die Erkenntnisse von Jung zu diesem Prozess in seine Lehre übernommen und durch eigene Erkenntnisse ergänzt. Er selbst versteht den Individuationsprozess als eine innerseelische Wandlung, die er folgendermaßen zusammenfasst: „Die Wandlung ist ein vielgliedriges Geschehen, in dem der Mensch zum Schauplatz einer Auseinandersetzung der großen Mächte wird, die, erlebt als Licht und Dunkel, männlich und weiblich, reich und arm, oben und unten, Leben und Tod, in ihrer relativen Eigenständigkeit und Gegensätzlichkeit erfahren, erlitten und gelebt werden müssen, um dann im eigentlichen Erlebnis der Wandlung in die coincidentia oppositorum einzugehen und in die Erfahrung des *Lichtes*, das jenseits von Licht und Schatten ist, aufzugehen. Diese höchste Erfahrung erst ist die erschütternde Begegnung mit unserer wahren Mitte."[109]

Für denjenigen Menschen, der sich darauf einlässt, ist die Individuation einerseits ein Prozess, der von ihm selbst aktiv vorangebracht und gestaltet wird, und andererseits zugleich auch eine Wandlung, die ihm von innen her geschieht, gesteuert durch entsprechende Archetypen seines kollektiven Unbewussten. Wie Maria Hippius, die Lebensgefährtin von Dürckheim, herausgefunden hat, können diese Archetypen wiederum durchaus auch von außen her angereizt und damit gleichsam aktiviert werden, etwa durch die von ihr entwickelte Methode des Geführten Zeichnens.

---

[109] Dürckheim, *Meister* (1983), S. 160.

Die einzelnen Etappen des Individuationsprozesses ergeben sich aus der Architektur der Seele. Jolande Jacobi, eine direkte Schülerin von Jung, beschreibt in einer von Jung selbst empfohlenen Einführung in seine Psychologie den Individuationsprozess in vier Etappen.[110] Die erste Etappe beinhaltet die Konfrontation mit dem eigenen Schatten und die zweite die Integration der andersgeschlechtlichen Anteile des eigenen Seelenlebens. Auf der dritten Etappe geht es um die Verwirklichung der ureigensten Entwicklungsmöglichkeiten des jeweiligen Menschen und auf der vierten schließlich um die Ganzwerdung der eigenen Persönlichkeit in einem sie vollständig umfassenden Selbst. Dieses Selbst lässt sich nach Jung vor allem dadurch charakterisieren, dass in ihm das Ich des Menschen mit der Weisheit des kollektiven Unbewussten verbunden ist, und für Dürckheim auch noch dadurch, dass in ihm jenes Ich transparent geworden ist für das überweltliche Sein.

Innerlich gesteuert wird der Individuationsprozess auf der ersten Etappe durch den Archetyp des Schattens und auf der zweiten durch denjenigen der Anima beziehungsweise des Animus. Hinter dem Entwicklungsprozess der dritten Etappe steckt beim Mann der Archetyp des alten Weisen oder bei der Frau derjenige der großen Mutter. Für die Ganzwerdung auf der vierten Etappe ist der Archetyp des Selbst zuständig.

Nach Jung steht also am Anfang des Individuationsprozesses die Konfrontation mit dem eigenen Schatten. In diese Konfrontation mag der jeweilige Mensch etwa durch eine persönliche Krise hineingeraten oder auch während einer intensiven Psychotherapie. Eine numinose Erfahrung des göttlichen Fünkleins bildet für Jung eher ein mögliches Gipfelerlebnis des Individuationsprozesses während der vierten Etappe. Gleichwohl kann eine solche Seinserfahrung aber auch ganz unabhängig von einem Individuationsprozess auftreten. Nach Dürckheim erhält der betroffene Mensch dann in einer solchen

---

[110] Vergleiche hierzu: Jacobi, *Psychologie* (1978), S. 109–132.

Seinserfahrung oft von seinem Wesen her den Auftrag, sich nun auf jenen Prozess einzulassen.

Die Auseinandersetzung mit dem Schatten, die erste Etappe des Individuationsprozesses, ist somit auch nach Dürckheim ein unabdingbarer Bestandteil des inneren Weges – sogar für denjenigen Menschen, dem schon eine Seinserfahrung zuteil geworden ist. Die Voraussetzung für eine wirkliche Verwandlung, die auf eine bleibende Transparenz abzielt, ist ein Untertauchen in das Dunkel der Schattenwelt, gerade auch nachdem das Licht bereits geschaut wurde.

Die zweite Etappe des Individuationsprozesses besteht in der Integration der Anima beziehungsweise des Animus. Hier betont Dürckheim ebenfalls, dass der Mann auf dem inneren Weg das Weibliche in sich kennenlernen und entwickeln muss, um ein ganzer Mensch zu werden und so auch erst ein ganzer Mann. Für die Frau auf dem inneren Weg gilt natürlich das Gleiche bezüglich des Männlichen in ihr. Darüber darf auch die Emanzipation der Frau nicht hinwegtäuschen. Sie erleichtert der Frau zwar eine Emanzipation des Männlichen in ihr, doch diese findet dann oft nur in der Persona statt, also in den vom Ich nach außen hin gezeigten Verhaltensweisen. Bei der Integration des Animus hingegen, welche der Individuationsprozess erfordert, handelt es sich um ein tiefer greifendes Geschehen, das auch unbewusste Persönlichkeitsanteile mit einschließt.

Die ureigensten Entwicklungsmöglichkeiten des Menschen beziehen sich auf das ursprüngliche und zugleich schöpferische Potenzial seiner eigenen Individualität. Die Wiederentdeckung und Befreiung dieses Potenzials stellt die dritte Etappe des Individuationsprozesses dar. „So ist es natürlich, dass der Fortschritt auf dem inneren Wege eine Auszeugung der einmaligen Individualität mit sich bringt."[111]

---

[111] Dürckheim, *Meditieren* (1976), S. 79.

Die vierte Etappe des Individuationsprozesses ist die Verwirklichung des Selbst. Auf dieser Etappe bewährt und erfüllt sich die Individuation. Hier geht es um die Verwirklichung des eigentlichen Selbst, das zum Kern jenes Wesen hat, welches in Indien als ›Atman‹ bezeichnet wird und das Meister Eckhart ›das Fünklein‹ nennt. Dürckheim betont bezüglich der vierten Etappe vor allem die bleibende Transparenz des jeweiligen Menschen für dieses ›Fünklein‹ und damit für das überweltliche Sein. Das ›wahre Selbst‹ ist erst dann verwirklicht, wenn der Mensch in seinem Subjektsein mit seinem Wesen integriert ist. Dieses wahre Selbst ist zugleich das geglückte Welt-Ich mit seiner durchlässigen Form und seiner geformten Durchlässigkeit. Durch die Verwirklichung des wahren Selbst findet der Mensch auch zu seiner wahren Mitte. Doch das Ankommen in dieser Mitte ist für Dürckheim vor allem ein tieferes Ankommen auf dem inneren Weg, dem endlosen Weg der ewigen Verwandlung.

Die Verwandlung im Leib

Die wichtigste neue Erkenntnis von Dürckheim zum Individuationsprozess betrifft die aktive Einbeziehung des Leibes in diesen Prozess. So ist es nach Dürckheim für den Menschen auf dem inneren Weg äußerst hilfreich, wenn er die Wandlung des Individuationsprozesses nicht nur in seinem Seelenleben aktiv voranbringt und gestaltet, sondern ebenso in seinem Leib, etwa dadurch, dass er sich dort in seinem Bauch-Becken-Raum, dem Hara, verwurzelt. Ohne eine Verwandlung auch im Leib bleibt jedwede Erfahrung des Wesens in vorübergehenden Erlebnissen stecken.

Dementsprechend geht es auf dem inneren Weg auch darum, dass der Mensch als Leib in die rechte Verfassung gelangt. ›Recht‹ ist die leibliche Verfassung des Menschen, wenn er auch in seinem Leib *durchlässig* ist für die Manifestation des in seinem Wesen anwesenden Seins und wenn er in seinem Leib zugleich in einer

Weise *in Form* ist, die es ihm auch von seinem Leib her ermöglicht, in der Welt von der Fülle, der Inbildlichkeit und der Einheit des in seinem Wesen anwesenden Seins zu zeugen.

Ähnlich wie die geglückte Verfassung des Welt-Ichs ist damit auch die rechte Verfassung des Leibes eine Verfassung der geformten Durchlässigkeit und der durchlässigen Form bezüglich der immanenten Transzendenz. Diese Verfassung hat beim Leib verschiedene Voraussetzungen. Die entscheidende ist hier die Verankerung in der rechten Mitte. Damit zusammen hängen der rechte Atem und der rechte Tonus.

Die Verwirklichung von Hara, also die Verankerung des Menschen in seiner rechten Leibesmitte, bildet nach Dürckheim das Kernstück der Verwandlung im Leib. „Hara bedeutet gleichsam ein ›Verbindungsstück‹ zwischen dem überraumzeitlichen Sein und dem raumzeitlichen Dasein."[112] Die rechte Verankerung im Bauch-Becken-Raum ist damit die wichtigste Voraussetzung dafür, dass der Mensch im Leib vom raumzeitlichen Dasein her zum überraumzeitlichen Sein hin durchlässig werden kann.

Von einer guten Verwurzelung im Hara ausgehend lässt sich auch der gesamte übrige Leib in die rechte Verfassung bringen, die eine Transparenz für die immanente Transzendenz ermöglicht. So kann ein Mensch mit einer solchen Verwurzelung von seinem Hara her seine eingefleischten Verspannungen nach und nach aufheben, ohne dadurch in die Auflösung zu geraten. Auch kann er von dort her seine muskulären Erschlaffungen nach und nach festigen, ohne dass sie zu Verhärtungen entarten. Auf diese Weise verwirklicht er nicht nur den rechten Muskeltonus, sondern auch eine gute Körperhaltung – und nicht zuletzt eine Öffnung zur Transzendenz hin. Die richtige Verwurzelung im Hara ermöglicht ein gutes Aufgerichtetsein des Oberkörpers. Vor allem aber erleichtert es die Festigkeit im Hara dem Menschen, sich aus dem Bann seines nur weltbezogenen und

---

[112] Dürckheim, *Hara* (1978), S. 109.

ewig misstrauischen Ichs zu befreien. Dadurch ermöglicht sie ihm die Fühlung mit dem überweltlichen Ursprung.

Für die Gesamthaltung des Menschen auf dem inneren Weg besteht die Verwandlung im Leib meistens vor allem darin, dass er seinen Schwerpunkt weiter nach unten verlagert, weg von einer Verhaftung im Welt-Ich und hin zu einer Verwurzelung in der Leibesmitte. Für den Atem bedeutet diese Verwandlung ebenfalls eine deutliche Akzentverschiebung. Diese verläuft hier fast immer vom Machen zum Zulassen, vom Aufnehmen zum Hergeben und von der Brustatmung zur Zwerchfellatmung.

Ist ein Mensch in seinem Leib verwandelt und durchlässig geworden für die immanente Transzendenz, dann erfährt er die Qualitäten des überweltlichen Seins auch in seinem Leib – und zwar sogar unabhängig von seinem körperlichen Befinden. Die Fülle des Seins erfüllt ihn nun mit einer numinosen Kraft, selbst bei physischer Schwäche. Die Gesetzlichkeit des Seins erfährt er als ein lichtes Wohlsein, auch mitten in physischer Krankheit. Die Einheit des Seins erlebt er auch leiblich als Geborgensein in einem ihn beseelenden und zugleich übergreifenden Ganzen.

Sogar nach außen hin gewinnt der in seinem Leib verwandelte Mensch eine andere Gestalt: Seine Stimme wird ein wenig tiefer und sein Teint ein wenig dunkler, der Ausdruck seiner Augen wird voller und ebenfalls tiefer, seine Bewegungen werden anmutiger und in ihrem Rhythmus gelassener und zugleich zügiger, seine Haltung wird nicht nur, wie bereits erwähnt, aufrechter, sondern auch fester.

Der innere Meister

Orientierung und Führung können hilfreich sein für einen Menschen auf dem inneren Weg. Der Meister des inneren Weges kann sie geben. Nach Dürckheim hat jeder Mensch einen solchen Meister in sich, zunächst vor allem als Archetyp in seinem kollektiven Unbewussten. Er kann ihn aber auch als Teil seiner bewussten Persönlichkeit in sich haben – sobald er in seinem Leben mit der Möglichkeit des inneren Weges konfrontiert wird oder spätestens, wenn er auf diesem Weg bereits ein gewisses Stück vorangekommen ist. Außerdem gibt es noch den Meister draußen in der Welt.

Dementsprechend unterscheidet Dürckheim zwischen dem ewigen, dem inneren und dem leibhaftigen Meister. Der ewige Meister ist der Meister als Archetyp. Einen solchen Archetyp des Meisters hat jeder Mensch in seinem kollektiven Unbewussten. Er ist angeboren wie alle anderen Archetypen auch. Der innere Meister hingegen ist eine seelische Instanz innerhalb der bewussten Persönlichkeit, ähnlich dem Gewissen. Diese Instanz entsteht aus dem archetypischen Meister heraus in solchen Menschen, die von ihrer persönlichen Entwicklung her reif sind für eine spirituelle Entwicklung. Oft bildet sich der innere Meister mit der ersten intensiven Seinserfahrung des jeweiligen Menschen. Seine Aktivität besteht fortan darin, dass er von innen her die Entwicklung des jeweiligen Menschen auf dem spirituellen Weg überwacht und dirigiert. Der leibhaftige Meister hingegen ist ein Mensch, der in seiner eigenen Entwicklung auf dem inneren Weg schon so weit vorangekommen ist, dass er nun andere Menschen in ihrer Entwicklung auf jenem Weg angemessen begleiten und führen kann.

Neben der ersten intensiven Seinserfahrung sind es vor allem die verschiedensten Grenzsituationen des menschlichen Lebens, durch die der Archetyp des Meisters aktiviert werden kann und damit der innere Meister tatsächlich aus jenem Archetyp heraus ins Innesein treten kann. Zu solchen Grenzsituationen gehören beispielsweise unerwartete Schicksalsschläge, schwere Krankheiten oder auch Phasen der Depression.

So wird der innere Meister gespeist vom Archetyp des ewigen Meisters. Außerdem ist der innere Meister auch verbunden mit dem absoluten Gewissen. Und schließlich lernt der innere Meister natürlich aus den Erfahrungen, die der jeweilige Mensch auf dem inneren Weg macht.

Der ewige Meister verkörpert als Archetyp das entsprechende Urwissen. Wenn dieser Archetyp aktiviert wird, dann fließt jenes Wissen nach und nach vom kollektiven Unbewussten des jeweiligen Menschen in dessen bewusste Persönlichkeit ein. So kann es sich dort als innerer Meister etablieren und auch als solcher wirksam werden. „Der innere Meister ist das in uns lebendige, zu einer Verwandlungskraft erhobene Urwissen um den uns eingeborenen Weg zur Erfüllung der uns zugedachten Bestimmung."[113] Das archetypische Wissen wird dem inneren Meister dabei natürlich nicht rational und begrifflich ausformuliert zugänglich, sondern intuitiv und bildhaft-symbolisch.

Nichts desto trotz ist der innere Meister, wenn er sich in einem Menschen etabliert hat, in ihm eine Instanz seiner bewussten Persönlichkeit, die nun archetypisches Wissen um den inneren Weg verkörpert. Als eine solche Instanz ist er einerseits dem Gewissen des Menschen ähnlich, aber andererseits ist er auch früher oder später direkt mit einem Gewissen verbunden, jedoch nicht mit dem gewöhnlichen, sondern mit dem absoluten Gewissen des überweltlichen Seins. So ist der innere Meister auch die Stimme des absoluten Gewissens, die etwas anderes ist als jene Stimme, in der die Weltordnungen der Gemeinschaft, in der man lebt, mahnend und fordernd zu Wort kommen. Es ist stattdessen jene Stimme, die uns immer wieder aufruft zu dem inneren Weg, auf dem das *Leben*, nämlich das überweltliche Sein, zunehmend reiner offenbar werden kann, in uns selbst und in der Welt.

Je weiter ein Mensch auf dem inneren Weg vorankommt und je vielfältiger und umfangreicher die Erfahrungen sind, die er nun sammelt, mit diesem Weg und mit sich selbst auf diesem Weg, desto mehr lernt auch der Meister in ihm aus jenen Erfahrungen. So wird für den jeweiligen Menschen nach und nach sein gesamtes Leben zugleich zum Betätigungsfeld für den inneren Meister. Der jeweilige

---

[113] Dürckheim, *Meister* (1983), S. 45.

Mensch vernimmt nun von überall her die Stimme des inneren Meisters, so etwa aus der Art, wie er sich in seinem Leib bewegt, aus der Weise, wie er seinen Alltag bewältigt, aus der Art, wie er den Wechselfällen und Schicksalsschlägen des Lebens begegnet, oder aus der Weise, wie er den Verlockungen und Versuchungen der Welt nachgibt oder widersteht.

Über kurz oder lang kann für den Menschen auf dem inneren Weg aber trotzdem zusätzlich zu seinem inneren Meister ein leibhaftiger Meister ebenfalls hilfreich sein, also ein anderer Mensch draußen in der Welt, der bereits zum Meister auf dem Weg geworden ist. Doch auch hier ist für den jeweiligen Menschen erst einmal wiederum sein innerer Meister hilfreich. Hätte er keinen inneren Meister, so könnte er auch den Meister draußen nicht finden.

Schließlich kann der Mensch auf dem inneren Weg sogar selbst zum leibhaftigen Meister werden, wenn er auf diesem Weg der inneren Verwandlung weit genug vorangekommen ist. Er erlangt die entsprechende Meisterschaft genau dann, wenn in ihm „das *Leben* nicht nur lebendig ist als die Kraft, die ihn selbst zu einer höheren Stufe des Menschseins verwandelt, sondern zugleich als die Kraft, die ihn befähigt, diese Verwandlung auch in anderen zu entbinden"[114].

Der innere Weg und das uns eingeborene Inbild

Der inbildlichen Ordnung des überweltlichen Seins entspricht im transzendenten Wesen das in ihm vorhandene Inbild des jeweiligen Menschen. So gibt es nach Dürckheim in jedem von uns ein transzendentes Urbild oder eben Inbild. „Das Inbild ist unser Wesen, verstanden als die uns unbeirrbar zu einer bestimmten Lebensgestalt hindrängende, verpflichtende und unsere Grundsehnsucht bestim-

---

[114] Dürckheim, *Meister* (1983), S. 20.

mende Werdeformel, verstanden aber zugleich als der dem Menschen eingeborene *Weg*."[115]

So ist das Inbild recht eigentlich vor allem ein Inweg. Es ist der uns zugedachte und aufgegebene Weg der Offenbarwerdung des überweltlichen Seins in unserer individuellen Lebensgestalt. Die Lebensgestalt, das sind wir selbst als Ich und Leib. Aber auch diese Gestalt ist bestenfalls wiederum vor allem eine Gestalt auf dem Weg. Sie kann nur eine Verwandlungsgestalt sein, eine Verfassung des ganzen Menschen, welche die nie endende Verwandlungsbewegung gewährleistet.

Jedem Menschen ist damit der innere Weg, den er möglicherweise einmal gehen wird und verwirklicht, von vornherein bereits als Inweg spirituell eingeboren. Den inneren Weg zu gehen heißt damit immer auch, den eingeborenen Inweg raumzeitlich und individuell zu verwirklichen. Das Inbild ist der Sinn des Weges. Wenn sich in einem Menschen auf dem inneren Weg der innere Meister manifestiert, dann wird diesem nach und nach das ihm eingeborene Inbild intuitiv zugänglich. Die Verwirklichung des inneren Weges ist die Bezeugung dieses eingeborenen Inbildes.

Jeder Mensch, der den inneren Weg geht, verwirklicht ihn jedoch nicht nur jeweils individuell, sondern immer auch unter den Bedingungen seines weltlichen Daseins – und damit auch durch diese beeinflusst. So ist und bleibt auch die Lebensgestalt, die er auf diesem Weg ausbildet, stets zugleich von den Bedingungen des weltlichen Daseins geprägt. Eine reine Bezeugung des Inbildes ist in der Welt nicht möglich. Dies gilt sowohl für den Leib wie auch für den Charakter. Der Mensch kann weder leiblich noch charakterlich je zu einer Lebensgestalt gelangen, die eine reine Bezeugung seines Inbildes darstellt. Doch darum geht es auch nicht, denn der initiatische Auftrag des Menschen besteht ja gerade darin, das überweltli-

---

[115] Dürckheim, *Ursprung* (1978), S. 28.

che Sein innerhalb der Bedingungen des weltlichen Daseins zu bezeugen.

Trotzdem gibt es eine allgemeine Besonderheit der im Inbild vorgesehen Lebensgestalt, die über alle weltlichen Bedingungen hinweg und für jede individuelle Verwirklichung gültig ist. Diese Besonderheit besteht in der Transparenz der jeweiligen Lebensgestalt für das überweltliche Sein. Dementsprechend wird jeder Mensch durch sein Inbild gleichermaßen auf einen Weg hin gedrängt, auf dem er in seinem Ich und in seinem Leib zunehmend durchlässiger wird für jenes Sein.

Die Bedeutung des Leidens

Dürckheim unterscheidet, wie bereits erwähnt, zweierlei Leiden, welche hier als das weltliche und das initiatische Leiden bezeichnet werden. Das weltliche Leiden ist das Leiden aufgrund von weltlicher Not und weltlichem Schmerz; das initiatische Leiden ist das Leiden aufgrund einer inneren Entfremdung vom eigenen Wesen.

Das initiatische Leiden kann als Unruhe und Unzufriedenheit erlebt werden, als scheinbar grundlose Schuld oder als spannungsgeladene innere Leere, als existenzielle Angst oder als starke Bedrückung. Die Bedeutung dieses Leidens besteht darin, dass es den jeweiligen Menschen zu einer initiatischen Erfahrung hintreiben oder auf dem initiatischen Weg vorantreiben kann. Wenn ein Mensch ahnt oder sogar erkennt, dass es sich bei seinem Leiden um ein initiatisches handelt, dann kann er dadurch veranlasst werden, Übungen des initiatischen Weges zu praktizieren, sich also beispielsweise der Praxis der Meditation zu widmen.

Der rechte Umgang mit dem initiatischen Leiden besteht also darin, sich von ihm zum initiatischen Weg hin oder auf diesem Weg voran führen zu lassen. Doch auch bezüglich des weltlichen Leidens gibt es den initiatischen Umgang, durch den es initiatisch fruchtbringend werden kann. Für den initiatischen Menschen ist jedes Leiden dazu gegeben und aufgegeben, dass es durchlitten wird, um einen Schritt voran zu ermöglichen auf dem inneren Weg. Dies gilt sowohl für physische Schmerzen als auch für das Leiden unter einer seelischen Not, wie etwa dem Leiden unter einer sinnwidrigen Lebenssituation oder unter dem Verlust eines nahen Menschen.

Der natürliche Umgang mit dem Leiden besteht darin, es zu vermeiden, oder, wenn es bereits da ist, es so schnell wie möglich wieder zu beseitigen. Leiden beinhaltet stets eine Beeinträchtigung der Leistungskraft und der Lebensfreude. Leiden bedeutet Schmerzen und frei zu sein von Schmerzen ist für das Ich ein natürliches Bedürfnis.

Neben dem natürlichen Umgang mit dem Leiden gibt es noch andere Weisen des Umgangs mit ihm, reifere und krankhafte. Ein krankhafter Umgang mit dem Leiden liegt fast immer vor, wenn ein Mensch sich in seinem Leiden suhlt oder wenn er aktiv Leiden sucht oder sich sogar absichtlich Leiden schafft. Wenn ein Mensch hingegen ein Leiden, mit dem er schicksalhaft konfrontiert ist, tapfer oder demütig erträgt, dann zeigt er solcherart bereits einen reiferen Umgang mit dem Leiden. Der am meisten fruchtbringende Umgang mit dem Leiden besteht nach Dürckheim darin, auferlegtes Leiden anzunehmen und es tiefgreifend zu durchleben, es innerlich zu tragen und auszuhalten, ohne ihm auszuweichen, aber auch ohne es zu genießen. Durch einen solchen Umgang kann das Leiden in dem jeweiligen Menschen eine Verwandlung bewirken.

Die Verwandlung, die ein fruchtbringender Umgang mit dem Leiden bewirken kann, ist jedoch nicht immer auch schon eine initiatische. Bereits der vorinitiatische Mensch kann dadurch, dass er ein ihm auferlegtes Leiden wirklich durchlebt, in eine von ihm bislang ungeahnte Tiefe seines Seelenlebens vordringen, aus der er dann für sein weiteres Leben manche Bereicherung gewinnt. So gibt es auch schon für den von seinem Welt-Ich beherrschten Menschen durchaus Erfahrungen des Leidens, die ihn in seiner Entwicklung voranbringen können.

Die Tiefe, um die es auf dem initiatischen Weg geht, führt jedoch durch das Seelenleben hindurch in das Überweltliche hinein. Es ist eine Tiefe, aus der heraus das eigene Welt-Ich insgesamt relativiert wird. „So sehr das selbstgefällige Ich sich weigert, zu leiden, so sehr lernt man auf dem inneren Weg, das Leiden als Chance zu betrachten, eben dieses Ich zu überwinden."[116]

Die initiatische Bedeutung des weltlichen Leidens liegt also darin, dass es für den Menschen auf dem inneren Weg eine gute Gelegenheit bieten kann, das eigene Ich zum überweltlichen Wesen hin zu transzendieren. Diese Gelegenheit vermag jener Mensch umso besser zu nutzen, je mehr er bereits in seinem Hara verwurzelt ist.

Doch das Leiden endet auch für denjenigen Menschen keineswegs, der nicht mehr von seinem Welt-Ich beherrscht wird, sondern in ihm bereits durchlässig geworden ist zum eigenen Wesen hin. Stattdessen wächst in einem solchen Menschen vor allem die Fähigkeit, jedes ihm schicksalhaft auferlegte Leiden wirklich anzunehmen und auch fruchtbringend durchleben zu können. So wird solches Leiden für ihn immer wieder neu zur verwandelnden Übung auf seinem nie endenden Weg. Entscheidend ist hierfür, dass der jeweilige Mensch sich in seinem übernatürlichen Wesen gegründet weiß und dass er dessen zunehmendes Offenbarwerden in der Welt zum Sinn seines Lebens gemacht hat. Dann schmelzen bei ihm durch das Leiden in seiner Lebensgestalt nach und nach manche derjenigen Komponenten weg, die seinem Wachsen aus dem Wesen hinderlich sind.

Die Erweiterung des Bewusstseins

Der innere Weg beinhaltet immer auch eine Bewusstseinserweiterung des jeweiligen Menschen. Das gegenständliche Bewusstsein

---

[116] Dürckheim, *Weg* (1991), S. 58.

des gewöhnlichen Welt-Ichs muss hier sogar radikal erweitert werden, sozusagen um eine ganze Dimension, nämlich um diejenige der Transzendenz. Außerdem muss sein fixierender Charakter überwunden werden. „Gemessen an der *Tiefe* des dem Sein adäquaten Bewusstseins ist das gegenständliche Bewusstsein zu *flach*, sein Horizont zu *eng* und sein Charakter dem *Stillstehen* zugeneigt. In der initiatischen Arbeit geht es um eine Vertiefung sowohl als um eine Erweiterung des gewöhnlichen Wirklichkeitsbewusstseins sowie darum, dass alles wieder in die Bewegung wesensgemäßer Verwandlung kommt."[117]

Die geforderte Bewusstseinserweiterung kann allerdings niemals durch das gegenständliche Bewusstsein selbst oder vom eigenen Welt-Ich her erreicht werden. Sie lässt sich weder durch begrifflich philosophierendes Denken noch durch besonders moralisches Verhalten herbeiführen. Hilfreich sind hier vielmehr eine ehrliche Bearbeitung des eigenen Schattens, eine leibliche Verankerung im Hara und die innere Ausrichtung auf solche Erfahrungen hin, in denen die Transzendenz bereits durchschimmert.

Letztendlich kann sich unser Bewusstsein nur durch unmittelbare Erfahrungen der Transzendenz selbst zu ihr hin erweitern. Deshalb ist es für den Menschen auf dem inneren Weg notwendig, dass er fortwährend an seiner inneren Läuterung arbeitet und dass er sich in seiner gesamten Lebensverfassung immer zuverlässiger an denjenigen Erfahrungen orientiert, in denen er sich, über sein auch noch so vortreffliches Welt-Ich hinaus, in die Wirklichkeit eines größeren Lebens gestellt fühlt.

Jede Seinserfahrung, jede Erfahrung der Transzendenz, beinhaltet für den jeweiligen Augenblick eine temporäre Erweiterung des eigenen Bewusstseins vom gegenständlichen zum inständlichen Bewusstsein. Je öfter einem Menschen solche Erfahrungen zuteil werden und je mehr er sich in seiner ganzen Lebensverfassung an

---

[117] Dürckheim, *Leben* (1972), S. 117.

ihnen orientiert, desto deutlicher prägen sie auch über den jeweiligen Augenblick hinaus sein Bewusstsein. So tritt dann bei ihm das inständliche Bewusstsein mehr und mehr sozusagen Seite an Seite neben das gegenständliche Bewusstsein.

Wandlungen und Widerstände

Der innere Weg ist ein Weg der unaufhörlichen Wandlungen. Diese betreffen dabei stets den ganzen Menschen, als Ich und in seinem Unbewussten, als Leib und in seiner Existenz. Außerdem handelt es sich hierbei nicht nur um solche Wandlungen, die dem Menschen auf dem inneren Weg einfach zuteil werden und die er dann zulassen sollte, sondern auch um solche, die er selbst aktiv anstreben und ganz bewusst wagen sollte. Wo immer der Mensch einfach nur am Gewordenen haftet oder auch an gewissen Vorstellungen, die er sich einmal von seinem eigenen Leben gemacht hat, verschließt er sich dem, was sich in ihm und durch ihn aus seinem tiefsten Wesen heraus offenbaren will.

Durch die unaufhörlichen Wandlungen ist der innere Weg jedoch zugleich unabdingbar mit Risiken behaftet. Doch auch unabhängig von diesem Weg ist und bliebt der Mensch für sein Leben auf das Risiko persönlichen Wagens gestellt. Es gibt für ihn überhaupt kein endgültiges Ausweichen sozusagen in einen Raum ohne persönliches Schicksal, es gibt für ihn kein Leben ohne die Last der persönlichen Auseinandersetzung – und so gibt es für ihn erst recht keinen Fortschritt auf dem inneren Weg ohne persönliches Wagen und auch keine Sinnerfüllung ohne persönliche Weiterentwicklung.

Auf dem inneren Weg erhöht sich das allgemeine Risiko persönlichen Wagens nicht zuletzt deshalb sehr deutlich, weil es auf diesem Weg direkt auch darum geht, das eigene Streben nach Absicherung aktiv zu reduzieren. „Wenn der Mensch einmal so zum Wesen erwacht ist, dass er seine Forderung nicht mehr überhören kann, dann steht sein Leben fortan in einer unerbittlichen Spannung; denn es bedrängt ihn nun dauernd der Widerspruch zwischen den Nöten, Aufgaben und Verlockungen der Welt und dem inneren Auftrag."[118] Der innere Auftrag beinhaltet unaufhörliche Wandlungen, die Nöte, Aufgaben und Verlockungen der Welt drängen zur Absicherung. Durch sein Dasein in der Welt ist der Mensch immer wieder gezwungen, am Gewordenen festzuhalten, doch sein innerstes Wesen ermuntert ihn, sich ständig aufs Neue zu wagen.

Der Neuling auf dem Weg ist der Spannung, die dem Weg inhärent ist, besonders stark ausgeliefert. Er hängt hier gleichsam zwischen beiden Polen, nämlich zwischen der Verheißung und Verpflichtung des Neuen und dem Bann des Alten und Vertrauten, zwischen dem Wagnis des Unbekannten und der ihn zurückrufenden Sicherheit des Gewohnten.

Die Ursache der Spannung liegt dabei sowohl im Wesen wie auch im Welt-Ich. Das Wesen setzt den Menschen unter Spannung, indem es ihn mit seinem Auftrag auf den Weg verpflichtet. Die sich daraus ergebende Wesensspannung treibt den Prozess der fortgesetzten Wandlungen voran. Doch das Welt-Ich setzt diesen Wandlungen seine Widerstände entgegen und setzt damit den jeweiligen Menschen ebenfalls unter Spannung. Von solchen Widerstandsspannungen gibt es unendlich viele. Sie entstehen immer und überall durch Anhaften. So ist der Mensch beispielsweise verspannt im Festhalten an einer bestimmten Position und durch das Besessensein von seinen Wünschen, im Nichtloskommen von bestimmten Ressentiments und durch das Gefangensein in seinen Ängsten.

Damit ergeben sich die Widerstände des Menschen gegen die Wandlungen des Weges nicht nur aus seinem Streben nach Absicherung, sondern aus jeglichem bewussten oder unbewussten Haften seines Welt-Ichs. Das Loslassen solchen Haftens ist zumeist mit Schmerz verbunden. Dementsprechend ist die Überwindung der natürlichen Schmerzscheu des Ichs nicht nur wichtig für einen initia-

---

[118] Dürckheim, *Alltag* (1980), S. 12.

tischen Umgang mit dem Leiden, sondern auch darüber hinaus unabdingbar für beinahe jedes Vorankommen auf dem inneren Weg.

Für Dürckheim ist der Abbau des schmerzscheuen Ichs eine wichtige Voraussetzung für das Gelingen des initiatischen Reifens – und daneben gibt es noch einige weitere. Insgesamt sind dies folgende Voraussetzungen: „Der Abbau des kleinen, nur weltbezogenen, schmerzscheuen Ichs, das Spüren und Zulassen und die Entfaltung des eingeborenen, transzendenten *Wesens*, das Einschmelzen der es verstellenden Positionen und Einstellungen, das Ernstnehmen und Verarbeiten der zu seinem Innewerden hinführenden und es bekundenden Erfahrungen, die Gewinnung zuverlässiger Haltungen, die dem Wesen entsprechen, und in allem die Treue im Fortschreiten auf dem inneren *Weg*."[119]

Die Wandlungen auf dem inneren Weg betreffen damit auch das Ich selbst mit seinem eigenen Gehäuse. Fehlhaltungen müssen hier aufgegeben werden zugunsten von dem Wesen entsprechenden Haltungen. Das dem Wesen entsprechende Ich, also das geglückte, hat ein Gehäuse mit einer durchlässigen Form und einer geformten Durchlässigkeit. Dem Menschen mit einem starren Ich-Gehäuse mangelt es hier vor allem an Durchlässigkeit zur eigenen Tiefe hin und dem Menschen mit einem schlaffen Ich-Gehäuse vor allem an Form in der rechten Festigkeit. Dem Harmoniker mangelt es in seinem elastischen Ich-Gehäuse sowohl an Tiefe wie auch an Festigkeit, wenn auch jeweils in einem geringeren Ausmaß.

Die wichtigsten Ursachen für Fehlentwicklungen, die zu Fehlformen des Welt-Ichs führen, beziehungsweise zu Fehlhaltungen im Ich-Gehäuse, liegen in einem falschen Erziehungsverhalten seitens der Eltern und in daraus resultierenden traumatischen Kindheitserfahrungen. Um solche Fehlhaltungen abbauen zu können, ist für den jeweiligen Menschen deshalb die Auseinandersetzung mit den Schattenkräften im eigenen Unbewussten notwendig. Außerdem

---

[119] Dürckheim, *Alltag* (1980), S. 8.

erscheinen die Fehlhaltungen im Ich-Gehäuse auch als Fehlformen des Leibes, etwa in Erschlaffungen und Verspannungen der Muskulatur. So können sie zusätzlich vom Leib her korrigiert werden, speziell über ein Sich-Niederlassen im Hara. Je mehr der Mensch auf dem Weg in Fühlung mit seinem Wesen gelangt, desto mehr wächst ihm auch von dort her zweierlei zu, nämlich erstens ein unbedingtes Vertrauen, welches seine Verspannungen löst, und zweitens eine zukunftsfreudige Haltung, welche seine Erschlaffungen festigt. Nichts desto trotz müssen die rechte Durchlässigkeit und die rechte Form aber auch im Alltag fortgesetzt eingeübt werden, indem der jeweilige Mensch dort immer wieder neu dazu passende Weisen des Erlebens und Verhaltens wagt. Zur rechten Form passende Verhaltensweisen bestehen etwa in der mutigen Auseinandersetzung mit der Welt, zur rechten Durchlässigkeit passende Erlebensweisen etwa im vertrauensvollen Hinspüren zum Numinosen. Das immer wieder neue Üben solcher Weisen des Erlebens und Verhaltens ist ein Beispiel für die Treue im Fortschreiten auf dem inneren Weg.

Entscheidend für das geglückte Ich ist also nicht nur eine gute Durchlässigkeit zum Wesen hin, sondern auch eine jenem gemäße Festigkeit in der Welt. Durchaus ordnet sich der Mensch auf dem inneren Weg mit seinem Ich zunehmend der ihm immanenten Transzendenz unter, die er mehr und mehr als sein eigentliches Wesen erfährt. Dies bedeutet jedoch keineswegs, dass er damit zugleich sein Recht auf Selbstbehauptung verlieren würde. Gerade auch der initiatische Mensch muss sich in der Welt behaupten können – nicht zuletzt, um dort das überweltliche Sein glaubhaft bezeugen zu können.

So geht es auch auf dem initiatischen Weg keineswegs um Weltverneinung oder Weltentsagung. Durch einen Verzicht auf ein ›weltliches‹ Leben wird der Mensch dem Gesetz des wahren Lebens keineswegs gerecht. Sein Leben liefe gerade durch einen solchen Verzicht dem Gesetz des wahren Lebens ebenfalls zuwider, denn er würde dadurch jene Entfaltung und Bewährung seiner Person verhindern, die überhaupt nur in der Auseinandersetzung mit der Welt und im Dienst am Nächsten möglich ist.

Die eigene Natur, die eigene Triebhaftigkeit und Emotionalität, darf ebenfalls auf dem inneren Weg nicht einfach unterdrückt oder verdrängt werden oder bleiben, sondern sollte in das geglückte Ich mit integriert werden. Sie bildet gleichsam das erdhafte Fundament dieses Welt-Ichs, ohne das der Mensch mit jenem Welt-Ich auch seinem himmlischen Ursprung nicht gerecht werden kann.

Das geglückte Welt-Ich ist die Integration des Welt-Ichs mit dem Wesen. In dieser Integration löst sich früher oder später die dem inneren Weg zunächst inhärente Spannung zwischen dem überweltlichen Sein und dem weltlichen Leben. Diese Spannung erweist sich dabei *auch* als das Resultat einer bestimmten Perspektive. „Wo Sein und Wesen nur im Gegensatz zum weltbezogenen Ich wahrgenommen werden, ist der Mensch noch im Bann des gegenständlichen Bewusstseins."[120] Durch die Integration des Welt-Ichs mit dem Wesen befreit sich der Mensch mehr und mehr aus jenem Bann. Er erfährt zwar die Welt auch weiterhin von seinem Ich her durch sein gegenständliches Bewusstsein in Gegensätzen, doch die Integration mit dem Wesen ermöglicht ihm darüber hinaus zusätzlich die übergeordnete Perspektive des inständlichen Bewusstseins, in der alle Gegensätze transzendiert sind.

Initiatische Umkehr und mystischer Ich-Tod

Der mystische Ich-Tod und die initiatische Umkehr ereignen sich oft bereits vor und nach der ersten intensiven Seinserfahrung eines Menschen: Für einen Augenblick geht das Ich ein, damit das Wesen im eigenen Bewusstsein aufgehen kann – und diese Erfahrung mag in dem jeweiligen Menschen daraufhin bereits jenen Wandel bewir-

---

[120] Dürckheim, *Leben* (1972), S. 37.

ken, der sich darin zeigt, dass von nun an nicht mehr die Belange seines weltbezogenen Ichs, sondern die Manifestation und das Bezeugen seines transzendenten Wesens das Wichtigste in seinem Leben sind. Im weiteren Verlauf seines inneren Weges kann es aber trotzdem weitere Ereignisse geben, in denen der jeweilige Mensch entweder seine initiatische Umkehr noch vertieft und bekräftigt oder in denen er wiederholt und dabei intensiver den mystischen Ich-Tod erleidet.

Der gesamte innere Weg ist ein Prozess der unaufhörlichen inneren Verwandlung. Dieser Prozess verlangt stets neu den mystischen Tod und die mystische Wiedergeburt: „Das wirkliche ›Stirb und Werde‹, nicht einmal, sondern als ewige Formel des Weges."[121] So wird für den Menschen auf dem inneren Weg dieses ›Stirb und Werde‹ früher oder später zu einem ganz alltäglichen Geschehen. ›Sterben‹ beinhaltet für ihn nun alle ›Tode‹ seines täglichen Lebens, jeden Verlust, den er annimmt, jede Freundschaft, die auseinander geht oder die er selbst beenden muss, jeder freiwillige oder auferlegte Verzicht und tausend andere Veränderungen. Nur aus einem solchen alltäglichen Sterben heraus kann auch jenes Neuwerden alltäglich erwachsen, durch das sich der innere Weg letztendlich verwirklicht.

Leibhaftige Gebärde des alltäglichen ›Stirb und Werde‹ ist der natürliche Rhythmus des Atems. Im Atem lässt sich das Leben ganz unmittelbar in seiner Verwandlungsbewegung erfahren. Durch ein achtsames Spüren und ein meditatives Zulassen der natürlichen Bewegung des eigenen Atems kann der Mensch auf dem inneren Weg sich zunehmend tiefer vertraut machen mit dem ewigen ›Stirb und Werde‹. Der rechte Akzent liegt dabei jeweils auf der Preisgabe der Atemluft im Ausatmen – und auf dem schlichten Geschehenlassen dieser Preisgabe.

---

[121] Dürckheim, *Meister* (1983), S. 50.

Auch bei der seelischen Verwandlung auf dem inneren Weg liegt der Akzent auf der Preisgabe. Jede Verwandlung erfordert die Preisgabe von etwas, das dem Welt-Ich bislang wichtig war, so etwa die Preisgabe einer Gewohnheit oder eines Anspruchs, eines Wunsches oder einer Überzeugung. Letztendlich geht es hier darum, die so selbstverständlich erscheinende Vorherrschaft der Sichtweise des Welt-Ichs insgesamt aufzugeben.

Das Aufgeben der Vorherrschaft der gewohnten Sichtweise des eigenen Welt-Ichs ist zugleich auch die erste Hälfte der initiatischen Umkehr. Die zweite Hälfte dieser Umkehr besteht in der schwerpunktmäßigen Ausrichtung des eigenen Lebens auf die Verwirklichung des transzendenten Wesens. Eine solche Umkehr hat die Große Erfahrung zur Voraussetzung. „Es gibt echte Wandlung überall dort, wo es für den Menschen zur *Erfahrung eines übernatürlichen Seins* kommt, die den Sinn des Lebens um hundertachtzig Grad wendet und die Achse des Lebens aus der Mitte des *natürlichen* menschlichen Daseins in ein *übernatürliches* Sinnzentrum rückt."[122]

Eine solche Wandlung ist tatsächlich eine Drehung um hundertachtzig Grad, weg von der bisherigen vorherrschenden Bezogenheit auf die irdische Welt und stattdessen hin zu einer vorherrschenden Bezogenheit des Lebens auf das überweltliche Sein. Die irdische Welt wird dann für den jeweiligen Menschen vor allem zum Manifestationsraum dieses Seins. Ein berufliches Funktionieren in der Leistungsgesellschaft und das Streben nach weltlicher Absicherung sowie die Geborgenheit im sozialen Umfeld und die Befriedigung der eigenen Lustbedürfnisse stehen für einen Menschen, der eine solche Drehung vollzogen hat, nicht mehr an erster Stelle. Letztendlich steht hier sogar er selbst mit seinem eigenen Wohl und Wehe nicht mehr an erster Stelle, sondern stattdessen das überweltliche Sein.

---

[122] Dürckheim, *Erlebnis* (1982), S. 82 f.

In ihrer intensivsten Ausprägung ist die initiatische Umkehr eine spirituelle Metanoia, die den mystischen Ich-Tod beinhaltet. „Die Metanoia, um die es geht, führt über einen Umbruch, einen Zusammenbruch der alten Ordnung, über eine Vernichtung des alten Subjektstandes, über einen Tod des Ichs, über eine echte Preisgabe der alten Form, über das Opfer, ohne das es keine Verwandlung gibt."[123]

Das Ergebnis einer gelungenen Metanoia ist die Heilwerdung des Menschen und seine Transparenz für die immanente Transzendenz. „Sie wird aber nur möglich durch den mystischen Tod des Ichs, der den Weg freimacht für die Neugeburt aus dem Sein."[124] So muss zunächst das Ich eingehen, bevor dem Menschen die initiatische Ganzwerdung zuteil werden kann.

Das Ich des Menschen ist selbst sozusagen der Grenzwall, durch den der Mensch getrennt ist, von der Transzendenz. Dieser Wall besteht vor allem aus den eingefleischten Gewohnheiten des Ichs sowie aus seinen ebenso eingefleischten Denkweisen und aus seinem verhärteten Anspruch auf ein ungestörtes Leben, auf stimmigen Sinn und auf gesicherte Geborgenheit. Das Einstürzen dieses Grenzwalls ist der Ich-Tod.

Die emotionale Dramatik, mit der sich der Ich-Tod bei einem Menschen ereignet, kann unterschiedlich stark sein. Der Tod des Ichs kann als ein langsamer Prozess erfolgen oder mit einem plötzlichen Schock stattfinden. Doch ohne einen Tod des Ichs gibt es keinen Durchbruch zum Grund. Nur wenn ein Mensch alles preisgibt, was er hat, kann er zu dem werden, der er im tiefsten Inneren ist.

Der emotionale Prozess des mystischen Ich-Todes ist eine Zerreißprobe. Der Grenzwall zur Transzendenz hin stürzt ein, indem das Ich des jeweiligen Menschen zerreißt. In dem entsprechenden Geschehen zerreißt sowohl die innere Ordnung des Ichs wie auch seine Verbindung mit der äußeren Welt. Dadurch wird der jeweilige

---

[123] Dürckheim, *Erlebnis* (1982), S. 240.
[124] Dürckheim, *Ton* (1978), S. 303 f.

Mensch mehr oder weniger massiv mit seelischem Schmerz konfrontiert und ebenso mit eigener Schuld. Seine Weltfähigkeit erleidet währenddessen oft vorübergehend eine deutliche Einbuße, die einige Wochen anhalten kann oder auch viele Monate.

Initiatisch bestehen kann der jeweilige Mensch die Zerreißprobe des mystischen Ich-Todes nur, indem er sich ihr fügt und sich tatsächlich in seinem Ich zerreißen lässt. Doch das Ich, in dem er sich hier zerreißen lassen muss, das er hier aufgeben muss, ist nicht irgendein Ich. Es ist das eitle Ich mit seinem Wunsch, um jeden Preis zu gelten, mit seinem Wahn, das Leben müsste stets seinen Vorstellungen entsprechen, und mit seinem Willen, sich in der Position zu verschanzen, die es in der Welt und in seinem Spiegelbild einnimmt. So ist das Aufgeben dieses Ichs vielleicht die schwerste Aufgabe, die dem Menschen von innen gestellt wird.

Die Neugeburt aus dem Sein, die auf den Ich-Tod folgt, beinhaltet zugleich eine Schwerpunktverlagerung im Leben des jeweiligen Menschen hin zu eben jenem Sein. Außerdem beinhaltet sie aber auch eine Neugeburt des Ichs. Das Ziel des Ich-Todes ist keineswegs die endgültige Vernichtung des Ichs. Das bisherige Ich fällt durch seinen mystischen Tod nur vorübergehend der Vernichtung anheim und erfährt daraufhin eine Wiederauferstehung, die zugleich aber auch eine Verwandlung beinhaltet. Es geht hier nicht um eine vollständige und unwiderrufliche Vernichtung des Ichs, sondern um eine Verwandlung des nur weltbezogenen Ichs. Es geht um die Verwandlung des Menschen, der ausschließlich von seinem Welt-Ich bestimmt ist, in einen solchen Menschen, der von seinem Wesen bestimmt ist. Auch geht es hier nicht um eine Verneinung der Welt, sondern um eine Überwindung des Haftens an ihr.

Das neue Ich, und damit sozusagen das Ich des neuen Menschen, ist innerlich durchlässig zum Wesen hin und diesem untergeordnet. Jenes ist von nun an das eigentliche Subjekt des jeweiligen Menschen. Die Verwandlung des Ichs besteht hier vor allem darin, dass es seiner Herrschaftswürde entkleidet wird. Das Ich folgt von nun an in seinem Handeln den Gesetzen des im Wesen enthaltenen überweltlichen Seins.

So ist das neugewordene Ich nun fähig zur Bezeugung des transzendenten Wesens im raumzeitlichen Dasein. Allerdings kann nach Dürckheim die Präsenz eines Menschen aus dem Sein auch durch einen noch so intensiven Ich-Tod niemals endgültig und für immer gewonnen werden. Deshalb bleibt der initiatische Weg auch weiterhin ein endloser Prozess der Verwandlung mit einem stets neu notwendigen ›Stirb und Werde‹. Die treue Bezeugung des Wesens im raumzeitlichen Dasein erfordert immer wieder das Durchschreiten einer Zone oder Phase der Vernichtung.

Der initiatische Mensch und sein soziales Umfeld

Wenn ein Mensch die initiatische Umkehr vollzieht und damit gleichsam zum Diener des Überweltlichen wird, statt weiterhin stets dem Weltlichen in seinem Leben den Vorrang zu geben, dann darf er dafür nicht mit allzu viel Verständnis seitens seines sozialen Umfeldes rechnen. Schon derjenige, der sich nur um den initiatischen Weg bemüht, gerät leicht in den Verdacht, etwas Besonderes sein zu wollen.

Seinerseits kann es für den Menschen auf dem initiatischen Weg durchaus auch hilfreich sein, sich ab und an um seiner eigenen Läuterung willen für mehrere Tage oder sogar für einige Wochen ganz aus seinem sozialen Umfeld zurückzuziehen. In solchen Zeiten des Rückzuges, gleichsam der Abkehr von der Welt, mag er sich dann vermehrt seinen Fehlhaltungen und seinen Schattenimpulsen widmen und sich darüber hinaus ganz auf das Wesentliche besinnen, nämlich auf das transzendente Wesen in seinem Inneren.

Letztendlich aber gehört zu diesem Wesentlichen auch die Bezeugung des Wesens in der Welt – und zu dieser Bezeugung wiederum gehört oft auch ein entsprechender Dienst am Mitmenschen. So sollte gerade für den initiatischen Menschen jede Abkehr von der Welt früher oder später wieder einmünden in eine Rückkehr zur Welt.

Dennoch gibt es auch dauerhafte Veränderungen im Leben eines initiatischen Menschen bezüglich seines sozialen Umfeldes. So werden viele bisherige Freundschaften und familiäre Bindungen für ihn nun fragwürdig – Blutsverwandtschaften und Gemeinschaften verlieren an fraglos verpflichtendem Gewicht. Der Mensch auf dem initiatischen Weg kann entsprechenden Bindungen gegenüber nicht mehr fraglos Gehorsam leisten und muss oder will manche von ihnen sogar ganz aufgeben.

Ebenso verlieren die moralischen Gesetze und Regeln seines sozialen Umfeldes für den initiatischen Menschen an fraglos verpflichtendem Gewicht. Auch in seinem moralischen Verhalten muss sein Gehorsam gegenüber diesen Gesetzen und Regeln mitunter zurücktreten gegenüber unabdingbaren Forderungen des absoluten Gewissens, aus dem sein Wesen spricht.

Für die Entwicklung des Menschen ist es durchaus von Vorteil, wenn er sein egoistisches Ich überwindet und zu einem sozialen Ich heranreift, wenn er lernt, in Bindungen und Freundschaften selbst Verpflichtungen einzugehen und diese auch zu erfüllen, und wenn er ebenso lernt, die moralischen Gesetze und Regeln seiner Gemeinschaft zu respektieren und auch zu befolgen. „Auf den *Weg* mündet der Mensch aber erst dort ein, wo die letzte Instanz, der er gehorcht, nicht mehr eine in der Welt gültige Ordnung von Werten ist, sondern das in seinem Wesen lebendige Sein, das in ihm und durch ihn offenbar werden will in der Welt."[125]

So führt der initiatische Weg den Menschen mitunter heraus aus vielen langjährigen Freundschaften und manchen familiären Bindungen sowie ebenso aus der fraglosen Eingebundenheit in die Moralvorstellungen seiner Gemeinschaft. Aber er führt ihn nicht grundsätzlich aus seinem sozialen Umfeld heraus, sondern verwandelt

---

[125] Dürckheim, *Alltag* (1980), S. 36.

dorthin wieder zurück. Denn es ist oft gerade auch sein soziales Umfeld, in dem er seinem Auftrag gerecht werden kann, das überweltliche Sein im weltlichen Dasein zu bezeugen.

Die Bezeugung des überweltlichen Seins im sozialen Umfeld kann seitens des initiatischen Menschen einerseits ganz allgemein erfolgen, durch eine entsprechende Mitmenschlichkeit in seinem sozialen Verhalten – sie kann aber auch ihrerseits wiederum eine initiatische Bedeutung gewinnen durch ein entsprechendes Eingehen auf den suchenden Mitmenschen. Je weiter ein Mensch bereits selbst auf dem Weg vorangekommen ist, desto mehr zieht er andere Menschen an, die den Weg suchen. Die Weise des initiatischen Menschen, wie er die Welt erlebt und sich in ihr verhält, sowie speziell seine Art, im Gespräch manche Aspekte zu betonen und andere zu ignorieren, richtet die Aufmerksamkeit gerade von solchen Menschen, die ihrerseits Suchende sind, unwillkürlich auf das, worauf es auch ihnen ›im Grunde‹ ankommt. So kann derjenige Mensch, der auf dem inneren Weg bereits fortgeschritten ist, dem einen oder anderen seiner Mitmenschen aus dem sozialen Umfeld, der den Weg noch sucht, dabei helfen, ihn zu finden.

Das Ziel des inneren Weges

Das Ziel des inneren Weges besteht in der seelischen und leiblichen sowie spirituellen Verwirklichung der postmentalen Entwicklungsstufe. Der innere Weg ist der Entwicklungsweg zu dieser Stufe hin und auf dieser Stufe weiter in ewiger Verwandlung. Sowohl bei dem Erreichen der postmentalen Stufe wie auch bei der daraufhin weiter fortschreitenden Verwandlung geht es jeweils um zweierlei, nämlich erstens um die Durchlässigkeit zum eigenen Wesen hin und zweitens um dessen Bezeugung in der Welt.

Der innere Weg, wie Dürckheim ihn vertritt, ist ausdrücklich kein Weg zur Macht. Das Ziel dieses Weges besteht *nicht* darin, irgendwann einmal nur noch Erfolg zu haben und jeden Kampf zu gewinnen, Angst und Traurigkeit, Verzweiflung und Schmerz endgültig zu überwinden, gegen jeden Schicksalsschlag und alles Unglück gefeit zu sein, für sich selbst Sonderrechte in Anspruch zu nehmen, stets bei guter Gesundheit zu bleiben und schließlich sogar den physischen Tod zu umgehen. Ebenso ist jener Weg keiner zur Fürsorglichkeit. So liegt das Ziel dieses Weges auch *nicht* darin, irgendwann einmal zu allen Mitmenschen nur noch lieb und nett und hilfsbereit und rücksichtsvoll zu sein. Weiterhin ist der innere Weg, wie Dürckheim ihn vertritt, kein Weg hin zu Ruhe, Glück und Wohlbefinden für das Ich. Dementsprechend besteht das Ziel dieses Weges auch *nicht* darin, dass das Ich des jeweiligen Menschen irgendwann einmal in eine Verfassung gelangt, in der es ihm nur noch immer gut geht. Sondern es ist der Weg der Verheißung, der Erfüllung und des Auftrages aus dem *Wesen*.

Trotzdem geht es auf diesem Weg auch um das Ich. Allerdings liegt das Ziel des Weges hier darin, das eigene Ich so umzugestalten, das es im Dienste des Seins steht, und nicht im Gegensatz dazu. Es geht um die Verwirklichung eines Ichs, welches dem jeweiligen Menschen zur Bezeugung des Wesens in der Welt befähigt und das diese Bezeugung auch seinerseits leisten will.

Dementsprechend ist der innere Weg auch *kein* Weg der Abkehr von der Welt. Sondern er hat als Ziel die von der Seinserfahrung ausgehende Verwandlung des jeweiligen Menschen zu einer Person, die sich als Zeuge des Erfahrenen gerade auch *in* der Welt bewährt, und zwar welt-bejahend und nicht welt-verneinend.

So besteht das Ziel des inneren Weges letztendlich darin, dass der jeweilige Mensch wahrhaft Person wird, nämlich durchlässig zum überweltlichen Sein hin, damit jenes durch ihn zunehmend häufiger und reiner hindurchtönen kann. „*Person* ist der Mensch in dem Maße, als er zur Integration mit seinem Wesen gelangt ist und es vermag, kraft dieser Integration in diesem Dasein von dem in ihm zum Offenbarwerden drängenden Sein aus Freiheit und mit Bewusstsein zu zeugen."[126]

In der eigenen Mitte ankommen

Auf dem inneren Weg findet der Mensch zunehmend häufiger, leichter, nachhaltiger, tiefer und umfassender in seine eigene Mitte. Der gewöhnliche Mensch fühlt sich in seiner Mitte, wenn er sich in seinem Selbstbewusstsein als kraftvoll, geordnet und wertgeschätzt erlebt. Doch diese Mitte ist lediglich eine seelische Mitte im bewussten Welt-Ich des jeweiligen Menschen. Sie ist abhängig von manchen Bedingungen innerhalb jenes Welt-Ichs und von zufälligen Bedingungen der äußeren Welt. Auf dem inneren Weg geht es darum, in einer Mitte anzukommen, die deutlich unabhängiger ist von allen weltlichen Bedingungen und die zugleich auch tiefer ist und umfassender.

Eine deutlich tiefere Mitte erreicht der Mensch auf dem inneren Weg oft zunächst einmal durch eine Verankerung im Hara. Wenn es ihm gelingt, sich in dieser leiblichen Mitte zu verwurzeln, dann ergibt sich daraus für ihn immer auch eine Stabilisierung und Stärkung seiner seelischen Mitte. So kann er sich nun in seinem Selbstbewusstsein leichter und häufiger als kraftvoll, geordnet und wertgeschätzt erleben.

Eine gute Verankerung im Hara, der eigenen Leibesmitte, ermöglicht dem Menschen, der dort angekommen ist, leiblich wie seelisch die rechte Gestalt im Verhältnis zu ›Himmel‹ und ›Erde‹, also zur eigenen Natur und zur geistigen Sphäre, sowie im Verhältnis zur äußeren Welt und auch zu sich selbst, also zu seinem eigenen inneren Seelenleben. Die rechte Gestalt im Verhältnis zu Himmel und Erde ist eine aufrechte Körperhaltung des Menschen, in der er in

---

[126] Dürckheim, *Leben* (1972), S. 19.

seiner eigenen Natur gegründet und zur geistigen Sphäre hin durchlässig ist. Durch eine solche aufrechte Körperhaltung verbindet er in sich Himmel und Erde. Bei einem Menschen, der in seiner leiblichen Mitte angekommen ist, befindet sich dessen lebendige Gestalt außerdem im rechten Verhältnis zur Welt. „Als in rechter Weise lebendige Gestalt atmet er die Welt gleichsam stetig in sich ein und atmet sich ruhig in sie aus."[127] So ist er im Verhältnis zur Welt geöffnet und doch zugleich auch geschlossen. Er wahrt der Welt gegenüber seine eigenen Konturen und ist mit ihr dennoch im stetigen Kontakt. Bekundet die lebendige Gestalt eines Menschen das rechte Verhältnis zu sich selbst, dann erscheint er in dieser Gestalt sowohl in einer festen Form gehalten wie auch von lebendiger Dynamik beseelt. Seine Muskulatur befindet sich dementsprechend im rechten Verhältnis von ›gespannt‹ und ›gelöst‹.

Jenseits der leiblichen Mitte, welche dem Menschen die rechte Gestalt ermöglicht, gibt es aber eine noch tiefere Mitte. Diese tiefste Mitte ist das eigene Wesen. In der eigenen Mitte ankommen heißt dementsprechend auf dem inneren Weg auch, das eigene Wesen zu erfahren und sich in ihm immer mehr zu beheimaten.

In seine wahre Mitte gelangt der Mensch jedoch erst über eine Integration des Wesens mit dem Welt-Ich. Diese wahre Mitte ist zugleich eine umfassende Mitte. Sie wird erreicht über eine Verwurzelung im Hara und sie beinhaltet im Seelenleben des jeweiligen Menschen eine Zentrierung, die zunehmend unabhängiger wird von allen weltlichen Bedingungen und die zugleich zunehmend transparenter wird für das überweltliche Sein. In seiner wahren Mitte zu sein heißt also schlussendlich, als ganzer Mensch in Leib und Seele *zentriert* zu sein auf eine Transparenz zum eigenen Wesen hin.

Eine solche Zentrierung bewährt sich gerade dann besonders, wenn sich die weltlichen Bedingungen deutlich verschlechtern. Hier ist dann ein Stehen in einer überweltlichen Kraft möglich auch inmit-

---

[127] Dürckheim, *Ursprung* (1978), S. 176.

ten von Schwäche, sowie das Erlebnis einer überweltlichen Klarheit sogar inmitten von Absurdität und die Geborgenheit in einer überweltlichen Liebe auch inmitten von Lieblosigkeit. Erst dort, wo solches ›einzieht ins Gemüt‹, ist der Mensch in seiner wahren Mitte angelangt.

Vor allem aber ist die wahre Mitte auch das Große Herz des Menschen. Jenes Herz ermöglicht es ihm, in der Welt eine Liebe zu leben, die nicht von seinem Ich gemacht wird, sondern aus seinem Innersten, nämlich aus seinem transzendenten Wesen, hervorströmt. „*Und so ist der Mensch erst dann in seiner wahren Mitte, wenn das in seinem Wesen anwesende göttliche Sein in ihm und durch ihn offenbar werden kann als tragende Kraft, sinnerfüllende Gestalt und schöpferisch-erlösende Liebe.*"[128]

Das Ankommen in der eigenen wahren Mitte ist einerseits durchaus die Erfüllung einer Verheißung: Der Übergang in eine wesensgemäße Verfassung geht mit intensiven Gefühlen des Einklangs einher. Eine geheimnisvolle Kraft aus seiner Tiefe durchpulst den Menschen, trägt ihn innerlich empor und weitet ihn zugleich.

Andererseits ist das Ankommen in der eigenen wahren Mitte aber auch nur ein vertieftes Ankommen auf dem inneren Weg der ewigen Verwandlung und ein vertieftes Verpflichtetsein auf den Auftrag aus dem Wesen. „Die ›Mitte‹, in die der Mensch als in *seine* Mitte gelangen kann, ist also letztlich *kein fester Punkt*, in dem man einmal ganz ankommen kann, sondern es ist *die treue Unbeirrbarkeit einer Bewegung.*"[129] In dieser Bewegung nimmt das überraumzeitliche Wesen immer wieder neu raumzeitliche Gestalt an in dem jeweiligen Menschen selbst sowie auch in seinem Tun und Lassen in der Welt.

---

[128] Dürckheim, *Meister* (1983), S. 143.
[129] Dürckheim, *Erlebnis* (1982), S. 251.

Weitergehen auf dem inneren Weg

Auch für denjenigen Menschen, der angekommen ist, in seiner Mitte, bleibt der Auftrag aus dem Wesen weiterhin gültig, welcher darin besteht, zu reifen auf dem inneren Weg und die Welt zu gestalten im das Sein offenbarenden Werk. Die Welt ist niemals fertig gestaltet und der Mensch ist ebenfalls niemals fertig gereift. So ist auch das Ziel des Weges nicht die eigene Mitte, sondern letztendlich der Weg selbst. Sogar für das Sterben gilt es, auch hier, sozusagen im Hinübergehen, weiterhin auf dem Weg zu bleiben.

Aus seiner Mitte heraus mag der Mensch, der dort angekommen ist, leiblich wie seelisch die rechte Gestalt verwirklichen, doch diese Gestalt ist ebenfalls niemals eine endgültige, denn das Wesen selbst, die tiefste Mitte des Menschen, verlangt die ewige Verwandlung. Dementsprechend kann auch die rechte Gestalt des Menschen auf dem Weg nur eine solche sein, deren Verfassung die ewige Verwandlung immer weiter gewährleistet.

Die nie endende Verwandlung ist auch für denjenigen Menschen, der in seiner Mitte angekommen ist, weiterhin ein ewiges Stirb und Werde mit seinen Höhen und Tiefen. Er mag zwar, aus seiner Mitte heraus, ein geglücktes Ich verwirklicht haben, das sowohl seinsdurchlässig ist wie auch weltkräftig, aber trotzdem wird sogar ein solcher Mensch immer wieder vorübergehende Einbußen in seiner Seinsfühlung oder in seiner Weltfähigkeit erleiden.

Je weiter der Mensch auf dem Weg bereits vorangekommen ist, je mehr er selbst bereits zu seiner Mitte gefunden hat, desto mehr wird jedoch für sein Weitergehen auf dem Weg vor allem die *Offenbarung* des überweltlichen Seins zur Hauptsache. Zum Hauptfeld der Bewährung wird für ihn nun der eigene Alltag. So geht es für den Menschen auf dem Weg von jetzt an vor allem darum, seinen unendlichen Ursprung in seinem endlichen Dasein zu bezeugen. Sein ganzes Leben wird nun zu einem Dienst am überweltlichen Sein.

Das Bezeugen des unendlichen Ursprungs im endlichen Dasein steht für denjenigen Menschen, der bereits in seine Mitte gefunden hat, in ausnahmslos allen Situationen seines Lebens an. „Dann wird ›jede Situation zur besten aller Gelegenheiten‹, im Zeitlichen das Überzeitliche, im Bedingten das Unbedingte, im Weltlichen das Überweltliche zu bezeugen."[130]

Allerdings gelingt ein solches Bezeugen auch dem initiatischen Menschen durchaus manchmal besser und manchmal schlechter. Aber sobald er in seine Mitte gefunden hat, fällt es ihm zunehmend leichter, von seinem inneren Meister her ein gutes und jedes schlechte Gelingen der Bezeugung zu registrieren. Einem schlechten Gelingen liegt oft eine eigene Fehlhaltung zugrunde oder gar ein noch unbearbeiteter Schattenimpuls. Solche Fehlhaltungen und Schattenimpulse gilt es gerade auch im Weitergehen auf dem inneren Weg immer wieder neu aufzuspüren. Vom eigenen inneren Meister her können sie entdeckt und korrigiert oder integriert werden. Auf diese Weise wird die Bezeugung des Seins in der Welt vor allem für denjenigen Menschen, der bereits zu seiner Mitte gefunden hat, zugleich zum Hauptfeld der eigenen Arbeit an sich selbst. Trotzdem bleiben aber auch die Übungen des initiatischen Weges weiterhin wichtig für ihn – allen voran die Praxis der Meditation.

---

[130] Dürckheim, *Ursprung* (1978), S. 73 f.

Das Exerzitium und die einzelnen Übungen

Ein Vorankommen auf dem initiatischen Weg ist nur möglich durch Üben. „Der initiatische Weg ist ein Weg der *Übung*. Er bedeutet ›Exerzitium‹ – nie endende Arbeit an sich selbst."[131] Die Arbeit auf diesem Weg ist jedoch letztendlich kein Machen, sondern ein *Zulassen*. Und zwar geht es hier um das *Zulassen* des Wirkens der transzendenten Wirklichkeit, also einer Wirklichkeit, die jenseits der Wirklichkeit unseres Ichs steht. Das transzendente Wesen des Menschen will sich in ihm und durch ihn offenbaren und der Mensch bemüht sich in der initiatischen Übung darum, diesem Offenbarwerdenwollen zu entsprechen und mit ihm konform zu werden.

Die Übungspraxis des initiatischen Weges beinhaltet einerseits gesonderte Übungen wie insbesondere die Meditationsübungen und die Hara-Übungen. Andererseits beinhaltet sie aber auch eine Fruchtbarmachung des gewöhnlichen Alltags als Übung. Sowohl mit den gesonderten Übungen als auch mit dem Alltag als Übung zielt sie zunächst einmal darauf ab, dass der Übende sich zunehmend öffnet für die jenseitige Wirklichkeit, also für das überweltliche Sein in sich und für dessen Wirken. Weiterhin zielt die Praxis des initiatischen Weges darauf ab, dass der Übende sich zudem angemessen festigt, um das Wirken jenes Seins in sich halten zu können, wenn es sich in ihm ereignet, sodass es ihn verwandeln kann und nicht einfach wieder vergeht. Das Ziel des Übens ist der verwandelte Mensch, der das überweltliche Sein auch zu offenbaren vermag in der Welt.

---

[131] Dürckheim, *Leben* (1972), S. 107.

Das *exercitium ad integrum*

Das Exerzitium des initiatischen Weges ist ein besonderes Exerzitium. „Es ist das ›exercitium ad integrum‹, die Übung zur Einheit mit dem Sein und zur Einheit aus dem Sein."[132] Sinn dieser Übung ist die Wiederherstellung der Ureinheit mit dem überweltlichen Sein. Diese Ureinheit soll hier jedoch durch eine bewusste Weiterentwicklung wieder hergestellt werden, nämlich durch eine Integration von Welt-Ich und Wesen im höheren Selbst, jenem Selbst, bei dem es sich um ein geglücktes Welt-Ich handelt, also um ein Welt-Ich, das durchlässig ist für das Wesen. Entscheidend ist hier aber auch die Durchlässigkeit des Leibes. Das *exercitium ad integrum* zielt darauf ab, dass der Übende als Person insgesamt, also nicht nur als Ich, sondern ebenso als Leib, transparent wird für die ihm immanente Transzendenz. Dies gilt sowohl für die Übung zur Ermöglichung einer Seinserfahrung als auch für die Entwicklung und Festigung der ihr gemäßen Verfassung.

Erfahrung, Erkenntnis und Übung

Der initiatische Weg ist ein Weg der Übung, doch die Übung steht hier niemals für sich, sondern immer im Zusammenhang mit dem Erlebnis und der Einsicht. Erlebnis meint die Große Erfahrung, das unmittelbare Erlebnis des überweltlichen Seins, die Manifestation des transzendenten Wesens im eigenen Inneren. Einsicht hingegen bedeutet die Gewinnung und Vertiefung von eigenen Kenntnissen bezüglich des Weges.

Das Erlebnis der Großen Erfahrung bildet gleichsam den Kompass, mit dem der Übende sich auf dem Weg orientieren kann. Die Übung bezieht sowohl ihre Kraft wie auch ihre Bestimmung aus der eigenen Erfahrung des transzendenten Wesens im eigenen Inneren.

---

[132] Dürckheim, *Transzendenz* (1984), S. 153.

Außerdem ermöglicht jene Erfahrung dem Menschen auch das rechte Verständnis seiner Kenntnisse bezüglich des Weges. Damit besteht eine wichtige Aufgabe auf dem Weg darin, erst einmal zu einer solchen Erfahrung zu kommen.

Insgesamt gliedert sich die Arbeit auf dem Weg nach Dürckheim dementsprechend in drei Aufgaben. Dabei handelt es sich erstens gleichsam um die Ausbildung eines Organs zur Seinsfühlung sowie zweitens um die Gewinnung der Einsicht in die Bedingungen von Seinserfahrungen und drittens um die praktische Übung, bei der es dann darum geht, in der eigenen Verfassung dasjenige zu beseitigen, was einen vom überweltlichen Sein trennt, und dasjenige zu entwickeln, was einen damit verbindet.

Die erste Aufgabe des Exerzitiums besteht also in der Ausbildung eines Organs, mit dem man des Seins unmittelbar innewerden kann. „Dies Organ ist kein besonderer Sinn wie das Hören, Schmecken oder Riechen, sondern es ist der ganze Mensch in einer bestimmten Grundeinstellung."[133] Trotzdem kann es beispielsweise durch Übungen der Sinne geschult werden. Die Grundeinstellung, um die es hier geht, ist eine Ausrichtung auf das Numinose. Jede Seinserfahrung hat die Qualität des Numinosen. Der übende Mensch richtet sich auf dieses Numinose aus, indem er versucht, sich dessen Qualität emotional vorzustellen, und indem er sich immer wieder neu darauf vorbereitet, diese Qualität in sich zuzulassen und zu fühlen, sobald sie auch nur ansatzweise in ihm auftritt.

Einsicht zu erlangen in die Bedingungen der Seinserfahrung ist die zweite Aufgabe des Exerzitiums. Aus den Bedingungen der Seinserfahrung ergeben sich zwangsläufig entsprechende Komponenten des Weges. Die Erkenntnis dieser Komponenten hilft dem Übenden bei seinem Vorankommen auf dem Weg. Dürckheim betont hier für diese zweite Aufgabe des Exerzitiums vor allem drei Einsichten. Die erste Einsicht lautet, dass eine Seinserfahrung niemals

---

[133] Dürckheim, *Meditieren* (1976), S. 30.

durch das Welt-Ich hervorgerufen werden kann. In ihr erscheint stattdessen das transzendente Wesen. Dieses drängt von sich aus danach, sich im Leben des Menschen zu manifestieren. Dementsprechend geht es auf dem Weg für den Übenden erstens darum, das gegenständlich-fixierende Bewusstsein seines Welt-Ichs zu überschreiten und für sein Wesen innerlich zunehmend durchlässiger zu werden. Die zweite Einsicht besteht darin, dass Seinserfahrungen erschwert werden durch den unbewussten Schatten des Menschen. Somit geht es auf dem Weg für den Übenden zweitens auch darum, die eigenen verdrängten Impulse und Emotionen durchzuarbeiten und zu integrieren. Die dritte Einsicht schließlich handelt davon, dass Seinserfahrungen begünstigt werden durch eine fortwährende Verwandlungsbereitschaft des jeweiligen Menschen. Diese Verwandlungsbereitschaft erreicht der Mensch auf dem Weg, indem er die starren Strukturen seines Ichs aufweicht, wie etwa seine verhärteten Denkweisen und seine eingefleischten Gewohnheiten. Hierfür sollte er sich drittens der kosmischen Kraft in seinem mütterlichen Wurzelgrund anvertrauen. In diesem Wurzelgrund kann dann nämlich durch jene Kraft eine Einschmelzung der starren Strukturen seines Ichs stattfinden.

Die dritte Aufgabe des Exerzitiums ist die eigentliche Übung, also das Praktizieren von solchen Übungen, welche direkt auf jene Verwandlung des Menschen zielen, die dem initiatischen Weg entspricht. Die Verwandlung gilt dabei dem ganzen Menschen, nicht nur in den Strukturen seines Ichs, sondern auch im Gefüge seines Leibes. Hier wie dort geht es für den Menschen auf dem Weg darum, durch entsprechende Übungen nach und nach einerseits in sich jene Verhärtungen und auch Aufgeweichtheiten zu beseitigen, die ihn vom Sein selbst und seiner Offenbarung in der Welt trennen, und andererseits eine solche Verfassung aufzubauen, die ihn mit dem Sein verbindet und ihm dessen Offenbarung in der Welt ermöglicht – nämlich eine Verfassung der durchlässigen Form und der geformten Durchlässigkeit. Damit aber ein Mensch sich überhaupt auf die entsprechenden Übungen einlässt und damit sie auch für ihn den erwünschten Nutzen bringen können, müssen einige Voraussetzungen erfüllt sein.

Voraussetzungen für alles Üben auf dem Weg

Wenn ein Mensch einfach in der Welt durch Arbeit irgendein Werk vollbringen will, selbst dann muss er dafür bestimmte Voraussetzungen erfüllen. Er muss sich in seinem Geist auf sein Werk ausrichten und den Willen entwickeln, es auch wirklich vollbringen zu wollen, er muss eine gute Leistungskraft mitbringen und sich die passenden Fertigkeiten aneignen, er muss immer wieder aus seinen Arbeitserfahrungen lernen und insgesamt hinreichend angepasst sein an die Welt. Ähnliches gilt auch für das Vorankommen auf dem inneren Weg. Hier gibt es ebenfalls bestimmte Voraussetzungen, die erfüllt sein müssen, damit dieses Vorankommen gelingen kann.

Auf dem inneren Weg muss derjenige Mensch, der ihn beschreiten will, vor allem bereit und fähig sein zum Üben. Der initiatische Weg ist ein Weg der Übung. Alles Üben wiederum erfordert Disziplin. Der innere Weg verlangt hierbei eine autonome Disziplin, die einem freien Entschluss des Übenden entspringt. Der Mensch auf dem inneren Weg kommt nur voran, wenn er sich selbst in Freiheit zum disziplinierten Üben entscheidet.

Als Erstes geht es jedoch um eine Entscheidung ganz grundsätzlich für den Weg, also dafür, überhaupt den inneren Weg zu beschreiten. Oft ist der Anlass für diese Entscheidung eine Not. Der jeweilige Mensch empfindet einen zwar unbestimmten, aber dafür umso intensiveren Mangel in seinem derzeitigen Leben. Aus dieser Not ergibt sich dann die Notwendigkeit des Weges – und des Übens auf dem Weg. Die Not, die den Menschen zum Exerzitium bereit macht, ist hier letztendlich jene große Not, die in der Entfremdung des Menschen vom überweltlichen Seinsgrund wurzelt.

Eine weitere wichtige Voraussetzung für ein gelingendes Üben auf dem Weg ist eine Einstellung dahingehend, dass das Üben auch tatsächlich dem Vorankommen auf dem Weg dienen soll – und nicht irgendwelchen weltlichen Zielen. Hierfür muss die Schmerzscheu des eigenen Ichs überwunden werden. Der Übende muss sich einlassen können auf vielfältige Wachstumsschmerzen. So geht es bei aller Übung auch nie darum, dass der Mensch eine Verfassung ausbildet, in der ihn nichts mehr berührt. Stattdessen sollte er umgekehrt sogar lernen, sich berühren, treffen, kränken, innerlich sprengen und zerschlagen zu lassen. Der Weg besteht nicht darin, mit der Welt in eine schmerzfreie Harmonie zu gelangen, sondern darin, im mutigen Kampf mit dem Dunklen der Welt zu derjenigen Wirklichkeit zu finden, die jenseits der Gegensätze existiert.

Ein starker Wille und die Fähigkeit zum vollen Einsatz sind ebenfalls wichtige Voraussetzungen für alles Üben auf dem Weg. In der ersten Zeit des Übens, wenn die Übungen noch neu sind, ist das Üben anregend, doch nachhaltig fruchtbringend wird es nur, wenn es über diese Zeit hinaus immer weiter fortgesetzt wird. Hierzu ist eine nie endende Ausdauer notwendig. Dementsprechend erfordert der Weg der Übung viel Durchhaltevermögen.

Außerdem erfordert ein Üben, das nachhaltig fruchtbringend sein soll, auch ein wirklich umfassendes Bemühen. Wirklicher Fortschritt auf dem Weg kann lediglich erreicht werden, wenn der Übende auf dem Weg nicht nur zu bestimmten Tageszeiten spezielle Übungen macht, sondern wenn er außerdem auch noch seinen gesamten Alltag als Übung lebt: „Wir müssen nicht nur *im* Alltag immer wieder Gelegenheit nehmen zu üben, sondern *den Alltag selbst* als Übung zu leben lernen."[134]

Eine letzte wichtige Voraussetzung für das Gelingen des Übens auf dem inneren Weg ist die Fähigkeit zu schweigen. Dies gilt besonders dann, wenn durch das Üben die ersten wundersamen Erfahrungen auftreten, beispielsweise erste zarte Fühlungen des Seins. In dem Anfänger auf dem Weg entsteht leicht der Wunsch, über seine ersten solchen Erfahrungen dann auch zu sprechen.

---

[134] Dürckheim, *Geschenk 1* (1988), 206.

Doch meistens führen die entsprechenden Gespräche nur dazu, dass jene Erfahrungen dabei zerredet werden, mitunter sogar durch den Anfänger selbst. Schweigen hingegen bewahrt jene Erfahrungen im eigenen Inneren, sodass sie dort weiter fruchtbringend wirken können.

Die ewige Wiederholung als Grundprinzip des Exerzitiums

Allen Übungen auf dem initiatischen Weg ist eines gemeinsam, nämlich das Grundprinzip der ewigen Wiederholung. Die Meditationspraxis etwa handelt vor allem davon, immer wieder den eigenen Atem zu beobachten und dabei geschehen zu lassen. Bei den Hara-Übungen geht es immer wieder darum, sich selbst im Bauch-Becken-Raum zu verankern. Und auch für den Alltag als Übung eignen sich vor allem solche Tätigkeiten, die tagtäglich wiederholt werden.

Durch die ewige Wiederholung soll das Ich des Übenden nun keineswegs einfach gelangweilt oder eingeschläfert, wohl aber aufgehoben und überwunden werden – und zwar letztendlich vor allem deshalb, um dadurch dem Wesen eine Manifestation zu ermöglichen. „Sinn der Wiederholung ist die Ausschaltung des gegenständlich gebundenen Ichs durch die Automatisierung seiner Funktionen. Dies ermöglicht eine Präsenz aus dem Wesen, in der sich der Mensch dem inneren Bewusstsein, das im Wesen gründet, öffnet."[135]

Zunächst einmal hilft die Automatisierung dem Übenden vor allem dabei, in seiner Mitte gesammelt zu werden. Je häufiger er seine jeweilige Übung wiederholt, desto besser beherrscht er sie von seinem Ich her und umso automatischer wird ihr Ablauf. Desto weniger braucht er sich in seinem Ich noch Sorgen zu machen um die richtige Durchführung der Übung, und umso mehr kann er nun während der Übung voller Vertrauen zu seiner Mitte finden.

---

[135] Dürckheim, *Transzendenz* (1984), S. 56.

Der automatisierte Ablauf der Übung dient dem Übenden zugleich auch als Spiegel seines Vertrauens und seiner Gesammeltheit. Kommt es nämlich trotz der Automatisierung dennoch zu Abweichungen oder Unregelmäßigkeiten im Ablauf der Übung, so haben diese ihre Ursache zumeist in unbewussten Ängsten oder Sicherungsbestrebungen seines eigenen Ichs. Diese gilt es nun jeweils für den Übenden zu überwinden oder loszulassen, um weiter voranzukommen auf dem inneren Weg.

Das Rad der Verwandlung

Der Sinn der ewigen Wiederholung in der Übung ist die fortwährende Verwandlung auf dem inneren Weg. Diese Verwandlung lässt sich nach Dürckheim ganz allgemein in fünf Schritte untergliedern, die immer wieder neu durchlaufen werden. Auf den fünften Schritt folgt dabei stets abermals der erste. Daraus ergibt sich bildhaft ein Rad mit fünf Speichen, die den fünf Schritten entsprechen – das Rad der Verwandlung.

Das Ziel des Weges besteht darin, zunehmend in Einklang zu kommen mit dem eigenen Wesen. Die fünf Schritte oder Speichen des Rades der Verwandlung sind hier erstens das Innewerden von Wesenswidrigem, zweitens das Loslassen dieses Wesenswidrigen, drittens das Einswerden mit dem Wurzelgrund, viertens das Neuwerden aus dem Wurzelgrund, fünftens das Bezeugen des Neugewordenen im Alltag – und daraufhin wieder erstens das Innewerden von nun deutlich werdendem Wesenswidrigen. Die Abbildung 5 veranschaulicht das Rad der Verwandlung grafisch.

Das Rad der Verwandlung im Alltag immer wieder zu durchlaufen ist die beste Möglichkeit, um den Alltag selbst als Übung zu leben. Das Durchlaufen des Verwandlungsrades ist dabei vor allem eine Aktivität des inneren Meisters. So ist es zunehmend der innere Meister, von dem her der betreffende Mensch die einzelnen Schritte dieses Rades jeweils durchführt oder zulässt.

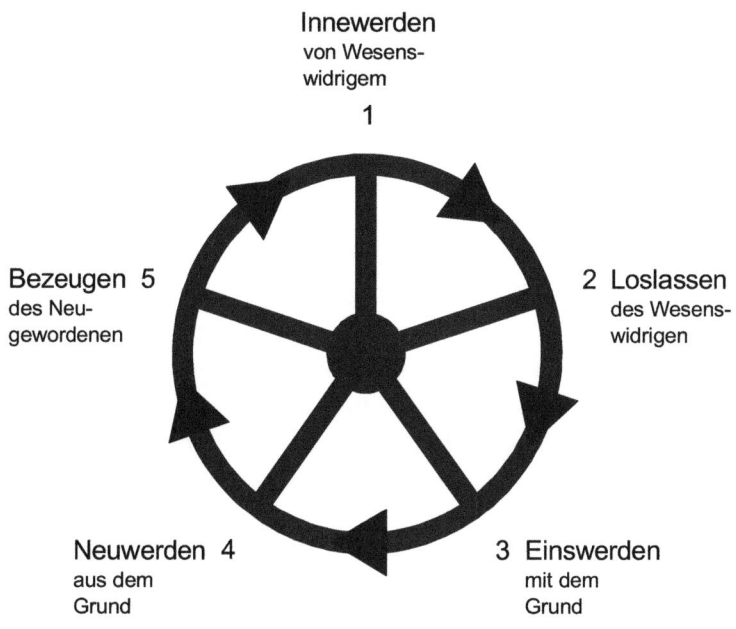

Abbildung 5: Das Rad der Verwandlung

Die erste Speiche des Verwandlungsrades ist das Innewerden von Wesenswidrigem. Hierfür ist eine kritische Wachheit notwendig, die immer wieder neu verwirklicht werden muss. Sie stellt keinen Bewusstseinszustand dar, der ein für alle Mal erreicht werden kann, sondern es handelt sich bei ihr vielmehr um ein stetig wachsendes ›Bewusst*werden*‹. Wesenswidriges wird für eine solche kritische Wachheit spürbar als Abweichung vom Wesensgemäßen. Wesensgemäß ist hier zunächst einmal vor allem die vertrauensvolle Verwurzelung des Menschen in seiner Erdmitte, dem Hara. Je weniger ein Mensch seinen leiblichen Schwerpunkt im Hara hat, desto mehr Wesenswidriges gibt es noch in ihm. Dazu gehören dann etwa ausgeprägte Misstrauensempfindungen und Sicherheitsbestrebungen oder muskuläre Verkrampfungen und Erschlaffungen sowie ein flacher Atem. Der erste Schritt im Verwandlungsrad besteht darin, mit der kritischen Wachsamkeit immer wieder solches Wesenswidrige bei sich selbst aufzuspüren und sich dessen dann bewusst innezuwerden.

Die zweite Speiche des Verwandlungsrades ist das Loslassen des Wesenswidrigen. Mit dem Wesenswidrigen hält der Mensch sich fest in seinem Ich aus einem Mangel an Vertrauen in das Leben. Deswegen bezieht sich auch das Loslassen nicht nur auf das Wesenswidrige, sondern stets zugleich auf das eigene Ich. Es gelingt nur dort, wo der Mensch lernt, sich auch als Ich loszulassen, das heißt sich selbst ins *Vertrauen* hineinzugeben. Hierfür muss er den Eigenwillen seines Ichs vorübergehend aufheben. Der zweite Schritt im Verwandlungsrad besteht also darin, mit dem Loslassen von Wesenswidrigem zugleich als Ich insgesamt ein bisschen mehr Vertrauen zu wagen.

Die dritte Speiche des Verwandlungsrades ist das Einswerden mit dem Grund. Bei diesem Grund handelt es sich für gewöhnlich um den Wurzelgrund des Menschen, der sich in seinem Bauch-Becken-Raum befindet. Wenn der Übende sich als Ich ins Vertrauen hineingibt, wagt er sich innerlich hinab in jenen Grund. Dort kann dann die eigentliche Verwandlung stattfinden. Der verwandelnde Grund ist hier gleichsam der ›mütterliche Raum‹ des Menschen. Allerdings ist dieser Raum zunächst einmal fast immer angefüllt und verunreinigt mit Schattenkräften. Mit dem Loslassen von Wesenswidrigem werden einige dieser Schattenkräfte freigesetzt. Diese gilt es nun wahrzunehmen und zu durchleben. Der dritte Schritt im Verwandlungsrad besteht somit zumeist darin, sich auf die freigesetzten Schattenkräfte im eigenen Wurzelgrund einzulassen, sie zu erkennen und zu assimilieren.

Genau genommen hat gerade die dritte Speiche des Verwandlungsrades, das Einswerden mit dem Grund, durchaus verschiedene Abstufungen. Vor allem für den Anfänger bedeutet es die Konfrontation mit im Wurzelgrund vorhandenen Schattenkräften. Dem weiter Fortgeschrittenen kann bei einem solchen Einswerden auch direkt die mütterliche Verwandlungskraft des Wurzelgrundes zuteil werden. Im höchsten Falle bedeutet ein solches Einswerden das Eingehen in die mütterliche Einheit des überweltlichen Seins. Hier besteht der dritte Schritt des Verwandlungsrades dann aus einem vorübergehenden Einswerden mit dem eigenen Wesen, dem transzendenten Seinsgrund im eigenen Inneren.

Die vierte Speiche des Verwandlungsrades ist das Neuwerden aus dem Grund – aus dem eigenen Wurzelgrund oder auch aus dem transzendenten Seinsgrund. Das Assimilieren von Schattenkräften, die Verwandlungskraft des Wurzelgrundes oder das Einswerden mit dem Seinsgrund verändert den Übenden. Diese Veränderung mag bei jedem Gang durch das Verwandlungsrad nur minimal sein, aber sie beinhaltet trotzdem stets ein Neuwerden. Dem Übenden wächst hier jedes Mal aus dem Grund heraus etwas Neues zu. Dieses Neue verwandelt ihn jeweils ein ganz klein wenig entsprechend seinem Inbild, also hin zu etwas mehr Transparenz für das überweltliche Sein. Aber es fordert von ihm auch jedes Mal eine Entscheidung. Er muss hier den Eigenwillen seines weltbezogenen Ichs jeweils vorübergehend aufheben und dafür das ihm vom Grund her Zuwachsende in die Verantwortung seines Willens aufnehmen. So besteht der vierte Schritt im Verwandlungsrad auch darin, sich für das eigene Neugewordene jeweils bewusst zu entscheiden.

Die fünfte Speiche des Verwandlungsrades ist das Bezeugen des Neugewordenen im Alltag. Dabei geht es aber nicht so sehr speziell um das gerade eben erst Neugewordene, sondern viel mehr allgemein um das gesamte bislang erreichte Neugewordene. Durch das Einswerden mit dem Grund läutert und festigt sich der Übende jedes Mal ein klein wenig mehr in jener rechten Verfassung, in der er transparent ist für das überweltliche Sein. Diese rechte Verfassung hat sich nun gleichermaßen im Alltag zu bewähren – oft unter widrigen Bedingungen. Wichtig ist hier jedoch auch, dass der Übende dabei sich selbst gegenüber wahrhaftig bliebt. „Dies geschieht immer dort, wo ein Mensch sich um das Rechtsein bemüht, zugleich aber schlicht und gerade zu dem steht, was nun einmal aus ihm geworden ist, und sich selbst auch *in* seiner Schwäche und Unvollkommenheit annimmt."[136]

Die nächste Speiche des Verwandlungsrades ist erneut die erste, nämlich das Innewerden von Wesenswidrigem. Der Übende nimmt sich in seiner Schwäche und Unvollkommenheit an, doch mit seiner kritischen Wachheit kann er darin trotzdem auch Wesenswidriges entdecken, welches nun wieder im folgenden zweiten Schritt loszulassen ist. Doch zunächst gilt es, überhaupt die Wachheit für den ersten Schritt zu verwirklichen. Dafür kann ein Zeichen hilfreich sein, das den Übenden zur kritischen Wachheit mahnt. Für manch einen Übenden ist dieses Zeichen das Kreuz, das er am Hals trägt, oder eine kleine Ikone in der Tasche. „Es braucht aber auch kein heiliges Zeichen zu sein, es kann auch ein kleiner Stein sein, eine Kastanie, die man in der Tasche trägt, oder ein anderer kleiner Gegenstand, dessen Berührung ein Mahnzeichen ist."[137]

Einige kleinere Übungen zum Einstieg

Es gibt bei Dürckheim die großen Übungen auf dem initiatischen Weg, wie etwa die Hara-Übungen und vor allem die Meditationsübungen – und es gibt bei ihm vorbereitende Übungen zu diesen großen Übungen, die insbesondere dem Anfänger den Einstieg in die großen Übungen erleichtern sollen. Drei von diesen kleineren Übungen werden nun zunächst vorgestellt, und zwar eine Übung zum Stillesitzen, eine Atemübung und eine Übung zum Spürbewusstsein.

Die Übung zum Stillesitzen ist eine Übung des unbewegten Leibes. Sie besteht darin, dass der Übende sich in einer ruhigen Umgebung, in der es für ihn keine Ablenkungen gibt, aufrecht hinsetzt und

---

[136] Dürckheim, *Alltag* (1980), S. 122.
[137] Dürckheim, *Weg* (1991), S. 111.

dann in dieser Sitzhaltung unbeweglich verbleibt. Er versagt sich jede Bewegung seines Körpers, auch die kleinste, und hält diese Unbeweglichkeit so lange wie möglich durch. Dem Anfänger erscheinen hier allerdings bereits fünf oder gar zehn Minuten als eine Ewigkeit. Doch was wird dabei eigentlich geübt, der Körper oder der Geist? Letztendlich ist es der Übende selbst und insgesamt, der sich hier übt.

Die entscheidende Atemübung zielt für Dürckheim darauf ab, wieder zum natürlichen Atem zurückzufinden und diesen zuzulassen und geschehen zu lassen. Der rechte Atem kommt und geht ganz von selbst, ohne absichtliche oder unwillkürliche Einmischung seitens des Ichs. Deshalb besteht die wichtigste Anweisung zur Übung des Atems für Dürckheim darin, dem eigenen Atem einfach nur bewusst zuzuschauen – beispielsweise im stillen und aufrechten Sitzen. Doch diese Anweisung zu befolgen, fällt gerade dem Anfänger oft keineswegs leicht: Beim Ausatmen leistet er unterschwellig Widerstand und beim Einatmen hilft er durch seinen Willen mit.

Bei der Übung zum Spürbewusstsein geht es um ein planmäßiges Sich-Spüren-Lernen im ganzen Leib. Der Übende wandert hier mit seiner Aufmerksamkeit durch seinen gesamten Innenleib. Die Übung kann im stillen Sitzen oder auch im bequemen Liegen durchgeführt werden. Sie besteht darin, dass der Übende ganz systematisch Teil um Teil seines Leibes innerlich wahrnimmt und spürt. Er beginnt dabei im Bauch-Becken-Raum und spürt hier zunächst das Lendengebiet und das Beckengebiet, sein Gesäß und den Bauchraum. Daraufhin geht er mit seiner inneren Wahrnehmung weiter herunter, spürt die Oberschenkel, die Knie, die Waden, die Knöchel und die Füße bis in die Zehen. Nun springt er mit seiner Wahrnehmung in den Bauch-Becken-Raum zurück und wandert von dort ausgehend spürend nach oben, die Wirbelsäule entlang in beiden Rückenhälften zu den Schultern, weiter in die Arme und in die Hände bis in die Finger. Sodann spürt der Übende seinen Nacken und den Kopf einschließlich Gesicht und gelangt schließlich über den

Hals, die Brust und die Magengegend wieder in den Bauch-Becken-Raum.

Die Übung zum Stillesitzen ist ausdrücklich als eine Vorübung zur Meditation gedacht. Der Anfänger kann hier erst einmal die Unbeweglichkeit des Leibes für sich genommen üben, bevor er sich dann den komplexeren Anforderungen der Meditationspraxis stellt. Bei der Atemübung hingegen geht es direkt um eine Verbesserung des eigenen Atems. Trotzdem kann sie ebenfalls als eine Vorübung zur Meditation eingesetzt werden. Das Beobachten und Geschehenlassen des natürlichen Atems ist bei vielen Meditationsmethoden ein wichtiger Bestandteil. Die Übung zum Spürbewusstsein kann dem Übenden dabei helfen, in seinem Leib nach und nach transparenter zu werden für das überweltliche Sein. Außerdem kann sie auch als Entspannungsübung eingesetzt werden. Hierzu achtet der Übende einfach zusätzlich darauf, dass er sich jedes Mal am Ende des Ausatmens dort loslässt, wo er sich gerade spürend in seinem Leib befindet.

Die Übungen der Sinne

Die initiatischen Übungen der Sinne sind vor allem für solche Menschen hilfreich, denen noch nie in ihrem Leben eine Seinserfahrung zuteil geworden ist oder die sich an ihre bisherigen Seinserfahrungen nur noch sehr vage erinnern können. Doch auch für alle anderen Menschen können diese Übungen eine Bereicherung sein. Es geht bei ihnen darum, die eigenen Sinneserfahrungen zum überweltlichen Sein hin aufzuschließen, gleichsam vom Sinnlichen in das Übersinnliche vorzudringen und sich selbst auf diese Weise für eine Seinserfahrung zu öffnen.

Sinneserlebnisse wie etwa das Rauschen eines Baches oder der Geschmack eines Pfirsichs lassen sich nur schwer in Begriffe fassen. Letztendlich scheitert an den Sinnesqualitäten jede Begrifflichkeit und gerade deshalb bieten sie einen guten Zugang zum Unbegreifbaren. Allerdings geht es hier für Dürckheim ausdrücklich nicht um ein prämentales Unbegreifbares, also um eine Rückkehr zu kindlichen Erfahrungsmöglichkeiten, die der Übende bereits vor der Entwicklung seines gegenständlichen und zugleich begrifflichen Ich-Bewusstseins hatte, sondern es geht für ihn hier ganz entscheidend um ein Fortschreiten hin zu übergegenständlichen und überbegrifflichen Erfahrungsmöglichkeiten jenseits des gegenständlichen Ich-Bewusstseins. Sinnliche Erlebnisse haben durchaus die Macht, ein solches Fortschreiten zu fördern. Dürckheim verweist hier etwa auf die eindringliche Wirkung mancher Gerüche oder des Geschmacks mancher Speisen und Getränke.

Spezielle Übungen zu den einzelnen Sinnesqualitäten

Das Vordringen vom Sinnlichen in das Übersinnliche hinein kann durchaus gezielt angegangen werden durch verschiedene Übungen zu den einzelnen Sinnesqualitäten. Geübt wird in diesen Übungen vor allem das Verweilen – das Sichzurücknehmen einerseits und andererseits das Hineinhorchen oder Hineinspüren. In einem solchen Verweilen kann die gegenständliche Distanz verschwinden. Doch dafür muss man sich Zeit nehmen. Es braucht Muße, um die speziellen Übungen der Sinne durchzuführen, und es ist wichtig, dass der Übende möglichst wenig eigene Erwartungen oder gar Ansprüche in diese Übungen mit einbringt. Er sollte einfach gegenwärtig sein in einer Haltung, die von Hingabe und von Empfangsbereitschaft geprägt ist.

Jede überweltliche Seinserfahrung hat die Qualität des Numinosen, die sich jedoch nicht herstellen oder gar erzwingen lässt. Sobald aber in einem Sinneserlebnis auch nur ein Hauch von dieser Qualität auftritt, gilt es für den Übenden, hier gleichsam Witterung aufzunehmen, sich also mit der eigenen Aufmerksamkeit dieser Qualität zuzuwenden und sich für sie zu öffnen.

Ein guter Einstieg in die initiatische Übung des Hörens beispielsweise bietet das Murmeln oder Rauschen eines Baches. Vielen

Menschen fällt es relativ leicht, bei einem solchen Geräusch innerlich zu verweilen. Die initiatische Übung besteht hier darin, sich zunächst von dem Gehörten erfüllen zu lassen und dann lauschend gleichsam durch das Gehörte hindurch zu dringen in das, was dahinter liegt. Bei dem Gehörten muss es sich aber nicht unbedingt um das Murmeln oder Rauschen eines Baches handeln – es kann auch das Getriebe und der Lärm einer Großstadt sein.

In der initiatischen Übung des Sehens, vielleicht einer Blume oder auch eines Kunstwerkes, kann es dem Übenden geschehen, dass sich in ihm irgendwann von ganz alleine der gegenständliche Abstand zum Gesehenen auflöst. Wenn er beim Schauen verweilt, nicht fordernd aber doch achtsam, mag er irgendwann einswerden mit dem Geschauten. In diesem Einswerden tritt dann das Übergegenständliche in sein Innesein.

Relativ leicht kann der gegenständliche Abstand im Tasten, in der unmittelbaren Berührung überwunden werden. Einen Stein zu berühren oder ein Stück Stoff, einen jungen Baumstamm mit beiden Händen zu umfassen oder beim Schwimmen das Wasser mit der Haut zu spüren – solches Wahrnehmen mag zunächst zu einem vorgegenständlichen Erleben führen. Doch wenn der Übende dann bei seinem taktilen Erleben verweilt und achtsam immer weiter in dieses hinein fühlt, kann durch das vorgegenständliche Erleben schließlich das übersinnliche Sein hindurchschimmern. Eine einfache taktile Übung besteht für Dürckheim in dem Versuch, einmal dem nachzuspüren, was in der eigenen Hand und den Fingern geschieht, wenn sie auf einer Tischplatte liegen und man sie auch nur fünf Minuten lang nicht bewegt.

Ein besonders intensives Erleben von Berührung ermöglicht die zwischenmenschliche Sexualität. Deshalb kann sich das sinnliche Erleben gerade auch in der Sexualität mitunter zu einer Erfahrung des übersinnlichen Seins hin ausweiten. Voraussetzung hierfür ist aber, dass der jeweilige Mensch bei der Sexualität nicht nur besitzen oder genießen will, sondern sich in ihrem sinnlichen Erleben tiefer zu öffnen vermag.

Das Üben der Sinne im Alltag

Bei den einzelnen Übungen zu den verschiedenen Sinnesqualitäten nimmt sich der Übende von vornherein Zeit, um sie abseits seines gewohnten Alltags durchzuführen. Doch die Qualität des Numinosen kann ebenso ganz spontan in manchen Augenblicken innerhalb des gewohnten Alltags aufleuchten. „Und so auch ist die erste und vornehmste Übung im Alltag, zu lernen, den Gehalt der Augenblicke ernst zu nehmen, in denen ein Unbegreifbares uns anrührt."[138] Dementsprechend sollte der Mensch auf dem inneren Weg, wenn ihm eine solche Erfahrung spontan zuteil wird, genauso spontan für eben jenen Augenblick innehalten, sich einen Moment der Muße gönnen, um sich des überweltlichen Seins innezuwerden, das eben darin aufklingt.

Oft ist unser Alltag eher vom Tätigsein geprägt, als von Muße, aber in vielen Tätigkeiten des Alltags kann ebenfalls mitunter die Qualität des Numinosen aufleuchten – besonders, wenn es uns möglich ist, sie zur Abwechslung einmal etwas behutsamer durchzuführen, wenn also doch auch ein bisschen Muße in sie einfließen darf. Dies gilt beispielsweise für den gewohnten Umgang mit einem Gerät oder Instrument bei der Arbeit oder im Haushalt oder für das gewohnte Zurücklegen des Fußweges zur Arbeit oder zum Verkehrsmittel hin und von dort her wieder zurück. Gelingt einem Menschen immer wieder einmal für eine kurze Weile der behutsame Gebrauch eines Instrumentes, mit dem er täglich arbeitet, oder das behutsame Gehen auf einem Weg, den er täglich zurücklegt, so erfährt er früher oder später auch einmal die Fügsamkeit, die darin liegt, wie einen Gruß aus der Einheit des Seins.

Durch ein kurzes spontanes Innehalten oder ein kurzzeitig behutsameres Tätigsein kann der Übende auf dem inneren Weg also auch in seinem Alltag lernen, immer wieder einmal sich mit dem dabei

---

[138] Dürckheim, *Alltag* (1980), S. 28.

Geschauten oder Gehörten oder Gespürten eins werden zu lassen, in einer Weise, in welcher dann der Gegensatz zwischen ihm selbst als Subjekt und dem jeweils Wahrgenommenen überwunden wird. So mag für einen Augenblick in ihm ein reines Schauen oder Hören oder Spüren entstehen, welches sein Bewusstsein dahingehend erfüllt und erweitert, dass sich in ihm die Einheit des überweltlichen Seins offenbart.

Die Hara-Übungen

Die Hara-Übungen ermöglichen es dem Menschen, sich im Hara, der eigenen Erdmitte, zu verankern. Die Erdmitte im Bauch-Becken-Raum ist der eigentliche leibliche Schwerpunkt des Menschen. Der Übende lässt sich dort innerlich nieder, vertraut sich der dort waltenden Kraft an und lässt sich von ihr beschenken. Die entsprechende Bewegung in die eigene Erdmitte hinein und das Sich-Verankern in ihr wird von Dürckheim auch als ›Erden‹ bezeichnet.

Die im Hara waltende Erdkraft ist sowohl eine bergende und tragende wie zugleich auch eine lösende und belebende Kraft. Sie befreit den Menschen aus seiner Befangenheit im Welt-Ich hin zu einem Leben und Handeln aus seiner Ganzheit. Der Übende bekommt durch die Verankerung im Hara einen gesicherten Stand und damit einhergehend ein gutes Durchsetzungsvermögen. Eine weitere Frucht der Hara-Übungen besteht in der Fähigkeit, sich selbst treu bleiben zu können, auch in aller Bezogenheit auf die Welt hin. Das wichtigste Geschenk dieser Übungen ist jedoch eine zunehmende Transparenz für die immanente Transzendenz.

Ein Fortschreiten auf dem inneren Weg, bei dem es um eine solche Transparenz geht, sollte auch das entscheidende Motiv sein für die Durchführung der Hara-Übungen – und nicht etwa die Steigerung einer weltbezogenen Kraft. Wichtig für das Gelingen der Übungen sind außerdem ein disziplinierter Wille und der volle Einsatz. Es reicht nicht aus, die Übungen nur ein paarmal durchzuführen, solange sie neu und anregend sind, und es reicht auch nicht aus, sie nur als separate Übungen durchzuführen. Stattdessen müssen sie zum Bestandteil des eigenen Alltags werden, damit sie wirklich die erwünschten Früchte bringen können.

Die Hara-Übung im Stehen

Die Hara-Übung im Stehen ist die Grundübung des Hara. Hierbei geht es darum, im Stehen zur rechten Haltung zu finden, nämlich zu einem Verwurzeltsein im Hara. Insgesamt umfasst diese Übung eine Vorbereitung des inneren Spürens und den eigentlichen Hauptteil. Der Hauptteil beinhaltet während des Ausatmens jeweils vier Schritte aus vor allem inneren Bewegungen. Daraufhin geschieht dann beim Übenden das Einatmen jedes Mal ganz von selbst – und zugleich auch ein inneres Aufgerichtetwerden. Die Ausgangsposition für diese Übung besteht darin, dass sich der Übende gerade und kraftvoll hinstellt, die Beine breit auseinander und die Arme lose herunterhängend.

Als Vorbereitung fühlt der Übende erst einmal mit geschlossenen Augen unter seine Haut in seinen Innenleib hinein. Er wendet sich hier zunächst seinen Füßen zu und spürt diese selbst sowie auch den Boden unter ihnen. Dann bewegt er sich von dort her mit seiner Aufmerksamkeit langsam in seinem Leib aufwärts, durch den Bauch-Becken-Raum hindurch bis zum Scheitel hinauf. Er bemüht sich dabei darum, möglichst viele Spannungen in seinem Leib loszulassen – und wendet sich dann seiner Atmung zu, spürt, wie sie mit dem Ausatem geht und mit dem Einatem wieder kommt, geht und wieder kommt. Nun lässt er sich, ohne seine Haltung zu verändern, ein paarmal innerlich etwas in den Ausatem heruntergleiten.

Nach dieser Vorbereitung folgt der eigentliche Hauptteil der Hara-Übung. Dieser kann jetzt auch mit offenen Augen durchgeführt werden, wobei der Blick dann ins Unendliche gerichtet ist. Er wird jeweils im Gleichklang mit der Atmung vollzogen und mehrere Minuten lang wiederholt.

Die erste Bewegung des Hauptteils ist das Sich-Loslassen. Dieser Schritt besteht darin, dass der Übende *sich selbst* zu Beginn der Ausatmung in den Schultern loslässt. Entscheidend ist hier, dass er nicht nur körperlich seine Schultern fallen lässt, sondern dass er zugleich auch als Ich in seinen Schultern etwas von seinen Sicherungsbestrebungen fallen lässt.

Bei dem zweiten Schritt der Hara-Übung geht es um das Sich-Niederlassen. Der Übende lässt sich nun gegen Ende der Ausatmung mit einer weiteren Bewegung in seinem Becken nieder. Diese Bewegung kann ein bisschen Angst bereiten. Hierbei handelt es sich letztendlich um Angst davor, sich der Erdkraft im Hara anzuvertrauen. Je mehr der Übende diese Angst überwindet, desto leichter fällt es ihm, die zweite Bewegung fließend aus der ersten hervorgehen zu lassen.

Der dritte Schritt beinhaltet das rechte Herauslassen des Unterbauches. Diese Bewegung wird ebenfalls noch während des Ausatmens vollzogen. Es geht nun darum, dass der Übende seinen Unterbauch freigibt und zulässt. Das rechte Zulassen des Unterbauches ermöglicht ihm daraufhin ein Sich-Einswerdenlassen mit dem Bauch-Becken-Raum. (Der Anfänger, der diese Übung erst lernt, vollzieht die dritte Bewegung nicht unbedingt noch während desselben Ausatmens, wie die vorangegangenen Bewegungen; der in dieser Übung bereits etwas Fortgeschrittenere hingegen schon. Er vollzieht alle Bewegungen der Hara-Übung während jedes Atemzuges.)

Die vierte Bewegung der Hara-Übung besteht darin, in den Bereich unter dem Nabel etwas Kraft hinein zu geben. Auch dieser Schritt wird noch während des Ausatmens durchgeführt. Die Magengrube sinkt beim Ausatmen naturgemäß ein, doch der darunter liegende Bereich des Bauches wird nun vom Übenden leicht angespannt. Die Kraft, die der Übende dabei in seinen Unterbauch gibt, sollte von ihm zugleich deutlich gespürt werden. (Der Anfänger kann hierfür, um die Kraft deutlicher zu spüren und um den Bauch an der richtigen Stelle anzuspannen, eine Faust unterhalb des Nabels in seinen Bauch drücken und diese dann mit einem kräftigen Stoß, den er mit seiner unteren Bauchmuskulatur ausführt, wieder herauswerfen.) So erreicht der Übende eine gute Verwurzelung im Hara.

Mit der Kraft, die der Übende bei der vierten Bewegung selbst eingesetzt hat, steigt nun vom Unterbauch her Erdkraft aus dem Hara in seinem Rumpf auf und reckt seine Wirbelsäule empor: Aus der Verankerung nach unten hin, im Bauch-Becken-Raum, erwächst jetzt in ihm eine Kraft nach oben hin, in die Aufrechte und zum Himmel. Zugleich atmet er nun automatisch ein. Dabei sollte er aber nicht die Schultern wieder hochziehen. Stattdessen sollte er während des Einatmens seine Kraft weiterhin im Unterbauch behalten.

Die Hara-Übung im Sitzen

Die Übung des Hara kann im Sitzen ganz ähnlich durchgeführt werden wie im Stehen. Auch bei der Hara-Übung im Sitzen geht es darum, erstens sich in den Schultern loszulassen, zweitens sich im Bauch-Becken-Raum niederzulassen, drittens den Unterbauch herauszulassen und viertens etwas Kraft in ihn hineinzugeben.

Für die Durchführung dieser Übung setzt sich der Übende aufrecht hin. Seine Knie sollten dabei tiefer sein als seine Hüftknochen. Nach oben hin sollten die Hüftknochen, die Schultern und die Ohren eine Senkrechte bilden. Um diese Senkrechte zu erreichen, mag der Übende zunächst sein Kreuz künstlich zum Hohlkreuz anspannen. Dann lässt er die Spannung in seinem Kreuz wieder los und begibt sich nun, ein wenig pendelnd, in die gewünschte Senkrechte.

Der rechte Schwerpunkt befindet sich auch beim Sitzen im Unterbauch. Deshalb lässt sich der Übende jetzt nach unten hin breit und schwer werden, ohne dabei jedoch in der Senkrechten nachzulassen. Im Unterbauch baut er dann noch etwas Spannung auf. So erreicht er eine gute Verwurzelung im Hara, aus der heraus ihm zugleich auch noch der Rücken gestärkt wird: „Die Schultern sind gelöst, die Arme hängen schwer herab, und im freigegebenen

Unterbauch wird jene leichte Spannung bewahrt, die dem ganzen Rumpf eine gewisse Fülle und Kraft gibt."[139]

Das Üben von Hara im Alltag

Beim Üben von Hara im Alltag geht es darum, sich während des alltäglichen Tuns immer wieder im Bauch-Becken-Raum zu verankern. Der Übende wendet hier in seinem Alltag so oft wie möglich einen Teil seiner Aufmerksamkeit seinem Bauch-Becken-Raum zu, um ihn zu spüren, um etwas Kraft in ihn hinein zu geben und um jene dann ebenfalls zu spüren. Auf diese Weise etabliert er den rechten Schwerpunkt in seiner Leibesmitte.

Fast immer jedoch wird der Übende in seinem Alltag durch seine Pflichten oder auch seine Interessen vollständig absorbiert. Jedes Tun, das unsere gezielte Aufmerksamkeit erfordert und unseren Willen beansprucht, verhindert nur allzu leicht, dass wir in Fühlung mit dem Hara gelangen und bleiben. Ganz automatisch verlagern wir während eines solchen Tuns den eigenen Schwerpunkt nach oben hin, unserem Welt-Ich entgegen, um allein von ihm her jenes Tun zu bewältigen. Deshalb besteht die besondere Herausforderung für das Üben von Hara im Alltag darin, genau dieser automatischen Tendenz entgegenzuwirken und sich im Welt-Ich nicht vollständig von dem jeweiligen Tun absorbieren zu lassen. Nur dadurch kann es dem Übenden gelingen, sich möglichst oft mit einem Teil der eigenen Aufmerksamkeit im Bauch-Becken-Raum niederzulassen.

Meditationsübungen

Meditation ist heute allgemein bekannt und auch anerkannt als hilfreiche und bewährte Methode zur Steigerung des Wohlbefindens

---

[139] Dürckheim, *Hara* (1978), S. 128.

und zur Reduzierung von Stress. Dürckheim jedoch hätte die Meditationspraxis mit einer solchen Ausrichtung sicherlich als pragmatische Meditation bezeichnet. Ihm selbst ging es immer um eine initiatische Meditationspraxis, nämlich um Meditation als Übung auf dem inneren Weg. Auf diesem Weg kann Meditation durchaus auch dazu führen, dass der jeweilige Mensch mit seinen inneren Dämonen konfrontiert wird, oder sogar mit dazu beitragen, dass er vorübergehend in eine tiefe Krise gerät.

Das Ziel der Meditation besteht auf dem initiatischen Weg darin, innerlich durchlässig zu werden für das überweltliche Sein und das eigene Wesen. Meditation mag durchaus hilfreich sein zur Förderung der eigenen seelischen und körperlichen Gesundheit. Für Dürckheim allerdings bedeutet Meditation außerdem und hauptsächlich etwas ganz anderes, nämlich: „Instrument zu sein des Durchbruchs zum Wesen! Dann bedeutet Meditation eine initiatische Übung."[140]

Das Wort ›Meditation‹ leitet Dürckheim ab von dem Ausdruck ›Meditari‹, welchen er etwas frei übersetzt als ›zur Mitte hingegangen werden‹. So bedeutet Meditieren früher oder später eher einen Prozess, dem sich der Übende anvertraut, als eine Tätigkeit, die er aktiv vollzieht. Die Mitte, um die und in die es hier geht, ist für Dürckheim letztendlich das Große Herz, nämlich die Integration von Welt-Ich und Wesen in einem Menschen, der transparent geworden ist für das überweltliche Sein und sich zugleich verankert hat in seiner Leibesmitte, dem Hara. Meditation zielt auf eine innere Stille, die unabhängig ist von allem Lärm, sowohl von dem äußeren Lärm der Geräusche, als auch von dem inneren Lärm aufdringlicher Gedanken und heftiger Emotionen.

Gewiss beginnt jede Meditationssitzung damit, dass der Übende sich aktiv nach innen hin konzentriert, dass er sich herausnimmt aus dem Alltag und aus seinen äußeren Sinnen. Er nimmt sich selbst vom Willen her zusammen und richtet die Kraft seines fixierenden

---

[140] Dürckheim, *Meditieren* (1976), S. 16.

Ichs auf das Objekt seiner Meditation, also etwa auf den eigenen Atem. So baut er eine konzentrative Spannung auf zwischen sich selbst als Subjekt und dem Inhalt oder Objekt der Meditation – und er verbleibt auch zunächst in dieser Gespanntheit. Die konzentrative Spannung ist dabei eine Zuspitzung, die ihn als ganzen Menschen in sich und auf etwas hin versammelt. Ohne diese vorangehende Spannung gibt es keine Meditation, aber sie selbst *ist* noch kein Zustand der Meditation.

Der eigentliche Zustand der Meditation beginnt erst dort, wo das Meditieren nicht mehr eine Aktivität ist, die der Übende aus seinem Ich und mit seinem Willen vollzieht, sondern wo es ein Geschehen wird, das den Übenden aus seiner eigenen Tiefe heraus ergreift und das letztlich von seinem Wesen gesteuert wird. Es ist nicht mehr ein sich Versammeln durch die eigene Konzentration, sondern ein inneres Versammeltwerden von eben jenem Wesen her. So ist der eigentliche Zustand der Meditation letztendlich ein Einswerden.

Durch dieses Einswerden gelangt der Meditierende früher oder später in eine ganz besondere Stille, in der sich das überweltliche *Leben* ankündigt. Diese Stille ist eine Stille jenseits von Ruhe und Lärm. Es handelt sich hierbei um eine lichte und zustimmende Stille tief im Inneren des Meditierenden. Sobald er in diese Stille hineinfindet, werden alle unruhigen Gedanken in seinem Kopf und alle lärmenden Geräusche in seiner Umgebung für ihn zur belanglosen Kulisse.

Die leibliche Haltung, die der Übende für die Meditation einnimmt, unterstützt den Prozess des inneren Versammeltwerdens. Sie ist eine Gebärde des Sich-Öffnens und Sich-Festigens für das Empfangen und Bewahren des überweltlichen Seins im eigenen Bewusstsein. Zur rechten Gebärde der Meditation gehören das aufrechte Sitzen und das Zulassen des natürlichen Atems. „Zentralstück dieser rechten Gebärde ist der rechte Schwerpunkt, der Hara."[141] Der Medi-

---

[141] Dürckheim, *Geschenk 2* (1992), S. 188.

tierende lässt sich in seinen Schultern los und verankert sich stattdessen in seinem Bauch-Becken-Raum. So gelangt er zu einer Haltung, in der er in der Spannung zugleich gelöst sein kann und in der Gelöstheit zugleich gespannt.

Za-Zen – die Meditation im Stile des Zen

Das Za-Zen stammt aus dem Zen-Buddhismus. Es ist die Übung des Stillesitzens in Versenkung als Praxis der Meditation. In technischer Hinsicht beinhaltet diese Übung eine aufrechte Sitzhaltung, die in einem gefestigten Bauch-Becken-Raum verankert ist, und das aufmerksame Wahrnehmen des eigenen Atems. In spiritueller Hinsicht geht es bei dieser Übung um ein vorübergehendes Leerwerden von allen Gefühlen und Bildern, Gedanken und Begriffen – um eine innere Leere, in der sich dann die Fülle des überweltlichen Seins manifestieren kann. Die Dauer der Übung, also einer Meditationssitzung, beträgt für gewöhnlich etwa dreißig bis vierzig Minuten.

Die körperliche Sitzhaltung für das Za-Zen ist traditionell das Sitzen auf einem Kissen im ganzen oder zumindest im halben Lotossitz. Beim ganzen Lotossitz liegt der rechte Fuß auf dem linken Oberschenkel und der linke Fuß liegt auf dem rechten Oberschenkel, während die beiden Knie den Boden berühren. Beim halben Lotossitz liegt nur ein Fuß auf dem anderen Oberschenkel und der andere liegt ebenso wie die beiden Knie auf dem Boden. Wer den Lotossitz nicht einnehmen kann, möge einfach die Beine im Schneidersitz kreuzen oder auf den Fersen sitzen oder einen Stuhl benutzen. Wichtig ist jedoch bei jeder Sitzhaltung, dass die Knie tiefer sind als das Becken. Wenn der Übende einen Stuhl benutzt, sollte er sich mit dem Rücken nicht anlehnen und seine Füße etwa in Hüftbreite so hinstellen, dass die Fußsohlen einen guten Bodenkontakt haben.

Der Rumpf und der Kopf werden bei jeder Sitzhaltung aufrecht gehalten und die Schultern sollten entspannt sein. Der Schwerpunkt des Leibes wird ganz bewusst im Bauch-Becken-Raum verankert. Hierzu gibt der Übende eine leichte Spannung in den Unterbauch hinein und bewahrt sie dort, während er sein Gewicht gleichsam in die Leisten drückt, wodurch sich sein Gesäß etwas nach hinten streckt. Auf diese Weise verwirklicht der Übende ein Sitzen im Hara. Die Hände werden für das Za-Zen unterhalb des Bauchnabels aufeinander gelegt. Und zwar legt der Übende hier zuerst die rechte Hand mit der Handfläche nach oben in seinen Schoß und dann die linke mit der Handfläche nach oben in die rechte. Die Daumen berühren sich oberhalb der Handflächen mit den Spitzen und bilden dabei zugleich mit den Zeigefingern ungefähr einen Kreis.

Der Mund ist geschlossen und das Kinn wird ein wenig angezogen. Die Augen bleiben während der Übung leicht geöffnet und werden zum Boden hin gerichtet. Ihr Blick sollte in etwa anderthalb Metern den Boden erreichen, ohne dort aber etwas zu fixieren. Die gesamte Körperhaltung wird für die gesamte Dauer der Übung unbeweglich beibehalten.

Seine Aufmerksamkeit richtet der Übende nach innen auf seinen Atem. Er beobachtet das natürliche Aus und Ein seines Atems, ohne es zu verändern. Der eigentliche Weg und das erste Ziel der Meditation im Stile des Zen ist die Entleerung und die Verwandlung des eigenen Bewusstseins. Die Konzentration auf den Atem ist ein Hilfsmittel, um das Leerwerden des Bewusstseins zu erreichen. Entleerung heißt hier Freiwerden von allen Bewusstseinsinhalten wie Emotionen, Fantasien, Gedanken und Vorstellungen. Der Übende nimmt den natürlichen Rhythmus seines Atems als Meditationsobjekt, also als denjenigen Inhalt seiner gegenwärtigen Erfahrung, auf den er seine Aufmerksamkeit richtet. Er tut dies beispielsweise, indem er seine Atemzüge zählt, und zwar jeweils von eins bis zehn. Für alle anderen Bewusstseinsinhalte gilt die Anweisung: „Vorüberziehen lassen wie Wolken!"[142] Der Atem, und speziell das Ausatmen, ist hier für den Übenden zugleich auch eine körperliche Gebärde des angestrebten fortwährenden Leerwerdens.

---

[142] Dürckheim, *Zen* (1984), S. 113.

Je besser es dem Übenden gelingt, sich mit seiner Aufmerksamkeit auf seinen Atem zu konzentrieren und alle anderen Bewusstseinsinhalte einfach vorüberziehen zu lassen, desto mehr nähert sich für ihn der Augenblick, in dem statt der ›Konzentration‹ der eigentliche meditative Zustand eintritt, nämlich eine rhythmische ›Gestimmtheit‹. Hierbei handelt es sich um einen Zustand, aus dem alle Gespanntheit auf einen Inhalt geschwunden ist. Eine solche Gestimmtheit widerfährt dem Übenden einfach irgendwann und füllt dann sein ganzes Bewusstsein aus. Diese das ganze Bewusstsein ausfüllende Gestimmtheit ist die angestrebte Versenkung – eine Versenkung, die zugleich auch eine wache Präsenz im Hier und Jetzt darstellt. In ihr kann sich früher oder später die entscheidende Verwandlung des Bewusstseins ereignen.

Bei der entscheidenden Verwandlung des Bewusstseins handelt es sich im Za-Zen um eine Verwandlung vom gegenständlichen zum inständlichen Bewusstsein. Im inständlichen Bewusstsein tritt das überweltliche Wesen ins Innesein, jenes Wesen, welches im Zen als Buddha-Natur bezeichnet wird. Das Innewerden des Wesens ist für den Übenden ein Einswerden mit seiner Buddha-Natur.

Mit der Verwandlung des Bewusstseins vom gegenständlichen zum inständlichen vertieft sich die wache Präsenz des Übenden zum Wesen hin und erweitert sich zugleich auch von dort her. Der Übende ist nun innerlich und auch nach außen hin transparent für die immanente Transzendenz. „Im Meditierenden ist hier in Wahrheit nur das Wesen präsent. Je tiefer und je mächtiger diese Präsenz ist, um so mehr geht von dem Meditierenden eine Strahlung und ein wundersamer Hauch aus."[143]

---

[143] Dürckheim, *Ton* (1978), S. 304.

Kin-hin – das meditative Gehen

Eine Meditationssitzung dauert etwa dreißig bis vierzig Minuten. Wenn man deutlich länger meditieren will, dann sollte man, so die Empfehlung aus dem Zen, sich zwischendurch etwas bewegen. Hierfür ist das Kin-hin gedacht, das meditative Gehen. Es ist, in der Anleitung von Dürckheim, ein sehr langsames und dennoch kontinuierliches Gehen, im Zeitlupentempo, aber ohne Pausen.

Das Kin-hin wiederum wird eingerahmt durch ein meditatives Stehen. So ist es zweckmäßig, wenn der Übende, bevor er losgeht, sich erst einmal kräftig hinstellt und sich in diesem Stehen zwei Minuten lang sammelt. Hierbei geht es vor allem darum, sich erneut in der Leibesmitte zu verankern und die Kraft im Hara bewusst wahrzunehmen. Vom Hara aus spürt der Übende dann im Stehen nach unten, zu den Füßen und zur Erde hin, sowie nach oben, zum Scheitel und zum Himmel hin.

Für das meditative Gehen schließt der Übende die linke Hand zur Faust und drückt diese leicht gegen das Brustbein, wobei die Fingerknöchel nach oben zeigen. Die rechte Hand legt er mit leichtem Druck auf die Finger der linken Hand. So sind die Unterarme waagerecht und die Schultern werden gelöst fallen gelassen.

Das Kin-hin besteht nun darin, dass der Übende in der gerade beschriebenen Haltung langsam vorangeht. Er behält dabei seinen Schwerpunkt im Hara. Die einzelnen Schritte sind klein, jeweils nur einen halben Fuß lang oder höchstens ein wenig länger, und sie werden mit der Atmung koordiniert. So hebt der Übende jeweils mit dem Einatmen langsam einen Fuß und setzt ihn dann mit dem Ausatmen ebenso langsam wieder nieder. Mit dem nächsten Einatmen hebt er dann den anderen Fuß und so weiter.

Das meditative Gehen mag, in der eben dargestellten Weise durchgeführt, etwa zehn Minuten dauern. Darauf folgen dann noch einmal zwei Minuten meditatives Stehen, bevor sich der Übende wieder zum Za-Zen hinsetzt.

Meditieren mit der Verwandlungsformel

Initiatische Meditation ist für Dürckheim eine Verwandlungsübung. In ihr geht es um die Verwandlung des jeweiligen Menschen hin zur Durchlässigkeit für das überweltliche Sein – sodass dieses sich als sein Wesen in ihm manifestieren und durch ihn offenbar werden kann in der Welt. Um jene Verwandlung dem Übenden näher zu bringen, hat Dürckheim die Meditation im Stile des Zen um eine Verwandlungsformel ergänzt. Diese Formel lautet: ›Sich loslassen – sich niederlassen – sich einswerdenlassen – sich neu kommenlassen‹.

Die Verwandlungsformel interpretiert den Rhythmus des Atems. Wenn der Übende mit dieser Formel meditiert, dann zählt er nicht die einzelnen Atemzüge, sondern vollzieht stattdessen immer wieder die Verwandlungsformel im Einklang mit der Atembewegung. Über diese Formel hat Dürckheim zugleich auch die Hara-Übung in die Meditationsübung größtenteils mit eingebaut.

Die körperliche Sitzhaltung ist beim Meditieren mit der Verwandlungsformel die gleiche wie beim Za-Zen: Der Übende sitzt hier also ebenfalls, wenn möglich, im Lotossitz oder zumindest im Schneidersitz auf einem Kissen auf dem Boden. Rumpf und Kopf sind gerade aufgerichtet, der Blick ist gesenkt und die Hände liegen im Schoß, wobei die Daumen mit den Zeigefingern ungefähr einen Kreis bilden.

Seine Aufmerksamkeit richtet der Meditierende nach innen auf seinen Atem. Am besten registriert er dabei zunächst einfach nur, gleichsam mit einem interesselosen Wohlgefallen, dass und wie sein Atem ganz von selbst immerzu geht und kommt, geht und kommt. Für gewöhnlich dauert das Ausatmen dabei deutlich länger als das Einatmen und außerdem gibt es eine Pause dazwischen. Dem Rhythmus des Atems entspricht hier das Schema: „Aus – aus – Pause – ein"[144]. Diesem Schema gemäß wird der Atemrhythmus

---

[144] Dürckheim, *Meditieren* (1976), S. 146.

durch die Verwandlungsformel folgendermaßen interpretiert: „Am Anfang des Ausatems steht das Sich-Loslassen, am Ende des Ausatems steht das Sich-Niederlassen, in der Zeit zwischen dem Aus und Ein das Sich-Einswerdenlassen, und zum Einatem gehört dann das Sich-Neukommenlassen."[145]

Die Verwandlung beginnt also am Anfang des Ausatmens mit dem Sich-Loslassen. Leiblich findet dieses Sich-Loslassen vor allem in den Schultern statt. Seelisch ist es ein Loslassen des Misstrauens gegenüber dem Leben. Sich-Loslassen bedeutet für den Meditierenden, das ganze System jener Denkweisen und Gewohnheiten, mit denen er sich in der Welt absichert, jeweils zumindest ein winziges Stück weit preiszugeben.

Am Ende des Ausatmens geht die Verwandlung über in das Sich-Niederlassen. Leiblich ist es ein Sich-Niederlassen im Bauch-Becken-Raum. Der Meditierende lässt seinen Schwerpunkt dort hinein sinken. Seelisch beinhaltet es ein Wagnis: Mit dem Sich-Niederlassen wagt sich der Meditierende hinab in den unbekannten Grund in seinem Inneren.

Es folgt das Sich-Einswerdenlassen. Dieses erfordert die völlige Hingabe des Ichs an den Grund. Leiblich ist es, zumindest ein Stück weit, ein Einswerden mit dem eigenen Wurzelgrund, dem Hara, und seelisch erwächst daraus ein wenig neues Grundvertrauen in das Leben. Außerdem kann hier im Hara ein bisschen eine Einschmelzung des alten Sicherungssystems stattfinden. Manchmal, wenn auch nur ganz selten, ereignet sich gerade in der Atempause sogar ein Einswerden mit dem eigenen Seinsgrund, nämlich dem transzendenten Wesen.

Das Sich-Loslassen in den Schultern am Anfang des Ausatems fällt solchen Menschen oft leichter, die ein schwaches Ich-Gehäuse haben, als jenen mit einem verhärteten Ich-Gehäuse. Dafür sind sie mitunter beim Sich-Einswerdenlassen dahingehend gefährdet, dass

---

[145] Dürckheim, *Hara* (1978), S. 161.

sie dann zu sehr in eine Auflösung geraten. Deshalb ist es besonders für Menschen mit einem schwachen Ich-Gehäuse hilfreich, wenn sie am Ende des Ausatmens absichtlich ein wenig Kraft in den Unterbauch geben, um damit den Bauch-Becken-Raum zu festigen, in den hinein sie sich nun niederlassen.

Mit dem Einatmen schließlich geht das Sich-Neukommenlassen einher. Dies gilt für alle Meditierenden, ganz gleich, wie ihr Ich-Gehäuse beschaffen ist. Leiblich besteht das Sich-Neukommenlassen aus einem inneren Aufgerichtetwerden des Oberkörpers vom Wurzelgrund her und seelisch besteht es aus einer Neuwerdung des Ichs aus dem Grundvertrauen heraus. Der jeweilige Mensch braucht sich nun in seinem Ich ein ganz kleines Stück weit weniger abzusichern und gewinnt damit ein kleines Stück mehr Freiheit für die Verwirklichung von persönlicher Individualität und Reife – er wird ein bisschen mehr zu einer standfesten und zugleich durchlässigen, werktüchtigen und zugleich kontaktfähigen Persönlichkeit.

Natürlich bewirkt nicht jeder einzelne Gang durch die Verwandlungsformel ein Einswerden mit dem Wesen oder eine komplette Neuwerdung des Welt-Ichs, sondern erst die jahrelange Übungspraxis mit dieser Formel. Nur eine kontinuierliche Meditationspraxis kann nach und nach dazu führen, dass der jeweilige Mensch in seinem Ich und von seinem Leib her wandlungsfähig wird zur initiatischen Reife und durchlässig für sein transzendentes Wesen.

Zum Umgang mit Störungen während der Meditation

Die in der Meditation angestrebte innere Stille scheint in einem deutlichen Gegensatz zu stehen zu zahlreichen Störungen, die den Übenden hier immer wieder heimsuchen. Doch der Bewusstseinszustand, der dem überweltlichen Wesen entspricht, ist ausdrücklich übergegensätzlicher Natur. Deshalb kann die innere Stille von dem Übenden auch nicht erreicht werden, solange er sich in einen Gegensatz zu den ihn heimsuchenden Störungen stellt, sondern nur dann, wenn er mit ihnen in Einklang gelangt. Die Störungen, um die es hier geht, können beispielsweise körperliche Schmerzen sein oder äußere Probleme oder innere Dämonen.

Mögliche körperliche Störungen während der Meditation reichen von kleinen Verspannungen bis zu schier unerträglichen Qualen. Irgendwo spannt es den Übenden, es juckt oder schmerzt – und es drängt nach Bewegung und Behebung. Wichtig ist hier, so Dürckheim, gegen solche Störungen nicht anzukämpfen und auch nicht vor ihnen auszuweichen, ihnen nicht nachzugeben und nicht nachzugehen. Sondern der rechte Umgang mit ihnen besteht darin, sie einfach wahrzunehmen, entweder von einem gewissen inneren Abstand her mit spürender Wachheit oder sogar durch bewusstes Hineingehen in die Spannung oder den Schmerz.

Ähnlich ist auch der rechte Umgang mit äußeren Problemen, die den Übenden von seinem Alltag her häufig genug in seine Meditation hinein verfolgen. Ihre Ursachen mögen hundertfältig sein, doch die Empfehlungen für den Umgang mit ihnen während der Meditation sind eindeutig. So ist es hier ebenfalls weder hilfreich, ihnen Widerstand zu leisten, noch, vor ihnen die Flucht zu ergreifen; es geht hier auch nicht um eine Auseinandersetzung mit ihnen, sondern gleichsam um eine Ineinandersetzung: Fruchtbringend ist es dementsprechend, solche Probleme einfach auszuhalten und hinschauend bei ihnen zu verweilen, noch fruchtbarer ist es wiederum, innerlich direkt in sie, so wie sie sind, einzudringen – nicht mit neuen Überlegungen, sondern einfach mit akzeptierendem Gewahrsein.

Schließlich gibt es noch die sogenannten ›inneren Dämonen‹. Dies sind fürchterliche oder auch furchtsame Fantasiegestalten, die den Meditierenden, aus seinem Schatten hervorkommen, in seinem Ich bedrängen, mit ihrer Wut, Angst, Eifersucht, Traurigkeit, Verzweiflung oder Lüsternheit – und genau genommen mit seiner eigenen! Auch vor ihnen sollte sich der Übende auf dem initiatischen Weg keinesfalls zu schützen versuchen. Stattdessen rät ihm Dürckheim, das Auftauchen solcher Dämonen stets zu begrüßen. Für den rechten Umgang mit den inneren Dämonen gelten die gleichen Empfehlungen, wie für den rechten Umgang mit äußeren Problemen.

Christliche Meditationsübungen

Die Praxis der Meditation ist die wichtigste Übung auf dem initiatischen Weg. Dürckheim hat diese Praxis vom fernen Osten her übernommen, aus dem japanischen Zen. Trotzdem ist der initiatische Weg für ihn durchaus vereinbar mit dem christlichen Glauben. Es handelt sich bei jenem Weg keineswegs um einen östlichen und letztlich auch nicht um einen nur westlichen Weg, sondern um einen zutiefst menschlichen. Er entspricht dem tiefsten Bedürfnis des Menschen, nämlich dem seinem transzendenten Wesen innewohnenden Bedürfnis nach innerer Manifestation und äußerer Offenbarung. Somit aber sind auch christliche Meditationsübungen ebenfalls vereinbar mit dem initiatischen Weg.

Ein Beispiel für eine christliche Meditationsübung ist die Kreuzmeditation. Hier meditiert der Übende mit dem Symbol des Kreuzes. Das Kreuz besteht aus einer Horizontalen und einer Vertikalen, die sich in einem Mittelpunkt kreuzen. Dementsprechend vollzieht der Übende während der Meditation des Kreuzes in seiner Vorstellung abwechselnd horizontale und vertikale Bewegungen. Durch diese imaginierten Bewegungen von rechts nach links und von links nach rechts sowie von unten nach oben und von oben nach unten entsteht in ihm ein an sich und in sich selbst erfahrenes Kreuz. Die Horizontale ist dabei für den Übenden das Zeichen seines raumzeitlich bedingten Daseins und die Vertikale das Zeichen für das überraumzeitlich transzendente Sein, welches ihn in seinem raumzeitlichen Dasein immer wieder sowohl trifft wie auch ruft. Die Mitte eines solchen imaginierten Kreuzes kann sich leiblich beispielsweise im Becken oder auch in der Herzgegend befinden. Von der gewählten Mitte aus werden die vorgestellten Bewegungen in die Horizontale und in die Vertikale hinein jeweils mit dem Ausatem vollzogen und die umgekehrten Bewegungen zur Mitte zurück mit dem Einatem.

Die christliche Mystik unterscheidet, so Dürckheim, traditionell drei Phasen der meditativen Übung, nämlich die Konzentration, die

Meditation und die Kontemplation. In der ersten Phase, der Konzentration, strebt der Übende mit seinem Willen aktiv nach innerer Sammlung und zu seiner Mitte hin. In der zweiten Phase, der eigentlichen Meditation, geschieht in ihm die Sammlung aus seiner eigenen inneren Tiefe heraus, und er wird auch von dorther gleichsam in seine Mitte gegangen. Die Kontemplation schließlich ist ein sogar während der Meditation nur selten auftretendes Erlebnis, nämlich eine ›selige Beschauung‹ und damit eine große Seinserfahrung. Es ist ein Augenblick der Präsenz des überweltlichen Seins. In diesem Augenblick wird sich der Übende unmittelbar seines überweltlichen Kerns bewusst und damit zugleich des ihm eingeborenen Christus.

Der Alltag als Übung

Für ein zuverlässiges Vorankommen auf dem initiatischen Weg ist es nach Dürckheim letztendlich entscheidend, dass es dem Übenden gelingt, seinen gewöhnlichen Alltag als Übung fruchtbar zu machen. „Alltag als Übung bedeutet nie aufhörende Sammlung und Wandlung."[146] Den eigenen Alltag als Übung auf dem inneren Weg zu nutzen ist dabei in vielfältiger Weise möglich. Das Spektrum reicht hier vom ganz allgemeinen fortwährenden Praktizieren des Rades der Verwandlung bis hin zum recht spezifischen Üben von Hara im Alltag. Ungefähr in der Mitte dieses Spektrums liegt die Verwandlung von Routinetätigkeiten in Meditationsübungen. Vor allem diese Praxis ist das Thema des hier beginnenden Abschnittes.

Für gewöhnlich erscheint Meditation unvereinbar mit Tätigsein, mit aktivem Handeln im Alltag. Doch es lassen sich durchaus auch Alltagstätigkeiten in Meditationsübungen verwandeln. Damit ein Tun zu einer Meditation werden kann, sind, wie Dürckheim in Japan

---

[146] Dürckheim, *Weg* (1991), S. 96.

gelernt hat, für dieses Tun eigentlich nur zwei Bedingungen nötig: „Es muss einfach sein und wiederholbar."[147]

Recht einfaches und zugleich laufend wiederholtes Tun findet jeder Mensch hundertfach in seinem Alltag, am Arbeitsplatz oder im Haushalt, im Beruf genauso wie in der Freizeit. Beispiele für entsprechende Tätigkeiten sind Geschirrspülen und Gartenarbeit, Körperpflege und Ankleiden, mechanische Handgriffe am Fließband und simple Büroverrichtungen am Computer. Gerade solche Routinetätigkeiten lassen sich ziemlich problemlos in Meditationsübungen verwandeln. Je besser ein Mensch eine solche Tätigkeit äußerlich beherrscht, desto weniger Aufmerksamkeit braucht er dafür aufzuwenden, dass sie ihm äußerlich gelingt, und desto leichter kann er den Akzent nach innen verschieben, auf ihre Nutzbarmachung für seinen inneren Weg.

Jede Routinetätigkeit beinhaltet eine äußere Technik, einen Ablauf des Vorgehens, durch den das gewünschte äußere Ergebnis erreicht werden kann. Je häufiger ein Mensch eine solche Tätigkeit ausführt, je öfter er also ihre Ausführung wiederholt, desto mehr automatisiert sich in ihm die entsprechende Technik. Dadurch muss er dann umso weniger noch sein Ich aktiv einsetzen, um die jeweilige Tätigkeit zu vollziehen. Er braucht also schließlich nicht mehr von seinem Ich her steuernd oder kontrollierend aktiv zu sein, damit ihm die Ausführung der jeweiligen Tätigkeit zufrieden stellend gelingt.

Wenn ein Mensch eine neue Tätigkeit erlernt, sollte er dabei zunächst durchaus mit seinem Ich aktiv werden. Sein Ich ist dann für gewöhnlich in mehrfacher Hinsicht engagiert, nämlich erstens durch das gegenständliche Feststellen und Festhalten, zweitens durch das eigenwillige Machen und drittens durch die Angst vor dem Versagen. So erlernt es die jeweilige Tätigkeit erstens mit Konzentration, zweitens mit Willensanstrengung und drittens mit Ehrgeiz. Sobald ein

---

[147] Dürckheim, *Alltag* (1980), S. 17.

Mensch aber die entsprechende Tätigkeit beherrscht, wie dies bei einfachen und häufig wiederholten Routinetätigkeiten der Fall ist, kann sich das Ich in ihm wieder zurückziehen. Seine aktive Steuerung und seine aufmerksame Kontrolle sind dann nicht mehr nötig. Genau an diesem Punkt kann die Verwandlung der Routinetätigkeit in eine Meditationsübung beginnen. Hier geht es nun ganz gezielt um ein, wenn auch jeweils nur zeitweiliges, Überwinden oder Fallenlassen des Ichs – und zwar vor allem des fixierenden, machenden und ängstlichen Ichs.

Die rechte Haltung für den Vollzug einer Routinetätigkeit als Meditationsübung ist eine Haltung der vertrauensvollen Präsenz im Hier und Jetzt. Mit dieser Haltung ändert der Übende auf subtile Weise die Art, wie er die jeweilige Tätigkeit vollzieht. Er ist mit Bewusstsein bei seiner Tätigkeit, ohne sie jedoch gegenständlich zu fixieren, und lässt sie stattdessen automatisch aus sich heraus geschehen, ohne ihren Ablauf von seinem Ich her zu stören.

Gerade weil die Tätigkeit automatisiert ist, braucht das Bewusstsein des Übenden nun nicht mehr gegenständlich fixierend zu sein. Seine Aufmerksamkeit gilt jetzt nicht mehr dem äußeren Gelingen der Tätigkeit, sondern der inneren Überwindung des Ichs. Je mehr der Übende die gegenständlich fixierende Gespanntheit seines Ichs auf die jeweilige Tätigkeit hin fallen lassen kann, desto leichter entsteht nun in ihm eine meditative Gestimmtheit, die alsbald sein ganzes Bewusstsein ausfüllt. Er beherrscht seine Tätigkeit jetzt so gut, dass sein Ich schweigen kann, während jene Tätigkeit sich aus ihm heraus vollzieht.

Die Haltung der vertrauensvollen Präsenz ist damit sozusagen die meditative Komponente, durch welche die Routinetätigkeit in eine Meditationsübung verwandelt wird. Sie ermöglicht ein inneres Versammeltwerden des jeweiligen Menschen durch die nun automatisch vollzogene Handlung. Gerade durch dieses Versammeltwerden aber gelangt der Übende wiederum nach und nach sogar zu einer gewissen Vollendung der jeweiligen Technik, und zwar umso deutlicher, je besser er sein Ich dabei herauszuhalten vermag.

Entscheidend ist jedoch der innere Fortschritt, der dem Übenden zuteil wird, je besser und je häufiger es ihm gelingt, sein fixierendes, machendes und ängstliches Ich zu überwinden. „Jede Handlung des Tages hat nicht nur einen äußeren Sinn im Hinblick auf das, was in der Welt dabei ›herauskommt‹, sondern birgt auch in der Weise, *wie* sie vollzogen wird, einen inneren Sinn in Gestalt einer Chance dafür, dass in ihrem Vollzug auch etwas ›hereinkommt‹."[148] Der äußere Sinn ist das äußere Ergebnis, etwa beim Geschirrspülen oder bei den Büroverrichtungen, der innere Sinn aber ist das innere Versammeltwerden und ein daraus resultierender, wenn auch jeweils noch so kleiner, Zuwachs an Reife auf dem inneren Weg.

Übungen aus verschiedenen spirituellen Traditionen

Grundsätzlich sind sehr viele verschiedene Übungen aus den unterschiedlichsten spirituellen Traditionen mit dem initiatischen Weg vereinbar. Dürckheim nennt hier etwa das Tai Chi, das Aikido, das Bogenschießen, das Schwertfechten, die Teezeremonie, das Ikebana (Blumenstecken) und die Asanas (Körperübungen) aus dem Hatha-Yoga.

Wenn solche Übungen wie das chinesische Tai Chi oder die japanische Teezeremonie für den inneren Weg fruchtbar werden sollen, dann müssen sie allerdings auch tatsächlich mit einer initiatischen Ausrichtung praktiziert werden und nicht mit einer pragmatischen. Wer Ikebana nur als interessantes Hobby pflegt, die Yoga-Asanas wie Gymnastikübungen durchführt oder Aikido lediglich als ausgefallenen Kampfsport praktiziert, kommt dadurch auf dem initiatischen Weg keinen einzigen Schritt voran.

Ähnlich wie bei der Verwandlung von alltäglichen Routinetätigkeiten in initiatische Meditationsübungen geht es etwa beim Bogen-

---

[148] Dürckheim, *Alltag* (1980), S. 119 f.

schießen und beim Schwertfechten sowie bei der Teezeremonie und beim Ikebana ebenfalls darum, schließlich die aktive Steuerung und die ängstliche Kontrolle durch das Ich zu überwinden. „Das alles sind Übungen, die stets die bis zur Vollendung führende Einübung einer Technik zum Inhalt haben, wobei die Vollendung der Technik die Manifestation des Überweltlichen in einer bestimmten Bewegungsfolge oder auch einem sichtbaren Werk ermöglicht."[149]

---

[149] Dürckheim, *Transzendenz* (1984), S. 234.

Die Initiatische Therapie

Für Dürckheim ist die von ihm und Maria Hippius begründete Initiatische Therapie eine besondere Therapieform, die sich grundsätzlich von (fast) allen anderen Therapieformen unterscheidet, so insbesondere von der Psychoanalyse, aber auch von den verschiedenen Therapieformen der Humanistischen Psychologie. Diese anderen Therapieformen werden von Dürckheim als pragmatisch charakterisiert. Bei solchen Therapien geht es vor allem um die Wiederherstellung der natürlichen Gesundheit und Leistungskraft des Menschen in der Welt. Die Initiatische Therapie hingegen zielt auf eine Wiederherstellung der Ureinheit mit dem überweltlichen Sein – durch eine Weiterentwicklung, die eine erneute, nun aber bewusste Rückverbindung mit jenem Sein ermöglicht.

Relevant wird die Initiatische Therapie dort, wo das Leiden des Menschen, sei es psychisch oder physisch, seine Wurzeln in der Entfremdung vom transzendenten Wesen hat. Wirkliche Heilung ist unter solchen Umständen nur möglich, wenn der jeweilige Mensch wieder zu diesem Wesen hinfindet. „Die Initiatische Therapie öffnet dem Menschen den Weg zu einer metapsychischen und metaphysischen Wirklichkeit seiner selbst, die nicht das Ergebnis einer Spekulation oder eines religiösen Glaubens ist, sondern eine Wirklichkeit der Erfahrung, ja, der tiefsten Erfahrung, deren der Mensch überhaupt fähig ist."[150] So geht es in der Initiatischen Therapie um die Durchlässigkeit des Menschen für die ihm immanente Transzendenz.

---

[150] Dürckheim, *Transzendenz* (1984), S. 163.

Methoden und Vorgehensweisen der Initiatischen Therapie

Die Initiatische Therapie ruht, so Dürckheim, auf vier Säulen. Diese sind erstens die Meditation im Stile des Zen, zweitens die Personale Leibtherapie, drittens verschiedene kreative Therapiemethoden, wie insbesondere das Geführte Zeichnen, und viertens der Alltag als Übung. Dazu kommen noch die initiatische Hinführung des Klienten zu Seinserfahrungen und die tiefenpsychologische Aufarbeitung seines Schattens.

Das Vorgehen in der Initiatischen Therapie hat ganz allgemein zwei Seiten: Abbauen und Aufbauen – Abbauen, was einen Durchbruch zum Wesen verhindert, und Aufbauen, was einen solchen Durchbruch vorbereitet. Abgebaut werden hier dementsprechend das Absichern und das Festhalten des Ichs, die Verspannungen und Erschlaffungen im Leib, der Schatten; aufgebaut werden hingegen beim Klienten etwa das Verweilen im unmittelbaren Erleben, die Verankerung im Hara, die Entschlossenheit zum täglichen Üben.

Die Hinführung zu Seinserfahrungen

Viele derjenigen Menschen, die sich als Klienten ausgerechnet zur Initiatischen Therapie hingezogen fühlen, hatten in ihrem Leben bereits einmal oder auch mehrmals ein numinoses Erlebnis, eine Seinserfahrung oder zumindest eine Seinsfühlung. Zumeist jedoch haben sie dieses Erlebnis alsbald wieder vergessen oder zumindest nicht als bedeutsam erkannt. So besteht ein wichtiger Einstieg in die Initiatische Therapie darin, Lebensaugenblicke erinnern zu lassen, in denen die Dimension des überweltlichen Seins in eindeutiger Weise angeklungen ist.

Die Erfahrungen, um die es hier geht, liegen häufig schon weit zurück. „Oft sind es Augenblicke aus der Zeit der Jugend."[151] Es

---

[151] Dürckheim, *Transzendenz* (1984), S. 190.

können aber auch Seinsfühlungen aus der Kindheit sein, etwa aus dem fünften oder sechsten Lebensjahr, an die sich der Klient plötzlich wieder erinnert oder die er auf einmal als spirituell begreift – wenn der Therapeut ihm dabei hilft.

Die Hinführung zu solchen Erfahrungen aus dem eigenen Leben des Klienten erfolgt durch ein behutsames Gespräch. Wenn der Klient sich an ein irgendwie numinoses Erlebnis aus seinem Leben erinnern kann, hält sich der Therapeut mit Bewertungen zurück, die jenes Erlebnis sogleich als eine Seinserfahrung oder zumindest als eine Seinsfühlung charakterisieren. Stattdessen stellt er dem Klienten lieber Fragen, die ihm dabei helfen, jenes Erlebnis selbst in seiner initiatischen Bedeutsamkeit zu begreifen.

Wenn der Klient sich nicht an ein irgendwie numinos geartetes Erlebnis erinnern kann, dann besteht die initiatische Hinführungen zu Seinserfahrungen darin, dass der Therapeut ihm die Übungen der Sinne als Hausaufgabe gibt. Der Klient wird hier dazu ermuntert, sich zwischen den Therapiesitzungen jeweils einige Stunden der Muße zu schaffen, um, etwa an einem beeindruckenden Ort in der Natur, aufmerksam und empfänglich bei seinen Sinneswahrnehmungen zu verweilen. Dabei geht es dann um die Ausbildung eines Gespürs für die Tiefendimension der Sinnesqualitäten. Diese Tiefendimension besteht gleichsam aus einer übersinnlichen Sinnlichkeit, bei der das Überweltliche durch die Sinneswahrnehmungen hindurchschimmert. Die Erfahrung dieser Tiefendimension ergibt, wenn sie sich ereignet, eine Seinsfühlung.

Die Personale Leibtherapie

Die Personale Leibtherapie wurde von Dürckheim aus der klassischen westlichen Massage heraus entwickelt. Es handelt sich dabei um eine ganzheitliche Behandlung des Menschen vom Leib her, der er ist, hin zu einer fortschreitenden Durchlässigkeit dergestalt, dass das überweltliche Sein durch ihn als Leib und Person hindurchtönen kann. Der Klient wird in der Personalen Leibtherapie vom Therapeuten mit Berührungen und Griffen behandelt, die etwa streichend, haltend oder auch knetend sein können. Bei diesen Berührungen und Griffen geht es hier zunächst einmal um eine spürende Bewusstwerdung des Klienten in seiner Leiblichkeit – und bald darauf auch schrittweise um entsprechende Wandlungen des Klienten hin zu der angestrebten fortschreitenden Durchlässigkeit. Die Wandlungen beinhalten einerseits den Abbau von hinderlichen muskulären Verspannungen und Erschlaffungen sowie andererseits den Aufbau vor allem einer gefestigten Verwurzelung in der eigenen Leibesmitte, dem Hara.

Zur Behandlung durch den Therapeuten hinzu kommen passende Übungen, in die der Klient vom Therapeuten eingewiesen wird und die er alleine durchführen kann. Mit diesen Übungen arbeitet er dann zwischen den Therapiesitzungen selbstständig vom Leib her an seiner Durchlässigkeit zum überweltlichen Sein hin sowie auch an einer entsprechenden Festigkeit. Die wichtigsten solcher Übungen sind die Hara-Übungen, die bereits vorgestellt wurden.

Zunächst aber steht in der Personalen Leibtherapie der Aufbau beziehungsweise die Entwicklung des leiblichen Spürbewusstseins beim Klienten im Vordergrund der Behandlung. So beginnt die Personale Leibtherapie immer mit einer Anleitung zu einem Spüren in den Leib hinein. Diese Anleitung gibt der Therapeut teilweise mit Worten, indem er die Aufmerksamkeit des Klienten verbal in die verschiedenen Bereiche seines Leibes lenkt, teilweise gibt er sie aber auch mit seinen Händen, indem er die entsprechenden Bereiche sanft oder auch etwas deutlicher berührt und sie damit für den Klienten spürbar macht.

In der weiteren Behandlung geht es dann um die massierende Bearbeitung der muskulären Verspannungen und Erschlaffungen des Klienten. Hierbei ist es seitens des Therapeuten wichtig, dass er den Strich seiner Massage mit der Atembewegung des Klienten koordiniert. Für die Lösung einer muskulären Verkrampfung etwa wird der Massage-Strich vorwiegend in den Ausatem des Klienten geführt. Seitens des Klienten ist es wichtig, dass er sich nicht einfach nur passiv vom Therapeuten behandeln lässt, sondern die Berührungen und Griffe des Therapeuten innerlich aufmerksam spürend mitvollzieht. Die Personale Leibtherapie dreht sich nicht um seinen Körper, sondern um ihn selbst als Person – und darum, wie er selbst als Person da ist, in seinem Leib.

Bei verkrampften Schultern etwa sind nicht einfach nur die Schultern des Klienten stark verspannt, sondern er selbst ist es als Person, der sich unbewusst in seinen Schultern verkrampft hat, um sich dort innerlich festzuhalten, aus Angst vor den Unwägbarkeiten des Lebens. So sind die verkrampften Schultern eine chronische Fehlhaltung des ganzen Menschen, in der sein Misstrauen dem Leben gegenüber zum Ausdruck kommt. Deshalb geht es dann auch in der Personalen Leibtherapie nicht darum, die Verspannungen des Klienten in seinen Schultern möglichst schnell zu lösen, sondern zunächst einmal darum, dass der Klient diese Verspannungen bewusst spürt und dass er sich dessen inne wird, wie und warum er sich selbst als Person in ihnen festhält.

Zentral ist für die Personale Leibtherapie die Verwurzelung des Klienten im Hara, seinem Bauch-Becken-Raum. Das entsprechende Vorgehen lässt sich wiederum an jener Fehlhaltung verdeutlichen, bei der der Klient oben in seinen Schultern verkrampft ist. Die Behandlung dieser Fehlhaltung verläuft in der Personalen Leibtherapie über das Einsehenlassen und das Erfahrenlassen jener Haltung, die Sicherheit und Vertrauen ausdrückt und erzeugt. Anstelle des Verspanntseins in den Schultern muss eine Verankerung im Beckenraum treten. Der Therapeut behandelt den Klienten hier also durch entsprechende Berührungen und Griffe dahingehend, dass dieser, wenn auch zunächst vielleicht nur für einen kurzen Augenblick, sich leiblich in seinen Beckenraum niederzulassen vermag und damit einhergehend dann tatsächlich Sicherheit und Vertrauen verspürt. Außerdem bringt der Therapeut dem Klienten nun möglicherweise die Hara-Übungen bei, sodass jener dann mit ihnen in der Zeit zwischen den Sitzungen auch eigenständig an seiner Verankerung im Beckenraum arbeiten kann.

Fehlhaltungen wie diejenige, die sich in verspannten Schultern ausdrückt, haben ihre Ursache zumeist in traumatischen Kindheitserfahrungen. Solche Traumata führen dazu, dass ursprüngliche Lebensimpulse verdrängt werden, wie etwa der Impuls, sich vertrauensvoll auf die Welt einzulassen, sie führen weiter dazu, dass stattdessen reaktive Lebensimpulse entstehen, wie etwa der Impuls, der Welt gegenüber stets misstrauisch zu sein – und sie führen zu entsprechenden körperlichen Verspannungen, beispielsweise in den Schultern. Die leibtherapeutische Behandlung der körperlichen Verspannungen führt dementsprechend mitunter ziemlich schnell zu den traumatischen Kindheitserfahrungen zurück. So wird auch der Klient hier mitunter ziemlich schnell begreifen, dass es sich bei seinen muskulären Verspannungen nicht nur um körperliche Symptome handelt, und stattdessen lernen, ihre tiefenpsychologische Bedeutung als eingefleischte Verdrängungen zu erkennen.

Manchmal wird in der Personalen Leibtherapie auch der Ätherleib mit einbezogen, also der feinstoffliche Körper des Menschen. Hierbei geht es dann vor allem darum, den Klienten von jenem Leib her zur Transzendenz hin zu öffnen. Außerdem kann über den Ätherleib auch der Fluss der Lebensenergie beim Klienten verbessert werden. Das dafür geeignete Vorgehen wird traditionell als magnetische Behandlung bezeichnet. Im Unterschied zur Massage wird hierbei der magnetische Strich entweder ganz ohne Körperberührung vollzogen oder mit einer nur ganz leichten Körperberührung.

Im Leib durchlässig zu werden für das überweltliche Sein ist das höchste Ziel der Personalen Leibtherapie. Diesem Ziel dienen sowohl der Abbau von hinderlichen Fehlhaltungen, wie auch die Verwirklichung der rechten Form, also vor allem einer Verwurzelung im Hara, und nicht zuletzt die Arbeit am Ätherleib. Die Verwandlung des Leibes soll hier zunächst eine Selbsterfahrung im Wesen ermöglichen und darüber hinaus dann auch dessen Manifestation in einer dem Inbild gemäßen Gestalt.

Das Geführte Zeichnen

Das Geführte Zeichnen wurde von Maria Hippius aus der Grafologie, also der Schriftdeutung, heraus entwickelt. Bei dieser Methode produziert der Klient aus einer meditativen Grundhaltung heraus in jeder Therapiesitzung mehrere Zeichnungen. Ausgangspunkt für diese Zeichnungen sind dabei verschiedene grafische Urformen, von denen der Klient sich jeweils eine aussucht oder vom Therapeuten aufgegeben bekommt, um sie zu Papier zu bringen. Gezeichnet wird zumeist mit schwarzer Kreide auf großen Blättern. Der Klient hat normalerweise während des Zeichnens seine Augen geschlossen, und er zeichnet entweder mit einer Hand oder manchmal auch mit beiden. Nach jedem Zeichenprozess wird die jeweilige Zeichnung besprochen.

Die grafischen Urformen, die beim Geführten Zeichen verwendet werden, lassen sich als männlich oder weiblich charakterisieren. Zu den weiblichen Urformen gehören hier die Welle, der Kreis, die Spirale, die Schale und die Lemniskate; zu den männlichen gehören das Kreuz, die Gerade, der Winkel, das Dreieck und das Quadrat. Am Anfang einer Sitzung in Geführtem Zeichnen begibt sich der Klient in eine meditative Grundhaltung der inneren Sammlung. Danach beginnt er dann damit, die jeweils ausgewählte oder aufgegebene Urform mit geschlossenen Augen zu zeichnen.

Die gewählte oder aufgegebene Urform verwandelt sich während des Zeichnens immer wieder spontan, aber doch aus dem Inneren heraus geführt, zu eigenen Gestaltungen des Klienten. Diese Gestaltungen zeigen nun zunehmend deutlicher sein eigenes Erleben, welches ihm selbst zumeist noch weitgehend unbewusst ist. So können hier etwa ganz plötzlich verdrängte Schattenkräfte in das Bewusstsein des Klienten hervorbrechen oder archetypische Symbole auf dem Papier erscheinen, in denen sich schöpferische Kräfte aus dem Unbewussten des Klienten ankündigen.

Bei der Methode des Geführten Zeichens in einer meditativen Grundhaltung werden durch die männlichen und weiblichen Urformen früher oder später die gleichgeschlechtlichen und die andersgeschlechtlichen Archetypen im Klienten regelrecht angereizt – vom gleichgeschlechtlichen Schatten-Archetyp über den andersgeschlechtlichen Archetyp der Anima oder des Animus bis hin zum Archetyp des Selbst. Vor allem dadurch verändert sich das Zeichnen des Klienten dann jeweils sehr deutlich. Es wird nun innerlich durch den jeweils angereizten Archetyp geführt und bringt dementsprechend Emotionen und Kräfte aus immer tieferen Schichten des Unbewussten zum Ausdruck.

Therapiesitzungen in Geführtem Zeichnen sind gleichsam meditative Übungen unter der Obhut des Therapeuten, durchgeführt mit Kreide und Papier, ergänzt durch therapeutische Gespräche. „In ewiger Wiederholung in meditativer Haltung aufs Papier ›hingelassen‹ (getanzt), erwecken und befreien solche Übungen tiefere Schichten der Person, führen zur Bewusstwerdung des Männlichen und Weiblichen, zu erschütternden Begegnungen mit dem eigenen Schatten und zum Hochkommen lebensgesetzlicher Folgen von archetypischen Symbolen und, über deren im psychologischen Gespräch geklärten Erkenntnis, zu immer tieferer Fühlung und Befreiung des eigenen Wesens."[152]

In den Gesprächen hilft der Therapeut dem Klienten dabei, das in seinen Gestaltungen zum Ausdruck gelangte Erleben inhaltlich zu begreifen und emotional zu verarbeiten. So kommt der Klient durch das Zeichnen immer mehr mit den Kräften seines Unbewussten ›ins Spiel‹ und zugleich auf seinem inneren Weg voran. Zunehmend tiefere Selbsterfahrungen werden ihm möglich und bisweilen kommt es bei ihm sogar zu Verwandlungskrisen von initiatischer Valenz. Solche Krisen beinhalten dann jeweils die Chance für einen Durchbruch zum Wesen.

---

[152] Dürckheim, *Erlebnis* (1982), S. 56.

Andere kreative Therapiemethoden

Kreative Therapiemethoden sind solche, bei denen der Klient sein inneres Erleben in kreativen Gestaltungen zum Ausdruck bringt. Die wichtigste dieser Methoden innerhalb der Initiatischen Therapie ist das Geführte Zeichnen. Aber es werden hier auch noch andere solche Methoden verwendet, wie beispielsweise die freie Arbeit mit Tonerde oder das kreative Weben. Gemeinsam ist diesen Methoden das Entbinden von schöpferischen Kräften beim Klienten. „Dabei geht es nicht um eine gewollte Formung, nicht um eine ästhetisch gezielte Gestaltung, sondern um die spontane Bewegung, die den im Unbewussten gebundenen Kräften erlaubt, frei hervorzukommen und einen erlösenden Ausdruck zu finden."[153]

Ein Beispiel für eine andere kreative Therapiemethode, neben dem Geführten Zeichnen, ist die Arbeit am Musikinstrument. Geeignete Instrumente sind dabei etwa die Geige, das Cello, die Trommel oder die Flöte – besonders, wenn der Klient eines dieser Instrumente bereits ein wenig zu spielen vermag. Doch in der Initiatischen Therapie geht es für ihn dann nicht so sehr darum, das jeweilige Instrument besonders gut zu spielen, sondern vor allem darum, sich im eigenen Spiel gleichsam selbst zu begegnen. Gefragt ist hier weniger das disziplinierte Tun, als vielmehr die spontane Improvisation, nicht so sehr die technische Fertigkeit, sondern vor allem die innere Präsenz.

Mit einer Trommel beispielsweise kann der darin ein wenig geübte Klient leicht wohlgefällige Rhythmen hervorbringen. Doch in der Initiatischen Therapie bekommt er die Erlaubnis und die Aufforderung, mit ihr voranzuschreiten auf seinem eigenen inneren Weg. Das wohlgefällige Musizieren kann und soll hier abgelöst werden durch ein Zulassen von aufgestauten Triebkräften, bei denen es sich dann oft um dunkle Kräfte verhaltener Aggressionen handelt oder

---

[153] Dürckheim, *Meditieren* (1976), S. 216.

manchmal auch um lichte Kräfte eines unterdrückten Überschwangs. Indem der Klient solche Kräfte musizierend zum Ausdruck bringt, begegnet er sich dabei selbst.

Manchmal, in seltenen Glücksmomenten, ermöglicht ein solcher Ausdruck von bislang unbewussten Kräften seinerseits ein noch weiteres Vorankommen des Klienten. Hier gleitet das Spiel dann unwillkürlich in eine noch tiefere Dimension, aus der heraus sich dann im Klienten das eigene Wesen manifestiert. So kann die therapeutische Arbeit an einer Trommel mitunter eine initiatische Bedeutung gewinnen.

Die tiefenpsychologische Schattenbereinigung

Eines der größten Hindernisse auf dem Weg zum übernatürlichen Licht des Wesens ist der verdrängte Schatten im Unbewussten des Klienten. Die tiefenpsychologische Aufarbeitung dieses Schattens ist deshalb ein wichtiger Bestandteil der Initiatischen Therapie. Der Schatten beinhaltet die unterdrückten und doch zum eigenen Ganzsein gehörenden Kräfte des eigenen Lebens. Bei der tiefenpsychologischen Aufarbeitung dieses Schattens geht es für den Klienten um das Erkennen und das Annehmen sowie um das Zulassen und das Integrieren jener Kräfte.

Die im Schatten verborgenen Kräfte können einerseits durch die bereits vorgestellten Methoden freigesetzt werden, so beispielsweise während der Bearbeitung von muskulären Verspannungen in der Personalen Leibtherapie, durch den inneren Prozess beim Geführten Zeichnen oder auch mithilfe einer anderen Methode der kreativen Gestaltung. Andererseits sind für die Bearbeitung des Schattens oft zusätzlich noch gesonderte Gespräche notwendig, in denen der Therapeut dem Klienten gezielt dabei hilft, die jeweiligen Anteile seiner Persönlichkeit zu erkennen und zu assimilieren. Diese gesonderten Gespräche beinhalten dann häufig auch die Arbeit mit entsprechenden Träumen des Klienten – speziell mit solchen, in denen bedrohliche Gestalten vorkommen.

Insgesamt bildet die Bearbeitung des Schattens eine Purificatio, nämlich eine Bereinigung des Unbewussten. Dafür genügt aber keineswegs das Ausagieren von aggressiven Impulsen oder das reine Zulassen von primitiven Wünschen. Ein solches Freiwerden von bis dahin verdrängten Schattenkräften kann nur ein erster Schritt in ihrer Bearbeitung sein. Die weiteren Schritte beinhalten dann vor allem eine Integration jener Kräfte in die bewusste Persönlichkeit, denn recht eigentlich handelt es sich bei den Schattenkräften um wertvolle Lebensimpulse, die nur durch ihre Verdrängung giftig und böse geworden sind.

Trotzdem kann die Schattenbearbeitung beim Klienten erst einmal zu einer Regression führen, nämlich zu einem Zurücksinken des Klienten von einem Verhalten, welches im Allgemeinen durch moralische Werte kontrolliert wird, zurück zu einem Verhalten, in dem wiederholte Male eine unkontrollierte Triebhaftigkeit durchbricht. Eine solche Regression sollte hier aber nur eine Durchgangsphase darstellen, auf die dann alsbald eine Progression folgt, nämlich ein Fortschreiten des Klienten hin zu einem um die vormals verdrängten Lebensimpulse erweiterten Welt-Ich, das dem heilen Ganzsein des Klienten besser entspricht.

In der Initiatischen Therapie endet die Bearbeitung des Schattens aber nicht mit der Integration der verdrängten Lebensimpulse, sondern sie führt hier schließlich zum Kernschatten und zielt damit letztendlich auf eine Freisetzung des großen *Lebens*, also auf einen Durchbruch zum transzendenten Wesen, welches bis dahin im Kernschatten verborgen ist. Je weiter die Bereinigung des Schattens in der Therapie voranschreitet, desto offener wird der Klient dadurch als Person für eine Manifestation der immanenten Transzendenz.

Das notwendige Exerzitium

Die Initiatische Therapie eröffnet dem Klienten den Weg zu seinem transzendenten Wesen, doch der Klient kann auf diesem Weg nur vorankommen, wenn er auch selbst entsprechende Übungen praktiziert. Damit ist das Exerzitium ein notwendiger Bestandteil der Initiatischen Therapie. Es macht zwei der vier Säulen aus, auf denen die Initiatische Therapie ruht. Die eine Säule ist hier die Meditation im Stile des Zen und die andere der Alltag als Übung.

Es gibt also beim Exerzitium das gesonderte Üben, bei dem sich der Klient aus seinem alltäglichen Tun herauslöst und jenes Üben abseits davon durchführt, und es gibt den Alltag als Übung, bei dem der Klient sein alltägliches Tun selbst jeweils in eine Übung verwandelt. Beides Üben ist in der Initiatischen Therapie gleichermaßen wichtig – und beides beginnt mit der inneren Sammlung.

Das gesonderte Üben, die Praxis der Meditation, dient hauptsächlich dazu, die innere Sammlung zum transzendenten Wesen hin zu vertiefen, und der Alltag als Übung dient dann dazu, jene Sammlung in das alltägliche Tun hinein zu verbreiten. Durch die Praxis der Meditation öffnet sich der Klient für eine Erfahrung des Überweltlichen, doch ihr eigentlicher Sinn erfüllt sich erst im Alltag. „Recht gelebt, wird dann ›jede Situation die beste aller Gelegenheiten‹ der Bewährung auf dem Wege zum wahren Selbst."[154]

Behandlungsdynamik und Beziehungsgestaltung

Die Initiatische Therapie ist sowohl transpersonal, also auf das Überpersönliche hin ausgerichtet, als auch tiefenpsychologisch und körpertherapeutisch orientiert. Die Bearbeitung des Unbewussten und die Arbeit am Leib sind wichtige Komponenten dieser Therapieform, die hier oft sogar lange Zeit im Vordergrund der Behandlung stehen. Das Überpersönliche wirkt hier aber trotzdem auch bereits während dieser Zeit, jedoch zunächst vor allem im Hintergrund der Beziehung zwischen Therapeut und Klient – und zwar in jenem Hin-

---

[154] Dürckheim, *Transzendenz* (1984), S. 155.

tergrund, der psychodynamisch als Übertragung und Gegenübertragung erscheint.

Die Dynamik der Behandlung

Die Dynamik der Behandlung führt in der Initiatischen Therapie zurück in die Kindheit und vorwärts zum geglückten Welt-Ich, hinein in den Leib und jenseits davon in das *Licht*, hinab in das kollektive Unbewusste und hinauf zum inständlichen Bewusstsein. Die Ausrichtung der Behandlung ist dabei eindeutig: Es geht in ihr vor allem um eine Selbstverwirklichung des Klienten aus seinem Wesen heraus.

Trotzdem ist bei den meisten Klienten zunächst das Lösen von neurotischen Verhärtungen notwendig, bevor ihnen eine Selbstverwirklichung aus dem Wesen möglich wird. Die neurotischen Verhärtungen haben ihren Ursprung dabei für gewöhnlich in der Kindheit – und dementsprechend führt auch die Initiatische Therapie alsbald erst einmal dorthin zurück und damit zugleich in das Unbewusste hinab. Entscheidend ist hier das Hochkommenlassen und Neudurchleben von frühkindlichen Situationen, die damals traumatisch und frustrierend waren.

Die Arbeit am Leib kann dabei helfen, die frühkindlichen traumatischen und frustrierenden Situationen in die Erinnerung zurückzuholen und die neurotischen Verhärtungen aufzulösen. Der Leib hat nämlich diesbezüglich ein psychisches Gedächtnis. Die neurotischen Verhärtungen sind in seiner Muskulatur als Verspannungen eingefleischt. Darüber hinaus geht es bei der Arbeit am Leib in der Initiatischen Therapie vor allem darum, den Klienten gut im Hara zu verankern.

Hilfreich für die Selbstverwirklichung aus dem Wesen sind auch die Archetypen des kollektiven Unbewussten, denn sie steuern den Individuationsprozess des Menschen von innen her. So geht es in der Initiatischen Therapie auch darum, den Klienten innerlich an jenes kollektive Unbewusste anzuschließen. Hierfür wiederum kann die Traumarbeit nützlich sein und darüber hinaus vor allem das Geführte Zeichnen.

Zentral für die Behandlung ist der mystische Ich-Tod des Klienten, der initiatische Tod jenes Ichs, welches genau darin besteht, dass der Klient sich ausschließlich mit ihm identifiziert, sich in ihm fixiert und durch dieses Ich sich ständig in der Welt absichert. Den Tod dieses Ichs kann der Klient nur durchleben, wenn er sich vorbehaltlos einzulassen vermag auf jenes Leiden, welches das Leben natürlicherweise immer wieder mit sich bringt, wenn er sich also einzulassen vermag auf Angst und Schmerz, Krankheit und Verlust, Widersinn und Einsamkeit. Dieses Leiden ist sozusagen das dunkle Tor zum transzendenten Licht. So beinhaltet die Initiatische Therapie ganz zentral die Vorbereitung des Klienten auf den initiatischen Tod und seine Begleitung durch dieses dunkle Tor. Hilfreich dafür wiederum ist die gute Verankerung des Klienten im Hara.

Der Tod des bisherigen Ichs ermöglicht daraufhin die Verwirklichung eines neuen Ichs, nämlich des geglückten Welt-Ichs, das innerlich durchlässig ist zum Wesen hin. Diese Durchlässigkeit ist das eigentliche Anliegen der Initiatischen Therapie. „Es geht in der Initiatischen Therapie um die Große Durchlässigkeit, die Transparenz für die uns immanente Transzendenz."[155] Sie kann nur dann erreicht werden, wenn sie nicht nur vom Ich her, sondern auch vom Leib her angestrebt wird. Vom Ich aus ermöglicht die Große Durchlässigkeit schließlich eine Überschreitung des gegenständlich-fixierenden Bewusstseins zum inständlichen Bewusstsein hin – zwar nicht dauerhaft, aber doch immer wieder neu für beglückende Augenblicke.

---

[155] Dürckheim, *Transzendenz* (1984), S. 167 f.

Die Beziehung zwischen Therapeut und Klient

Die von Dürkheim gemeinsam mit Maria Hippius begründete Therapieform heißt Initiatische Therapie, weil es in ihr vor allem darum geht, das Tor zum Geheimen zu öffnen, nämlich zu der uns allen immanenten Transzendenz. Daraus ergeben sich spezielle Anforderungen sowohl an den Therapeuten wie auch an den Klienten. Der Therapeut, oft handelt es sich dabei um eine Therapeut*in*, muss sich selbst bereits auf dem initiatischen Weg befinden. „Er selbst muss zumindest über einige Seinsfühlungen verfügen, die ihn über alle Zweifel hinaus die Realität der immanenten Transzendenz haben fühlen lassen."[156] Der Klient, oft handelt es sich dabei um eine Klient*in*, sollte für sich eine innere Öffnung zur immanenten Transzendenz wünschen oder sogar anstreben.

Menschen mit einer Neurose werden in der Initiatischen Therapie nur behandelt, wenn sie trotz ihrer Neurose fähig und auch willens sind, neben der Behandlung zugleich Übungen des initiatischen Weges zu praktizieren. Mitunter werden in der Initiatischen Therapie aber auch Menschen mit einer Psychose behandelt – wenn bei ihnen durch ihre Psychose bereits das überweltliche Sein hindurchschimmert.

Bei manchen Klienten der Initiatischen Therapie handelt es sich um Menschen, die in der Gesellschaft hoch angesehen sind, die ichlos der Kunst oder der Wissenschaft oder dem Staat dienen. Doch auch solche Menschen können durchaus außerhalb ihres Dienstes unerträgliche Menschen sein, extrem streitsüchtig und ebenso eigensüchtig. Andere Klienten erscheinen von vornherein unerträglich und asozial. Sie haben harte Drogen genommen oder sonst wie ein verruchtes Leben geführt. Solche Menschen wissen häufig nicht mehr, wer sie eigentlich sind in ihrem Ich, und sie wirken

---

[156] Dürckheim, *Transzendenz* (1984), S. 184.

zerstörerisch auf ihre Umwelt – doch sie ahnen mitunter bereits, dass ihr Leiden sie auf eine andere Dimension hinweist und hintreibt.

Oft begeben sich in eine Initiatische Therapie aber auch unauffällige Menschen, die einfach in ihrem weltlichen Leben nicht mehr weiter wissen oder gescheitert sind und die nun in der Hinwendung zum Überpersönlichen einen Ausweg suchen aus ihrer Not. Manche Menschen, die sich in eine Initiatische Therapie begeben, haben auch einige Wochen oder Monate zuvor eine Seinserfahrung gemacht und suchen nun im Therapeuten vor allem jemanden, der ihnen diese Erfahrung aufschließt und ihnen dabei hilft, von dieser Erfahrung her auf den inneren Weg zu gelangen.

Doch in welcher Verfassung und aus welcher Lebenssituation heraus auch immer der Klient in der Behandlung erscheint, es gibt zwischen uns Menschen, und damit auch zwischen Therapeut und Klient, stets eine überpersönliche Zusammengehörigkeit im überweltlichen *Leben*. Nicht zuletzt aus dieser Zusammengehörigkeit heraus gestaltet der Therapeut die Beziehung zwischen sich und dem Klienten in der Initiatischen Therapie möglichst als eine personale Beziehung, also als immer wieder neue Begegnung von Person zu Person.

Außerdem bemüht sich der initiatische Therapeut während jeder Behandlungssitzung immer wieder darum, mit seinem eigenen Wesen in Fühlung zu sein und jeweils aus der tieferen Wirklichkeit dieses Wesens dazusein. Dadurch gelingt es ihm dann auch, mit dem Klienten in der personalen Begegnung einerseits warmherzig verbunden zu sein und ihn trotzdem andererseits zugleich sachlich zu erkennen.

Aus dem Welt-Ich heraus ergibt sich leicht ein Gegensatz zwischen einer objektiven Haltung des sachlichen Erkennens und einer persönlichen Haltung des warmherzigen Verbundenseins. Außerdem besteht hier leicht die Gefahr, dass das sachliche Erkennen zu einer gegenständlichen Reduzierung führt oder das warmherzige Verbundensein zu einer emotionalen Verstrickung. Die tiefere Wirklichkeit des Wesens hingegen ist eine übergegensätzliche Wirklichkeit.

Wenn der Therapeut innerlich mit dieser Wirklichkeit verbunden ist, dann kann er den Gegensatz zwischen dem sachlichen Erkennen und der warmherzigen Verbundenheit transzendieren und die Gefahren von beiden Haltungen vermeiden.

Doch obwohl der Therapeut in der Initiatischen Therapie die Beziehung zu dem Klienten als eine personale gestaltet, bildet sich trotzdem vom Klienten her alsbald eine deutliche psychodynamische Übertragung auf ihn, in der dann Frühkindliches erscheint. Die Gegenübertragung des Therapeuten zum Klienten hin ist in der Initiatischen Therapie hingegen vor allem durch das überpersönliche Wesen geprägt. Aber auch in die Übertragung des Klienten spielt hier das Überpersönliche mit hinein.

Das Überpersönliche in der Übertragung

In jeder tiefenpsychologisch orientierten Psychotherapie baut sich auch eine Übertragung auf, in welcher der Klient unbewusst Frühkindliches auf den Therapeuten überträgt, und zwar für gewöhnlich entweder die Vaterrolle oder die Mutterrolle. Dadurch erlebt er den Therapeuten dann teilweise in der Rolle des eigenen Vaters oder der eigenen Mutter, also beispielsweise ähnlich streng oder kaltherzig, wie jener Elternteil während seiner frühen Kindheit gewesen ist. Sobald sich während einer Behandlung eine solche Übertragung etabliert hat, kann der Therapeut an ihr ansetzen, um den Klienten therapeutisch zu seinen Kindheitstraumata zurückzuführen. Wenn der Klient diese dann durcharbeitet, kann dadurch die Übertragung wieder abgebaut werden.

Nach Dürckheim gibt es nun, gerade bei der Initiatischen Therapie, nicht nur das Frühkindliche in der Übertragung, sondern auch das Überpersönliche. Dieses ergibt sich einerseits daraus, dass die Kindheitstraumata, aus denen während der Behandlung das Frühkindliche in der Übertragung resultiert, damals zugleich auch die Entfremdung des Klienten vom überweltlichen Sein verschärft haben. Andererseits wird das Überpersönliche in der Übertragung des Klienten gerade in der Initiatischen Therapie auch dadurch provoziert, dass der Therapeut sich hier seinerseits bemüht, während der Behandlungssitzungen mit dem überweltlichen Sein in Fühlung zu sein.

Inhaltlich entspricht das Überpersönliche in der Übertragung den drei Qualitäten des überweltlichen Seins, nämlich der überweltlichen Fülle, dem überweltlichen Sinn und der überweltlichen Einheit. Diese drei Qualitäten überträgt der Klient gegebenenfalls als Sehnsüchte oder auch als Idealisierungen auf den Therapeuten. Dergestalt sehnt er sich dann entweder danach, dass der Therapeut ihm gegenüber besonders haltgebend, weise oder liebevoll sein möge, oder er idealisiert ihn dahingehend, dass jener bereits so sei. Solche Sehnsüchte oder Idealisierungen sind dann das Überpersönliche in der Übertragung des Klienten.

Sobald sich das Überpersönliche in der Übertragung aufgebaut hat, kann der Therapeut daran ansetzen, um den Klienten therapeutisch zu dessen eigenem Wesen weiterzuführen. Das Überpersönliche in der Übertragung sollte nämlich nach Dürckheim gerade in der Initiatischen Therapie letztendlich dadurch wieder abgebaut werden, dass der Klient hier zu seinem eigenen Überpersönlichen hinfindet, welches als immanente Transzendenz in ihm selbst anwesend ist.

Das Überpersönliche in der Gegenübertragung

Parallel zur Übertragung des Klienten auf den Therapeuten gibt es in jeder tiefenpsychologisch orientierten Psychotherapie auch eine Gegenübertragung, mit der hier die eigene Übertragung des Therapeuten auf den Klienten bezeichnet wird. Das Frühkindliche ist in dieser vom Therapeuten ausgehenden Gegenübertragung zumeist unerheblich. Dafür wirkt das Überpersönliche hier gerade in der Initiatischen Therapie mitunter recht erheblich auf den Klienten.

Wenn der Therapeut für sein eigenes Wesen durchlässig ist und der Klient zu seinem Wesen hinstrebt, dann ergibt sich in der Beziehung zwischen beiden, vom einen zum anderen, leicht eine „Heilung von Wesen zu Wesen"[157]. Das Wesen des Klienten unterliegt dann einer Strahlung, die vom Wesen des Therapeuten ausgeht. Diese Strahlung bildet hier das Überpersönliche in der Gegenübertragung. Jenes Überpersönliche wirkt dabei in der Gegenübertragung des Therapeuten nicht zwangsläufig unbewusst, aber es wirkt hier dennoch stets nur unbeabsichtigt.

Nichtsdestotrotz kann bei einem Therapeuten, der selbst mit der tieferen Wirklichkeit des Seins verbunden ist, die Fülle dieses Seins als überweltliche Kraft den Klienten zu seinem Wesen hin öffnen. In der Gegenübertragung dieser Kraft wird der Klient dann zu jener tieferen Wirklichkeit entbunden, die sich in dessen eigenem Wesen verkörpert.

Nur selten führt eine solche Gegenübertragung allerdings sogleich zu einer unmittelbaren Seinsfühlung beim Klienten. Aber es gibt ja im überweltlichen Sein nicht nur die Fülle, sondern auch die überweltliche Ordnung. Diese vermag mittels der Gegenübertragung vom Therapeuten her ebenfalls auf das Wesen des Klienten, also auf seinen transzendenten Kern einzuwirken. Dadurch kann jener Kern wiederum im Klienten wie ein Magnet zu wirken beginnen, der alles öffnend auf sich hin ordnet. Diese ordnende Wirkung trifft dann jedoch im Leib und in der Seele des Klienten auch auf Hindernisse, die gegen eine Öffnung seiner selbst zum Kern hin gerichtet sind. An jenen Hindernissen zerrt und rüttelt die ordnende Wirkung nun wie ein Strudel oder ein Wirbel.

Die Konfrontation des Klienten mit seinen inneren Hindernissen ist notwendig, damit ihm schließlich durch seine Beziehung zum Therapeuten die Öffnung zu seinem innersten Kern hin glücken kann. „Dies aber wird nur in dem Maße möglich sein, als der Therapeut aus eigener Erfahrung des allbergenden Seins jene überpersönliche geistliche Liebe zum anderen hin zu fühlen und ohne Schwankungen zu bekunden vermag, die jenseits aller säkularen

---

[157] Dürckheim, *Transzendenz* (1984), S. 123.

Formen des Liebens ist."[158] In dieser überpersönlichen ›geistlichen‹ Liebe äußert sich dann die Einheit des überweltlichen Seins in der Gegenübertragung.

Die inneren Hindernisse des Klienten gegen seine spirituelle Öffnung wurzeln in seiner Konstitution und vor allem in seiner Biografie. Das wichtigste dieser Hindernisse ist zweifellos der Schatten. Dieser muss tiefenpsychologisch analysiert und damit gleichsam erhellt werden. Doch durch das Überpersönliche in der Gegenübertragung des Therapeuten kann zugleich auch in der tiefsten Tiefe des Klienten dessen transzendentes Wesen dahingehend aktiviert werden, dass es im Klienten irgendwann zu einem metapsychischen Durchbruch kommt. Hier ist dann zu der ›erhellenden Analyse‹, die lediglich die Konstitution und Biografie des Menschen ernstnimmt, ergänzend hinzugekommen die ›erweckende Katalyse‹.

Initiatische Wegbegleitung

In der Initiatischen Therapie geht es um den inneren Weg des Klienten zu seinem transzendenten Wesen. Dadurch ist diese Therapie immer auch eine initiatische Wegbegleitung. Am Anfang der Behandlung sind oft andere Aspekte der Therapie wichtiger, wie etwa das Lösen neurotischer Verhärtungen, doch im weiteren Verlauf der Behandlung tritt der Aspekt der Wegbegleitung umso mehr hervor, je deutlicher und entschiedener der Klient selbst sich auf jenen Weg begibt. Der Therapeut wirkt dann zunehmend als initiatischer Meister und der Klient reift zum Schüler auf dem Weg.

---

[158] Dürckheim, *Erlebnis* (1982), S. 79.

Der initiatische Meister

In der Initiatischen Therapie ist der Meister ein Therapeut, der über seine ersten tiefen Seinserfahrungen hinaus bereits ein gutes Stück vorangekommen ist auf dem inneren Weg der fortwährenden Verwandlung. Er hat bereits ein gutes Stück an Verwurzelung im transzendenten Wesen verwirklicht. „Im Meister ist das Überweltliche als Erfahrung präsent, im Wissen geklärt und als verwandelnde Kraft am Werk."[159] So kann er jene Klienten, die zu Schülern gereift sind, weiterhin im Sinne des Überweltlichen auf ihrem inneren Weg helfend und führend begleiten. Er versteht es dabei geradezu als seine Pflicht, solchen Schülern gegenüber immer wieder auch, entsprechend den Erfordernissen jenes Weges, anleitend und belehrend sowie eingreifend und korrigierend zu wirken.

Der initiatische Meister, oft handelt es sich dabei um eine Meister*in*, weiß um die Bedingungen, die eine Durchlässigkeit zum Wesen hin ermöglichen oder verhindern. Er weiß um die Folge der Schritte und Stufen, die der Schüler auf dem inneren Weg zu bewältigen hat, und um die Gefahren, die ihm auf diesem Wege drohen. Zum Meister gehört das Auge, das den Schüler erkennt, das Herz, das ihn von Wesen zu Wesen liebt, und die Hand, die ihn sacht und zugleich hart führt.

Aufgrund seiner Verwurzelung im Wesen steht der initiatische Meister in der Freiheit und im Auftrag des Überweltlichen. Sein Denken und Handeln ist nicht mehr bestimmt von den sozialen und moralischen Ordnungen der Welt. Er mag diese Ordnungen respektieren, aber er ist ihnen nicht unterworfen. Beim Schüler hingegen sind die sozialen und moralischen Ordnungen der Welt oft zugleich auch Ordnungen seines Ichs, die ihm Halt und Sicherheit geben. So besteht für den initiatischen Meister eine wichtige Aufgabe darin, solche Ordnungen beim Schüler zum Einsturz zu bringen, damit dem

---

[159] Dürckheim, *Meister* (1983), S. 20.

Schüler schließlich jene Wahrheit des Überweltlichen aufgehen kann, die jenseits dieser Ordnungen liegt.

Um die Ordnungen im Welt-Ich des Schülers zum Einsturz bringen zu können, muss der initiatische Meister für Überraschungen gut sein. Für gewöhnlich ist er das auch. Der Schüler weiß bei seinem Meister nie, was kommt. Der Meister ist genauso unberechenbar und widersprüchlich wie das Leben selbst – und zwar wie das Leben mit seinem Sterben. So mutet er seinem Schüler immer wieder neu das ›Stirb und Werde‹ zu, welches abzielt auf den initiatischen Tod des bisherigen Ichs und auf den Durchbruch zum transzendenten *Leben*.

Der Schüler auf dem inneren Weg

Manche Menschen kommen bereits als Schüler in die Initiatische Therapie. Hierbei handelt es sich um solche Menschen, denen einige Wochen oder Monate zuvor eine Seinserfahrung zuteil wurde und die nun im Therapeuten vor allem den initiatischen Meister suchen, der ihnen diese Erfahrung aufschließt und ihnen dabei hilft, von dieser Erfahrung her auf den inneren Weg zu gelangen. Andere Menschen werden erst während der Behandlung zu Schülern. Sie beginnen die Initiatische Therapie als Klienten und gelangen durch die Behandlung nach und nach auf den inneren Weg.

Wer darf sich Schüler nennen? Nur derjenige, der tatsächlich zum inneren Weg angetreten ist und der nun weiß, dass er nicht mehr zurückkann, und der auch bereit ist, sich auf diesem Weg führen zu lassen und zu gehorchen. Wirklich Schüler oder Schüler*in* ist ein Mensch erst dort, „wo in ihm die Gewissheit oder zumindest die ihn verpflichtende Ahnung eines Lebens aufging, dessen Sinn nicht mehr säkularer, sondern durch alles säkulare Leben und Wirken hindurch transzendenter Natur ist"[160].

---

[160] Dürckheim, *Meister* (1983), S. 52.

So wie es zum Meister gehört, dass er den Schüler führt, so gehört es umgekehrt zum Schüler, dass er dem Meister gehorcht. Letztendlich sind hier aber beide, Meister wie Schüler, sowohl frei wie auch gehorsam. In einer echten Meister-Schüler-Beziehung ist und bleibt der Schüler frei. Sein Gehorsam ist ein Ausdruck seiner Freiheit. In ihm kommt seine freie Entscheidung zum Ausdruck, sich von dem jeweiligen Meister auf dem inneren Weg führen zu lassen. Der Meister hingegen ist frei aus seinem transzendenten Wesen heraus – aber dieses Wesen ist zugleich auch jene höhere Instanz, der er gehorcht. Er handelt letztendlich im Auftrag dieses Wesens und verantwortet sich auch vor ihm.

Wirkungsweisen des initiatischen Meisters

Die Aufgabe des Meisters besteht darin, den Schüler helfend und führend auf dem inneren Weg zu begleiten. Hierfür gibt es verschiedene Mittel. „Der Meister hat fünf Weisen zu wirken: die Lehre, die Weisung, die Strahlung, das Beispiel, den Schock."[161] Diese fünf Wirkungsweisen werden von einem initiatischen Meister folgendermaßen verwirklicht.

Das erste Mittel des Wirkens ist für den initiatischen Meister die Lehre. Allerdings steht im Mittelpunkt des initiatischen Weges und damit auch im Mittelpunkt der initiatischen Lehre das transzendente Wesen. Dieses lässt sich jedoch in Begriffen nicht angemessen beschreiben und damit auch in keiner Lehre angemessen formulieren. So ist die Lehre das initiatischen Meisters in ihrem Zentrum notgedrungen falsch. Trotzdem ist sie notwendig und hilfreich. Der Schüler fragt nach ihr und braucht sie, weil er mit einem Verstand ausgestattet ist und deshalb den inneren Weg nicht nur gehen, sondern auch verstehen will. Außerdem können periphere Komponenten des Weges durchaus mit Begriffen erläutert werden. Je überzeugen-

---

[161] Dürckheim, *Meister* (1983), S. 59.

der der Meister diese Komponenten in seiner Lehre darstellt, desto leichter fällt es dem Schüler von seinem Verstand her, ihm zu folgen.

Inhaltlich gehört zur Lehre des initiatischen Meisters für gewöhnlich vieles von demjenigen Wissen, das unter anderem auch in dem hier vorliegenden Buch dargestellt ist. Die Lehre des initiatischen Meisters ist, zumindest teilweise, die Lehre von Karlfried Graf Dürckheim. Aber der Meister überliefert diese Lehre immer in seiner eigenen Fassung, so wie sie in ihm selbst lebt. Eine spirituelle Lehre wirkt auch stets nur insofern auf den Schüler, wie der Meister sie selbst verwirklicht hat. Außerdem ist gerade bei einer spirituellen Lehre der Inhalt der Lehre letztendlich nicht das Entscheidende, sondern der Funken, der vermittels der Lehre irgendwann überspringt, vom Wesen des Meisters zum Wesen des Schülers.

Das zweite Mittel des Wirkens ist für den initiatischen Meister die Weisung. Der initiatische Weg ist vor allem ein Weg der Übung und so bezieht sich die Weisung hier ebenfalls vor allem auf die Übungspraxis. Der Meister bestimmt die Art und die Häufigkeit der Übung. Außerdem überwacht er die Durchführung der Übung und den Fortschritt des Schülers in der durch die Übung geförderten Verwandlung zur Transzendenz. Grundlage für die Weisung des Meisters ist dabei stets die überpersönliche Zusammengehörigkeit zwischen Meister und Schüler im überweltlichen Sein, in welcher der Meister selbst verankert ist.

Der Schüler unterwirft sich der Weisung des Meisters freiwillig. Die spirituelle Übung zielt darauf ab, dass er sein Ich transzendiert, um zu seinem transzendenten Wesen zu finden. Das eigene Ich aber kann kaum durch eine Praxis transzendiert werden, die von eben jenem Ich kontrolliert wird. So suspendiert der Schüler hier den freien Willen seines Ichs im Vertrauen darauf, dass der Meister ihm aus dem überweltlichen Sein heraus jeweils die richtige Weisung gibt. Wenn der Schüler dieses Vertrauen nicht mehr hat, steht es ihm frei, zu gehen und sich einen anderen Meister zu suchen.

Die dritte Weise des Wirkens ist die Strahlung. Der initiatische Meister ist zu seinem Wesen hin durchlässig, und so strahlt dieses

Wesen durch ihn hindurch – nicht nur innerlich in sein eigenes Ich hinein, sondern auch äußerlich in seine Umgebung hinein. Diese Strahlung geht vom Meister aus und von ihm über ohne Worte und ohne Handeln. Empfänglich für diese Strahlung sind in seiner Umgebung vor allem solche Menschen, die sich ihrerseits ebenfalls auf dem inneren Weg befinden. Daher wirkt die Strahlung des Meisters auf den Schüler zumeist umso mehr, je weiter dieser bereits selbst auf jenem Weg vorangekommen ist.

Die Wirkungsweise der Strahlung auf den Schüler besteht vor allem darin, dass sie in ihm immer wieder das absolute Gewissen hervorruft, ihn aber auch immer wieder mit einem geheimen Glücksgefühl erfüllt. So spürt der Schüler in der Gegenwart des Meisters deutlicher als sonst den Auftrag aus seinem eigenen Wesen, der ihn immer wieder neu zum weiteren Voranschreiten auf dem Weg verpflichtet, und er spürt in der Gegenwart des Meisters häufiger als sonst die Transzendenz des Seins, die ihn immer wieder neu aus seinen Verstrickungen in die Welt befreit.

Die vierte Art des Wirkens ist das Beispiel, welches der initiatische Meister ist. Dieses besteht in seiner beispielhaften Originalität und Individualität. Ein echter Meister ist niemals die Kopie eines Vorbildes oder die Verkörperung eines Archetyps, sondern immer ein Original. Er hat seine eigene Natur befreit und seine eigene Individualität verwirklicht. Dementsprechend bezeugt er auch das universelle Sein stets auf seine individuelle Weise.

Auch der Schüler darf keine Kopie werden, nicht einmal eine Kopie seines Meisters. Das Beispiel, das sein Meister ist, darf ihn nicht zur Nachahmung verleiten. Stattdessen sollte es ihn zur Verwirklichung der eigenen Einzigartigkeit anspornen. Nur dadurch kann der Schüler schließlich auch dem Auftrag aus seinem eigenen innersten Wesen gerecht werden.

Das fünfte und letzte Mittel des Wirkens ist für den initiatischen Meister der Schock. Dieser ist oft drastisch, aber er kann auch subtil sein. Hauptsache er erfüllt seinen Zweck, nämlich eine massive Erschütterung des Welt-Ichs beim Schüler herbeizuführen, die in ihm einen Durchbruch zum Wesen ermöglicht. Und dafür ist dem Meister jedes Mittel recht. Allerdings muss sich auch der Schüler hierfür bereits in einer geeigneten Verfassung befinden. So hängt der rechte Einsatz des Schocks auch ab vom intuitiven Gespür des Meisters für die jeweils geeignete Verfassung des Schülers.

Konkret kann der Schock des Meisters beispielsweise darin bestehen, dass er sich plötzlich über eine bestimmte Angewohnheit des Schülers lustig macht oder dass er ein banales Anliegen von ihm mit großer Empörung zurückweist. Er gibt dem Schüler vielleicht auf einmal eine absurde Antwort auf eine wichtige Frage oder er bedenkt einen gelungenen Fortschritt des Schülers mit beißendem Spott. Wenn der Schock im rechten Augenblick und direkt aus dem Wesen des Meisters kommt, dann trifft er den Schüler in einer Weise, die bei ihm unmittelbar eine tiefe Seinserfahrung bewirkt.

Literaturverzeichnis

Das Neue Testament und die Psalmen. Deutsche Bibelgesellschaft, Stuttgart 1985.
Der Sohar. Das heilige Buch der Kabbala. Aus dem Hebräischen übertragen und herausgegeben von Ernst Müller. Diederichs, München 2005.
Dürckheim, Karlfried G.: Der Alltag als Übung. Huber, Bern 1980 (6. Auflage).
Dürckheim, Karlfried G.: Der Ruf nach dem Meister. München, Heyne 1983.
Dürckheim, Karlfried G.: Durchbruch zum Wesen. Huber, Bern 1984 (8. Auflage).
Dürckheim, Karlfried G.: Erlebnis und Wandlung. Scherz / Barth, Bern 1982 (2. Auflage).
Dürckheim, Karlfried G.: Hara. Scherz / Barth, Bern 1978 (8. Auflage).
Dürckheim, Karlfried G.: Im Zeichen der Großen Erfahrung. Barth, München 1983 (2. Auflage).
Dürckheim, Karlfried G.: Initiatische Therapie als Form Transpersonaler Psychotherapie. In: Integrative Therapie. 1984, Heft 3, S. 218–223.
Dürckheim, Karlfried G.: Meditieren – wozu und wie. Herder, Freiburg 1976.
Dürckheim, Karlfried G.: Mein Weg zur Mitte. Gespräche mit Alphonse Goettmann. Herder, Freiburg 1991 (Neuausgabe).
Dürckheim, Karlfried G.: Ton der Stille. In: Stachel, Günter (Hrsg.): Munen muso. Ungegenständliche Meditation. Matthias-Grünewald, Mainz 1978, S. 300–308.
Dürckheim, Karlfried G.: Transzendenz als Erfahrung. In: Zundel, Edith & Fittkau, Bernd (Hrsg.): Spirituelle Wege und Transpersonale Psychotherapie. Junfermann, Paderborn 1989, S. 277–289.

Dürckheim, Karlfried G.: Überweltliches Leben in der Welt. Barth, Weilheim 1972 (2. Auflage).
Dürckheim, Karlfried G.: Übung des Leibes. Lurz, München 1981 (2. Auflage).
Dürckheim, Karlfried G.: Vom doppelten Ursprung des Menschen. Herder, Freiburg 1978 (4. Auflage).
Dürckheim, Karlfried G.: Vom Leib der man ist in pragmatischer und initiatischer Sicht. In: Petzold, Hilarion (Hrsg.): Psychotherapie & Körperdynamik. Junfermann, Paderborn 1977 (2. Auflage), S. 11–27.
Dürckheim, Karlfried G.: Von der Erfahrung der Transzendenz. Herder, Freiburg 1984.
Dürckheim, Karlfried G.: Weg der Übung – Geschenk der Gnade. Frankfurter Vorträge. Band I. Weitz, Aachen 1988.
Dürckheim, Karlfried G.: Weg der Übung – Geschenk der Gnade. Frankfurter Vorträge. Band II. Weitz, Aachen 1992.
Dürckheim, Karlfried G.: Zen und wir. Scherz / Barth, Bern 1984 (Neuausgabe).
Feuerstein, Georg: Die Yoga Tradition. Yoga Verlag, Wiggensbach 2008.
Hippius-Gräfin Dürckheim, Maria: Geheimnis und Wagnis der Menschwerdung. Oratio, Schaffhausen 2000 (2. Auflage).
Jacobi, Jolande: Die Psychologie von C.G. Jung. Fischer Taschenbuch, Frankfurt 1978 (2. Auflage).
Jacobi, Jolande: Die Psychologie von C.G. Jung. Patmos, Ostfildern 2012.
Lao-Tse: Die Bahn und der rechte Weg. Der chinesischen Urschrift nachgedacht von Alexander Ular. Insel, Leipzig 1917.
Lao-Tse: Tao-Te-King. Neu übertragen und mit einer Einführung versehen von Wolfgang Kopp. Ansata, Interlaken 1988.
Meister Eckehart: Deutsche Predigten und Traktate. Diogenes, Zürich 1979.

Müller, Lutz & Müller, Anette (Hrsg.): Wörterbuch der Analytischen Psychologie. Patmos / Walter, Düsseldorf 2003.

Schimmel, Annemarie (Hrsg.): Gärten der Erkenntnis. Texte aus der islamischen Mystik. Diederichs, Köln 1982.

Schmitz, Stefan: Der mystische Kern des Menschen. SavitaBooks, Wuppertal 2012.

Schmitz, Stefan: Transpersonale Psychologie. Eine integrative Einführung. Tectum, Marburg 2010.

Shah, Idries: Wege des Lernens. Knaur, München 1985.

Waskönig, Dagmar Dökö: Das Shobogenzo des Dogen Zenji. Barth, Frankfurt 2010.

Wehr, Gerhard: Karlfried Graf Dürckheim. Leben im Zeichen der Wandlung. Herder / Spektrum, Freiburg 1996 (Neuausgabe).

Stefan Schmitz

Grundwissen der Familienpsychologie
Drei Bände / Verlag Via Nova

Von der Geburt bis zur Erleuchtung
Das spirituelle Entwicklungsmodell Ken Wilbers
Tectum Verlag

Transpersonale Psychologie
Eine integrative Einführung
Tectum Verlag

Der mystische Kern des Menschen
Eine Spurensuche zwischen Religion und Psychologie
SavitaBooks

Der Vierte Weg von Gurdjieff
Ein spiritueller Schulungsweg
tao.de

Das Mystik-Mosaik
Bausteine für ein spirituelles Weltbild und
für eine ganzheitliche Meditationspraxis
tao.de